清光绪

高陵县续志

程维雍 重修
白遇道 编纂
白金刚 杨梅 赵瑛 点校整理

西北大学出版社

图书在版编目（CIP）数据

高陵县续志／〔清〕白遇道编纂；白金刚等点校整理.
—西安：西北大学出版社，2020.5
 ISBN 978-7-5604-4519-9

Ⅰ．①高… Ⅱ．①白… ②白… Ⅲ．①高陵县—地方志 Ⅳ．①K294.14

中国版本图书馆 CIP 数据核字（2020）第 069567 号

高陵县续志　　〔清〕白遇道 编纂　　白金刚 杨梅 赵瑛 点校整理

出版发行：	西北大学出版社有限责任公司
地　　址：	西安市太白北路 229 号
邮　　编：	710069
电　　话：	029-88302590
经　　销：	全国新华书店
印　　刷：	西安华新彩印有限责任公司
开　　本：	787 mm×1092 mm　1／16
印　　张：	17
字　　数：	260 千字
版　　次：	2020 年 5 月第 1 版　2020 年 5 月第 1 次印刷
书　　号：	ISBN 978-7-5604-4519-9
定　　价：	110.00 元

如有印装质量问题，请与本社联系调换，电话 029-88302966。

关中理学与史志关系的典型例证
——写在《高陵县续志》书前

张世民

熟悉白遇道其人，源自陕西省文史研究馆、西北大学出版社组织的《关学文库》出版整理工作；而了解白遇道基本生平，则与读曹冷泉（1901—1980）所撰《陕西近代人物小志》有关。民国三十四年（1945），曹氏所推介的近代陕西名人，就包括了"清麓学派"创始人、三原贺瑞麟（号复斋，1824—1893）和"烟霞学派"创始人、咸阳刘光蕡（号古愚，1843—1903）等。刘古愚以陕甘味经书院为阵地，致力于洋务实业和维新教育，"独截众流应世运，巍然百代振儒风"；而贺瑞麟以正谊书院为阵地，倾心于儒学教育和礼教推广，"复斋高节配前贤，笃守程朱壁垒坚"；两人的共同选择在于从事书院教育事业。进入民国以后，刘古愚弟子遍布西北各地，军政商学为数众多，大都成为国之栋梁，文化翘楚，而贺瑞麟弟子秉持礼教，守正纳新，也不乏特出佼佼者。其中白遇道（1837—1926），字悟斋，号心吾，改字五斋，晚号完谷山人。作为"清麓学派"的高足，在政学两界拥有广泛人脉，故被纳入近代陕西名人之列。白遇道晚年自营生圹，引得曹氏如此置评：

先生高陵人，清翰林，官甘肃兵备道。清室既屋，解组归高陵。年七十自营生圹，九十始归道山。先生风度伟岸，而胸怀坦夷，为清麓门下高足。

此心已破死生网，世事一任牛马风。

生圹自营还自笑，抬头皓月正当空。

据文献可知，白遇道"先世自山西洪洞迁陕西之高陵，占籍焉"。清同治十三年（1874）中进士，授翰林院编修。光绪五年（1879）丁父忧。六年（1880），应请纂写《高陵县续志》，次年成之。十年（1884），起复回京，仍供职翰林院。十一年（1885），为山东乡试副主考。十五年（1889）回陕，主讲关中书院。二十一年（1895），参赞甘军营务。二十三年（1897），随甘军入卫京师。二十四年（1898），超授甘凉兵备道。三十三年（1907），代理甘肃按察使。宣统元年（1909），改任巩秦阶道盐运使。旋因世变回乡，闭门著书。民国十五年（1926）寿终正寝，享年九十。葬县南杏王村。其著述除《高陵县续志》刊印外，尚有《重订泾野子内篇》《课馆诗赋偶存》《完谷山人馆课诗钞》《完谷山人馆课赋钞》《完谷山人课蒙小草》《完谷山人呓语抄存》《摩兜坚斋汲古集联（六种）》《白悟斋时墨辑》《安贫改过斋杂著》等，而馆课诗赋、楹联创作和理学重订，也是其用力专注的重要内容。其《白遇道集》的标点整理，虽未纳入《关学文库》序列，但经白金刚等校点整理，已在西北大学出版社正式出版。光绪十四年（1888）首梓、现将重印的《高陵县续志》，作为白遇道人到中年的重要著述之一，从桑梓文化和县情梳理等角度，颇可代表他作为理学家—政治家的思想观念，对此加以整理与研究，同样具有重要的意义。

一

白遇道的县志体例，并非首创，但也不乏新意。当时白遇道视野中有两位高陵人的著述思路：一位是明代的吕柟，另一位则是清代的樊景颜。吕柟（1479—1542），字泾野，高陵人。史称"理学名臣，辅世鸿儒"。（《重纂高陵县志纪事》）《明儒学案》著者黄宗羲称道："关学世有渊源，皆以躬行礼教为本，而泾野先生实集其大成者。"（《明儒学案》卷首师说）其所修纂的《高陵县志》，与康海之《武功县志》、马理之《三原县志》[①] "允堪鼎峙，推一邑信史"，曾被誉为秦中十大名志之一。明嘉靖中叶，吕

---

① 马理纂《三原县志》，待考。

栴与其太学同窗马理一道，应陕西巡抚赵廷瑞之邀总纂《陕西通志》，从资料汇集到发凡起例，初期贡献尤大。白遇道《高陵县续志》继承先辈的遗志，不但体现在史志传统方面，而且体现在理学精神方面，与乃师贺瑞麟所纂《三原县志》的学术互动，颇堪引起注意。盖由于此，跨代的理学家参与史志著述，也为我们提出了一个全新的学术命题，即关中理学与史志著述的关系问题，并需对下列几个相关命题做出思考和回答：

——关中学者的理学传统，其基本特点与基本格局何在？习惯上认为，理学与心学对称，理学以程朱之学为主，而心学以陆王之学为主。而关中理学远承张载关学，大抵以程朱之学为根底。譬如明代新关学思潮的核心流派——三原学派，属于薛瑄河东学派的"别派"，这与后来盛行的阳明王学大相径庭。明清时期投身史志修纂的马理、吕柟、康海、韩邦靖、孙丕扬、乔世宁、刘九经等人，或是理学名宿，或是文学先驱，或是经济干臣，其重视经世致用、躬行实践的共同特色非常突出。这种问政辅政意识，值得注意。

——这种理学传统对于史志著述的影响如何？其史志著述的学术价值究竟如何评价？从很大意义上说，理学核心在于哲学，在于伦理学，在于儒家道统，在于道德话语体系的建构，而这些理学中人的史志著述，在多大程度上守望了这一底线思维？应该说，真正谈玄思辨的学问，对于关中学者的支配作用并不显著，但却深受以伦理学为基础的礼仪之学、经纶之学的影响。特别是"民，吾同胞；物，吾与也"（张载）的思想观念，以及"学道胜于为官"（马理）的修身意识，均促使人们将道德话语体系作为基础的衡量标准，而地方史志中大量渗透着这一思想观念的影响。他们在坚守史志体例和理学传统两个方面，都值得我们深入研究与系统思考。正如班固评骘司马迁那样，"然自刘向、扬雄博极群书，皆称迁有良史之材，服其善序事理，辨而不华，质而不俚，其文直，其事核，不虚美，不隐恶，故谓之实录。"（班固《汉书》卷八十二《司马迁传赞》）坚持实事求是、求真务实的原则，正是这种实录史观的精准概括。历代关中学者的历史选择，深受儒家思想传统的直接影响，勇于超越政治话语体系的屏蔽，而将道德话语体系作为眠宿思想的人文沃土，其瞻顾久远、穿越屏障的思想特点也非常突出。

——站在历史唯物主义立场来判断，这些理学著述究竟有哪些历史特点和学术亮点？在国家、民族、道德、社会等等历史范畴演变的过程中，这些理学思维与历史唯物主义有多大的内在关联？有哪些值得研究与思考、继承与发展的内容？站在中华文化一体化的立场，过去学人的国家、民族意识并不突出，国别之争逊色于文化之争，民族观念让位于华夷观念，因而在近代中国社会发展进程中，必然意味着变革与转折，意味着思想理念的巨大变迁。传统史志著述在强调道德、社会等历史范畴方面，固然以主流意识形态为旨归，但在接受、包容域外文化方面仍葆有较强的张力，这也是其最典型的一个精神内涵。既跨越时空而又精于细故，思想的前瞻性和生存的因袭性交织演进，也是这种道德至上意识蔚成的现实结果。

值得指出的是，与吕柟三十余年磨一剑相比，白遇道所纂《高陵县续志》尽管历时不足一年，两者在体裁取舍、资料搜集和价值评估等方面，则明显有所传承又有所改变。从历史借鉴的角度来看，摆在白遇道面前的，大抵有三部县志模本可资参照：

其一，明吕柟嘉靖《高陵县志》。以"其言约而尽，其事核而彰，其议论允而确，太史氏笔也。其作志之良楷也。"（明王九思《高陵县志序》）。师法吕柟《高陵县志》，乃是白遇道《高陵县续志》的基本准则。三原贺瑞麟序称："吾谓悟斋所以续泾野者，当更有在。泾野遗书具存，莅官风徽，皆本于生平甘贫改过之旨，求仁取善之心。悟斋行将还朝，益以泾野为师，使人谓高陵今日复有续泾野其人者。志特一端而已。"临潼杨彦修序称："光绪庚辰，主讲其邑书院，乃仿范氏《后汉书》之例，辑为续志，盖仍文简之旧而注明增益之，不猎前贤之美，不参偏私之见。举雍正壬子以后，迄光绪庚辰以前，采择补缀，穷晷穷膏，期年而遂告成。"归化程维雍序称：该志"条目体例，一仍泾野子之旧。文简而赅，事信而有徵；推衍增益，而不逾其范，其必传也谂矣"。但这种借鉴并非衣钵尽袭，更不是照葫芦画瓢，而是删掉了其中的《历数略》和《官职考》，但又增加了《缀录》，可谓有沿有革。

其二，清樊景颜雍正《重修高陵县志》。该志"搜讨亦勤，而缺漏殊多"。樊景颜，字子愚，邑明经，"为博学笃行士也"。（丁应松《重修高陵县志序》）重修县志历时十余年，樊氏在《吕志》基础上增加了《艺文志》，洵属有识。按说白之续修县志，此志以时间较近，理当赓续，但《白志》却不以《樊志》为师法对象，虽然对资料有所取舍，有所援用，但在撰写体例上却直通《吕志》。清雍正十年（1732），《陕西通志》总纂称樊志"是诚实录，可以绍泾野矣。泾野有知，必引为同心，犹之扶风汉史，与龙门并显，其文同而非剿说，其词迁而无殊旨"（沈青崖《高陵县志》序），樊氏也自诩"其褒贬笔削，衷于至当，传信传疑，维公维平"（《重纂高陵县志纪事》），彰显了独家自信。但上述观点，均不被白遇道所认可。白氏坚持修志义理，与吕泾野理学思维完全一致；而《樊志》所在康雍乾时代文字狱盛行，导致考据学风弥漫朝野，两者著述趣味截然不同，故而在思想赓续上也就有了较大的距离。

其三，清贺瑞麟光绪《三原县新志》。贺瑞麟"绍明关学于秦中者也"，而"白子补诸生，受命执贽，从三原贺先生游"（秦安王作枢撰白遇道之父白长洁墓碣），说明两人之间有师承关系。贺氏在《高陵县续志》序中说："昔范醇夫作《唐鉴》，用伊川先生之说，于中宗每岁书'帝在房州'。伊川见之，乃曰'不谓醇夫相信如此'。余不逮伊川万一，而悟斋此志间采拙论义法谬入其中，殆如醇夫之于伊川。"按：范醇夫即范祖禹，曾协助司马光梳理《资治通鉴》唐史编年；伊川即程颐，为程朱理学的代表性人物。当年司马光强调《通鉴》的客观性，但也无法竣拒理学家的实际影响。白氏在县志中屡次采用贺氏"义法"，适足以见证两人的学术渊源。

白遇道《高陵县续志》的编纂，亦非资料堆砌，而是有其湛深的思想传承统系。作为清末翰林，白遇道传承了吕柟、贺瑞麟的经世思想，并且有所发扬、有所光大。在为其本生父白长义所撰墓表中，贺瑞麟指出："赵仁甫九族俱残，恨欲投水而卒传程朱之学于北方；李二曲之父战死襄城，招魂葬齿，而身为一代真儒，名闻后世。……今遇道已贵，尤当务其远者大者，讲圣贤之学，即以心圣贤之心，行圣贤之行。如其乡吕文简公（吕柟）之为人，斯不愧立身行道之实，而孝思可慰矣。"按：赵仁甫即赵复，江西德安人，宋元易代之际，身处乱世却将程朱理学传往北方；李二曲即李颙，陕西盩厔人，明清易代之际，仍然坚守孔孟儒学，保持独立的逸民立场。贺瑞麟要求白遇道要像两位先贤那样，"以心圣贤之心，行圣贤之行"，像吕柟那样立身行事，可见其对白氏的充分肯定和殷切期望。从这个意义上说，白遇道有所选择，有所取舍，其实也是其思想传承的具体标志。

二

如何评价《高陵县续志》？

要评价这部县志，就不能不与吕柟《高陵县志》进行对照。《吕志》是现存最早的高陵县志，成书时间长，功夫深湛，体例得当，行文简洁，历史上曾多次翻印，影响深远。上世纪八十年代，高陵学者王仲一等因陋就简，再次将吕柟《高陵县志》加以校点整理，并用油印形式加以复制，虽然仅印了七十多册，但其影响力仍然不可低估。

就学术传承而言，两部县志的思想脉络是一以贯之的。特别突出的是，在倡导和秉持儒家道德话语体系方面，两者如出一辙。但是，两部县志的时代差异和主旨选择也显而易见。《吕志》修于承平时期，更富有个性，堪称私修；而《白志》修于剧变时期，应约而为，当属官修。但后者对于前者的继承关系更加明确，其延续性也相当清晰。从史学角度看，《吕志》师承《汉书》写法，而《白志》"仿范氏《后汉书》之例，辑为续志，沿其体例，并窃取其义焉"。

——在篇目设计上，《白志》依照吕柟的修纂体例，仅有部分调整和修改。《吕志》涉及地理志（渠堰附）、建置志、祠庙志（寺观附）、户租志、历数述、礼仪抄略（县俗附）、职官考、官师传、人物传、科贡闲传（恩例贡附）、邸宅陵墓等。两相对照，《白志》篇目虽与之接近，叙事却大相径庭。如《吕志》有县城图、县境图七码，而《白志》增至十八码；《吕志》的《建置志》引文偏少，而《白志》逐一梳理，源流清晰；《吕志》所载《礼仪抄略》源自所任礼职，有的内容未标出处，《白志》则刷新其内容，标明其出典；《吕志》名《户租》而《白志》名《田赋》；《吕志》有《历数》而《白志》竟删节；《吕志》有《职官考》而《白志》舍考入传；《吕志》无艺文而《白志》有《缀录》。在继承的基础上有所创新，有所增删，也是显而易见的。

——在思想观念上，《吕志》独创《高陵县志》新体例，确已超乎时流。其全志设置七卷、十二篇，吕柟解释道：

> 故《地理》《河堰》，志复初也。志《建置》，以悯今也。《祠庙》而后《寺观》者何？抑异端也。《户租》《兵匠》《物产》通为一志者何？以兵匠之力，物产之财，皆出于户租尔。《历数》，盖有国者之所事也。高陵小邑耳，不亦迂乎？曰：杨元甫，元之大儒也。被征史局，作授时历。……以其县人也，故述之耳。《礼仪》虽备于集礼而未备也。柟从礼官之后，尝习闻于公所，故因而志之，不敢隐也。其附以《县俗》者，且本礼仪以示必需耳。《职官》之考，亦以存旧章也。《官师》之传，……曰：事有关于其县者，斯志之。且去古则近，去今却远，虽详乎古，犹恐其或略也。《人物》之志者，凡以示后学耳。……科贡恩荫，正人物也。……《邸宅陵墓》，终志也。语曰：君子疾没世而名不称焉。

其中对于历法、礼仪、县俗的重视，对于女性的尊重，都有其鲜明的时代特征。《白志》则改设八卷、十二篇，并作如此解释：

> 首志《地理》，考沿革也。次《建置》，废坠之宜修举也。次《祠庙》，成民而致力于神也。次《田赋》，民力普存也。次《礼仪》，为下不倍以寡过也。次《官师》，古之遗爱也。次《人物》，十室之邑必有忠信也。次《科贡》，敷奏之资也。次《宅墓》，职思其居而思其终也。终以《缀录》，征文即以考献也。惟是传信，莫要于阙疑，数典不可以忘祖，故于《地理》一篇详加考证，以自附于注经之义，而渠堰尤加详焉，所以思古也。至于《建置》必举其大，《祠庙》必崇其正，《田赋》必准之全书，《礼仪》必遵夫定制，上稽典籍，旁采档册，以今视昔，庶几大备。惟《官

师》《人物》，年远多湮，不过得什一于千百，故表之不能，谱之不可，条品之不得。只就采访所收，略以年次为序，各为小传，存其仿佛。而一事之善，必本诸口碑；一节之长，必孚诸舆论，不敢意为轩轾，致失实而或损其真也。捻回之变，为秦关一大劫。致命诸人，皆天地之正气，故虽农氓、牧竖、纫女、村妪必详列焉。亦以见人性之善，而慕义者无不可勉也。《冢墓》详录诔铭，记恩泽即以存梗概。《缀录》不遗杂人，鉴往古即以示来兹。固科贡中人，可观感而儆惕；即非科贡中人，亦可旷览而循省也。此固前志之志，而推衍增益，以求不逾其范者也。

两相对照，其沿革关系显而易见。而透过这一篇目设计，其思想导师贺瑞麟则读出了新的思想内涵，并运用近代民本主义思想来解析这个篇目设置，发现了它内在的强烈的民众意识。贺氏强调：

夫志凡以为民也。吾观悟斋之志矣，《地理》详水利，所以达民情；《建置》谨修举，所以恤民力；《祠庙》绌异端，所以正民心；《户租》严经界，所以悯民穷；《礼仪》明典制，所以易民俗；《官师》《人物》《科贡》《宅墓》纪善政，阐潜德，著节烈，征才艺，表流风余韵，所以示民则，兴民行；而《缀录》一篇则又昭炯戒，资考览，亦无非敬民事而通民志。

这就不但在学理上概括出它的基本特征，也在思想观念上给出了揭示和阐释。

——在修纂义例上，从《吕志》到《白志》均有其内在的编纂理路。与《吕志》同时代的康海《武功县志》，篇目涉及地理、建置、祠祀、田赋、官师、人物、选举等内容，强调记人、记地的统一，强调史志的统一，被认为具有从《春秋》到《史记》一以贯之的褒贬笔法。譬如在官师、人物记载方面，其志中所富有的褒贬官师、臧否人物的政治勇气，即与他具有状元之尊，坚持相对独立的道德话语立场不无关系；吕柟同样具有状元之尊，嘉靖《高陵县志》同样具有道德话语立场，但在对待褒贬的问题上，却相对缓和一些；而四百年后的白氏《续志》，更严肃审慎，很少直接抨击官师、人物：对于官师、人物的优良品质，作者往往是褒扬有加，为其张本；对于那些负面人物，则只志其名姓、职务和任职时限，以不予立传而止。在记述人物时，多通过大量缀录碑志、诰命等原始文献，丰富其形象，深化其载笔，增强其真实性。又如在性别文献的著录上，明代《康志》《吕志》均重视女性记述。《康志》不仅记载其儿媳殉葬的信息，且将其事迹送交国史馆，供国史取材。吕柟曾说："节妇亦人物乎？曰：男子不如妇人者多矣。昔有贤后，人且以女中尧舜目之也。"而"科贡恩荫而能学道，即人物耳。不学于道，是科贡恩荫而已矣"。（吕柟《高陵县志序》）卓然将是否学道作为是否人物的标志，谓女性贤良亦可称为女中尧舜，而科贡恩荫，倘不学道，就不够人物标准。这在理学思潮披靡的时代，无疑具有破天荒的启蒙意义。《白志》于晚清时期在县志中大量记载兵燹造成的节烈现象，一似不遗余力，应该也是这种性别观念的一种体现。

续修志书是保持传统史志之树长青朴茂的一个必要手段。论及续修的办法，既有依样葫芦的办法，又有另起炉灶的办法，既有删繁就简的办法，又有踵事增华的办法。范晔《后汉书》对于班固《汉书》，在材料上删繁就简，有所延续；在体例上加以模仿，将有关时政的论文和文学价值较高的词赋，都收入到每个传主的传记中，所以阅读两汉书，无异于读了两汉的总集，重要的大文章，也都包含在里面了。《康志》《吕志》同样如此，而《白志》得其启发，更设《缀录》，将那些难以附缀的文献，及若干重大事件、重要掌故悉数列出，其体例上的延续性和延展性也都值得肯定。

三

地方志书最重要的学术价值，在于宏观叙事。一部志书如何处理重大叙事、评估历史事件，决定着这部志书的历史价值和学术品位。对于《吕志》《樊志》和《白志》来说，由于时代的差异，三者在重大叙事上有所不同。吕志的宏观叙事，在于推广官方礼仪。从国家到地方，从朝廷到民间，高度重视礼仪文化传统，也是中国这个礼仪之邦的最大亮点。吕柟作为理学中人，十分重视用《吕氏乡约》和《文公家礼》来执教施政，所著《高陵县志》中的《礼仪抄略》，就是他"从礼官之后，尝习闻于公所"

的礼仪规范。这些礼仪规范取诸官方典礼,"典礼行则俗斯美矣"。(马理《高陵县志序》)其中涉及正旦朝贺礼、迎诏礼、鞭春礼、救日食礼、祭先师礼、祭启圣公礼、祭县社稷礼、祭县风云雷雨山川城隍礼、祭乡贤礼、祭县厉礼、乡饮酒礼、乡射礼、士庶人冠礼、婚礼、丧礼等等,可谓仪轨清晰,理当遵守。而《白志》涉及礼仪规范,其篇名相若而内容迥异。按照钦定《会典》《通礼》,《白志》将清末民间通用的贺礼、节礼、食礼、冠礼、婚礼、丧礼、祭礼等等一一记录了下来。涉及士人互见、弟子拜师、卑幼见尊长等见面礼,更是中国传统礼仪文化的精髓所在。比较而言,明清两代礼仪规范的历史演变,涉及基层社会的管理深度和社会大众的自治能力,值得我们进行深入的研究与思考。近代以来随着欧风美雨的激烈碰撞,特别是西方礼仪文化的猛烈冲击,致使中国传统礼仪文化中的精华部分也被弃如敝屣,这也是需要进行重新反思的一项内容。此外,《吕志》《白志》均记载了县俗,但后者对前者所及内容一语道过,而格外重视生产、生活礼仪的记录,则更多地体现了变化中的社会现实。其对"城乡有华朴之分,南北有文质之异"等等社会习俗的辨析,至今读来仍倍感亲切,历史价值也值得借鉴。

在地方志书的宏大纪事中,既有常规性的礼仪叙述,更有非常时期爆发的重大事件。原来,吕志设置《邸宅陵墓》,旨在"诏往以示来者也"。"志陵墓而及氏羌者,《春秋》谨微之意也。是皆善政之意,而寓乎醇儒之道焉"。(马理《高陵县志序》)《白志》也很好地坚持了这一原则。譬如清代同治年间陕甘回民起事,就是志书追踪重大历史纪事过程中无法回避的一项内容。《白志》就比较全面、翔实地记载了这一重大事件在高陵域内的表现,指出回民起事与太平天国、捻军起事直接相关,并在记载地理、建置、人物、纪事、寺庙等内容时,也都有所笔涉。而其《缀录·纪事》罗列的上起东汉、下讫清末的历代重大事件,其中同治元年至九年各条,也全部是关于太平军、捻军和回民起事的纪事本末。这对我们研究这一历史事件,显然是有所帮助的。

与此同时,地方志书作为一种著述性文献,其对于历史文献的记载,也是彰显其记载价值与著述深度的一项指标。如前所述,作为义理类简派志书的代表作之一，明代康海《武功县志》、吕柟《高陵县志》，都录入了大量的致用文献，但均缺乏《艺文志》的专门设置，且《康志》将文献附缀在人物、事件或写实条目之下，《吕志》也是如此。《白志》在继承《吕志》的基础上显然有所变通，而其变通的关键就在于历史文献的灵活处理，即用行文附缀的方式，将一篇篇与人物、事件、实物、舆情有关的历史文献，贯穿于事件、人物、古籍或礼仪活动之中，虽然阅读起来不无附赘之感，但是历史文献的原始凭证性强，其实用性和存史性却都非常突出。至于《缀录》的设置，及其中丛集的纪事、祥异、金石、分封、杂传、乡献诗录、散佚著述、旧志叙说等方面的原始文献，包括还有类似《太史公自叙》那样的著述说明，则更将其编纂用心做了系统的学理解释，相当于该志的《大事记》《艺文志》和《编后记》。

在历史文献的征引方面，精挑细选常常是必要的。《白志》在《地理志》中摘录了历代通志、府志和县志有关高陵县的段落；尤其突出了《古渠堰》《泾渠总论》《泾水议》等经典文献，在云槐精舍介绍中还穿插了追忆主讲吕泾野的诗歌文献；《建置志》中详细选录了城池县署、坊村镇店等建造碑记；《祠庙志》中选录了不少考工记；譬如北宋寇莱公（寇准）祠原名竹林寺，作为明嘉靖年间马理、吕柟总纂《陕西通志》的合作场所，也有所记录。《田赋志》记录了耕地变迁，活动坛场；《礼仪抄略》摘抄了各项礼仪规范；《官师传》不乏诏书、通告及墓志铭或神道碑文字等等。其中最典型的，是引用清代邑人赵曰睿的著述作品，赵氏思想超前，观点新颖，批判性强。如其在强调学习的重要性时说：

  善学者如饮酒，味其清醇而弃其糟粕；如赏花，挹其馥芬而略其萼瓣。斯有以益吾肺腑，悦吾心神，庶免伧父笨伯之讥。故读斯编者，须活其眼目，细其心思，得其神不必袭其貌，会其机何如变其用，奉为换骨之金丹，勿拾已碎之刍狗，神而明之，不滞于迹。斯为善学柳下而不致误于墨守之陋也，语有之晓人不当如是耶。

又如其严厉抨击当时谱牒中动辄攀附名人、追认祖先的市侩现象时指出：

厥后世风不古，谱牒之中有市心焉。旧姓之裔，竟以贩贸为寻常；崛起之家，亦以攀援为能事。著郡望，则李必陇西，刘必彭城，崔必博陵，王必琅琊、太原，而见在之里居，渺矣无闻也。矜门第，则崇韬拜子仪之墓，狄棐奏仁杰之裔，而本身之祖父不得而知也。恣援附，则李揆呼辅国以五父，蔡嶷拜蔡京为叔祖。甚至戴铃元老见诋于诗人，丰邑相公致讥于士类。而本属之昆从，视若路人也。呜呼！上以诬其祖宗，下以欺其孙子，而止以供识者之一笑。习俗波靡，江河日下，方自愧推挽之无力，而忍抉流扬波，效尤滋咎哉。昔狄武襄不以一时遭际自附梁公，识者谓较之拜墓者所得多矣。徽州朱典史不祖文公，明祖叹美，遂定玉牒之式。论者谓视唐之远祖老子，识度超越千古，盖诚见夫迈迹自身，光前惟德。故佗胄之恶，不得援忠献之后以从宽；温公之贤，亦无庸承典午之派以取重也。而况晚近冒谱联宗，市侩之用心者乎。

这样的文献征稽，这样的直录不讳，这样强烈的现实针对性，显见其思想价值不可或缺，弥足珍贵。

四

由志及人。两部《高陵县志》的质量高下，与其修纂者的基本素质和社会阅历密切相关。

明嘉靖初年（1622），吕柟应召参与撰修《武宗实录》。三年（1625），置身皇室法统大礼争议。因忤旨贬为解州判官。不久选为国子监祭酒，升南京礼部右侍郎。对于吕柟的评价，其同窗好友马理所撰《吕文简公墓志铭》有过精彩的论断：

愚考先民，自孟子殁，汉有经史辞赋之学，晋唐人攻书及诗，宋多文（上）〔士〕，然据其言行，考所见闻，见道者鲜。惟董仲舒为西京醇儒，然灾异之说，驳杂亦甚。东汉之末，惟孔明（诸葛亮）卓然特立，可以与权管宁，以潜龙为德，确不可拔。两晋人材，有不为流俗所染、异端所惑，安贫近道者，惟陶潜（陶渊明）一人而已。李唐杜甫之诗，韩愈之文，为不背道。然甫有啜人残杯冷炙之悲，愈有相门上书之耻。况愈辟佛老而复友其徒，任道而牵妓妾毒。杜韩如此，自余可知。赵宋文士苏（苏轼）、黄（黄庭坚）诸人，皆宗尚佛教。富（富弼）、文（文彦博）诸贤，率事僧参禅。惟濂溪周子（周敦颐），学得其精。康节邵子（邵雍），学为甚大。二程兄弟（程颢、程颐），横渠张子（张载），学为至正。晦庵朱子（朱熹），能继诸贤之绪。自元以来，及今见道而能守者，惟鲁斋许氏（许衡）及我明薛文清公（薛瑄）数人而已。公则为汉之辞赋，怀其史材、传其经学而无驳杂之失。工晋人之书、唐人之诗、宋人以上之文，而多明道之词。醇如鲁斋而稽古之功则多，真如文清而知新之业则广。盖其学诣周之精，几邵之大，得程、张之正，与晦庵朱子而媲美者也。

（括弧内人名均为引者所加）

这就从辞章之学、义理之学和道德之学等不同方面，将吕柟其人放在历史的长河中加以揄扬和定位。而吕氏编修长达三十余年、堪称开山之作的《高陵县志》，仅是他学行修养的具体见证，简练而有侧重，私修特点非常浓郁。《白志》舍像《樊志》，直追《吕志》，形同而内容一新，编纂时间不足一年，完全属于官修。但《吕志》因思想性、知识性而见著，《白志》则因文献性、实用性而昭彰。两部志书，都是理学家、政治家修志的典型例证。

众所皆知，理学思潮肇端于两宋，程朱理学是富有代表性的官方主流派别。其中肇自张载的关学，在明代转而为三原学派，成为新关学思潮的主体脉络。在这一思潮的影响下，许多理学家、政治家都投身于史志编修。如康海参与过成化、弘治实录的撰写，后以正德《武功县志》而驰名，章学诚批评其"文人不得修志"，殊不知康海并非站在文人的立场上修志，而是藉以彰显其县域治理观念；马理、吕柟作为理学中人，同时也是政治家，居乡时应邀修纂嘉靖《陕西通志》，实际上所展现的仍然是其经世观念；王承裕撰《宏道书院志》，及韩邦靖纂《朝邑县志》、王九思纂《鄠县志》、吕柟修纂《高陵县志》、孙丕扬纂《富平县志》,乔世宁纂《耀州志》,刘九经纂《郿县志》等,其实也都是这种学术—政治思潮互动影响下的产物。清末到民国的刘古愚纂《陕甘味经书院志》、贺瑞麟纂《三原县新志》、牛兆濂纂《蓝田县志》等等,亦因为他们终身从事教育事业,故其所纂修的志书,也都以张扬程朱理学的精神情操见长见著。白遇道纂《高陵县续志》,承吕志而兼学贺志,应该也与其既胜任地方官,又折节教育事业、服膺清麓学派的学术选择密切相关。

  吕柟作为明中叶著名的理学家—政治家,因出身状元,担任过国子监祭酒,被称为三原学派的"宗师"之一。故其所修纂《高陵县志》十分重视礼仪制度,将官方礼仪植入民间社会。吕氏处于承平社会,将《吕氏乡约》《文公家训》作为乡土教材,致力于乡土社会的道德改良,这也是他治国理政观念的具体表现。与此不同,白遇道身处清末民初,正当社会动荡之际,因他同样出身翰林,担任过兰州兵备道等官职,所以竭力将理学思想灌注到地方志书的编写中。白遇道尝任《甘肃新通志》总办,参与翰林院预修国史,转而出任《高陵县续志》总纂。可见他继承了吕柟的理学观念,但又师法贺瑞麟的近世经学,其志书成稿历时甚短,用世价值却不容低估。

  概言之,从吕柟、贺瑞麟到白遇道,其修志理念是一脉相承的。白志的承续特点:一是作为学术的承续。借鉴范晔《后汉书》的基本义例,有所承续但不蹈袭。其著述观念的改变,与其时代递变息息相关。二是作为道德的传承。吕柟作为关学中人,其宗师地位与三原学派不可分割;白遇道堪称"旧人中的新人、新学中的旧学"。进入民国后,在世即建造生圹,其实是一种历史追怀。其在思想观念上接受近代民本主义思想的现实影响,其实也是他在新的社会环境下对于传统观念的反省结果。三是作为政治的借鉴,吕志强调礼仪制度,旨在加强社会管控;而白志强调道德话语,反对战争暴乱,也有其正视社会矛盾和民族矛盾的深度思考。

五

整理出版历代旧志文献，是一项有益当代的传世文化工程。对于这项文化工程的重视程度，其实也是衡量各级政府治理能力和施政观念现代化的重要标志。对于高陵来说，从县到区的转变，不但是行政建置的沿革，更标志着工业化和城市化达到了较高的水准。过去高陵县以农为本，作为关中的白菜心，必须仰赖历代引泾工程的渠水灌溉，否则靠天吃饭就非常困难，粮油大县而财政吃紧，即是一个时期的历史写照。而今，随着国家中心城市——西安市大都会功能区向北延伸，在泾河工业园的强势带动下，其工业化、城市化程度早已超出了历史时期。这种历史剧变，一方面意味着产业格局和生活方式的根本转变，另一方面也意味着基本域情和历史文化传统的重大变化。如今，高陵不再是关中盆地一个完全自足的县域单元，原有县城相对于泾河工业园的发展滞后早已无可争议，但最关键的，仍然是其作为西安市这个大都会城市圈的一部分，现已承担了西安市城市总体功能的功能区的一部分。过去高陵县积淀的历史文化传统，必然随之出现新的嬗变、新的格局，如何钩沉当地历史、风俗和文化传统，如何科学评价迅猛转变中的舆情资讯，并在新的市场经济条件下加以活化利用，进而在蔚成西安市整体城市记忆方面发挥应有的作用，这些都是值得我们深入探索和持续思考的现实命题。从这个意义上说，这些历史资讯的社会价值不但不曾过时，而且更显深度，更当珍重，更易出新。

旧志整理是地方政府的重要职责之一，官职官责，殆无疑义。作为走向新生的国家中心城市，西安市要做好自身的现实发展，就有必要钩沉城市记忆，就有必要聚集发展能量，就有必要组织人文资源，因而科学梳理和重新认知这些历史文献，进而充盈、拓展城市发展的丰富性和鲜活性，就是城市政府决策机关和社会各界有识之士需要共同展现的一种历史远见和垂鉴意识。但是对于旧志整理工作的认识历来也很不平衡。在特定的历史时期，民间声频的震荡和社会力量的凝聚，尤其是像高陵这样具有深厚文化积淀的书香国土，依靠社会力量来推动地方志整理工作，实际上也是对于转变中的城市政府职能的一种救济，一种裨益，一种理性的呼唤和一种现实的促进。在关爱、关怀和关心历史文化资源开发利用的众多社会人士推动下，《高陵县续志》采取了前所少见的众筹办法来推动这部旧志的标点整理和出版问世，我觉得这不光是一种工作方式、工作理念的创新，更是当代社会重视古文化、化解俗文化和塑造新文化的重要标志。就整理质量而言，该志采集了明清以来的不同县志版本，通过编审互动，反覆校核，按照整理规范加以悉心梳理，其基础质量瑕不掩瑜，应予肯定。笔者获悉，整理者之一白金刚还是一位收藏爱好者，长期致力于田野文物的钩沉，致力于抗战老兵的寻觅和救助，其躬身调查和撰写的《白蟒原志》尚待出版，但他们热爱桑梓的情怀和执着用事的精神，无论如何都值得鼓励。有鉴于此，我不但支持这部旧志文献的整理出版，乐意为之鼓呼、为之揄扬，同时希望有更多社会人士关心此一文化事业，投身此一文化工程。简而言之，要将封闭在故纸堆中的历史文献加以活化利用，使之成为当代人们开展城市建设和区域治理的理念支撑，这既是历史的使命，更是我们无上的责任。

（作者为陕西省地方志办公室二级巡视员、资深地方志工作者）

点校说明

一、本志以清光绪十年雕版程维雍修、白遇道纂《高陵县续志》八卷本为准，严格按照原版录入，并予以点校整理。个别地方还参照了明嘉靖廿年刊吕柟纂修《高陵县志》七卷本和清雍正十年新镌《高陵县志》十卷本。

二、为方便阅读，本次以标明句读、整理为宗旨，而不做专项考证或注释。

三、书中明显的异体字、通假字以及俗字，一律改为现代汉字。对于原版本中明显的错讹字，或因避讳用字，原字用圆括号（）标示，改正字用六角括号〔〕标示。均不再作说明。

四、为保持文献原貌，行文纪事均按原作整理，不做改动。

五、本次整理，整理本除序、跋外，一律按原书顺序编排，改竖排为横排，改繁体字为简体字。

六、由于点校者学识所限，不免有误断、误校之处，恳请读者包涵，并不吝赐教为盼。

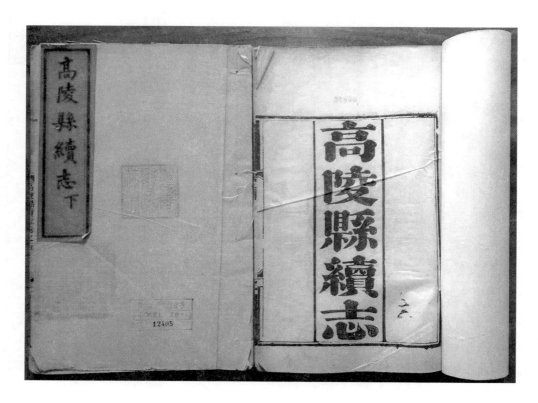

　　白遇道纂《高陵县续志》开本高 27.5cm 宽 18cm，版框高 19.2cm 宽 14.8cm，半叶 12 行，每行 26 字，双对黑鱼尾。

　　光绪七年（1881）编纂，光绪十年（1884）开雕，光绪十四（1888）年后成书。

《高陵县续志》贺序

明吕文简公泾野先生《高陵志》，为吾秦十名志之一。然则后之为《高陵志》者，岂易言续哉？明万历间有续，国朝雍正间有续，吾不知其视泾野志为何如？泾野志成于嘉靖辛丑，越三百余年至光绪辛巳，而邑太史白子悟斋复续焉。悟斋之续志知其难也，故例目一遵泾野之旧，唯无《历数》述而多《缀录》，此其少异于泾野者。夫志，凡以为民也。吾观悟斋之志矣，《地理》详水利，所以达民情；《建置》谨修举，所以恤民力；《祠庙》绌异端，所以正民心；《户租》严经界，所以悯民穷；《礼仪》明典制，所以易民俗；《官师》《人物》《科贡》《宅墓》，纪善政，阐潜德，著节烈，征才艺，表流风余韵，所以示民则，兴民行。而《缀录》一篇，则又昭炯戒，资考览，亦无非敬民事，而通民志。虽悟斋自谓不敢与泾野比论，然其心固于泾野无异也。即今所就裨补教化，传信后世，斯亦足以续泾野志矣。

昔范醇夫作《唐鉴》，用伊川先生之说，于中宗每岁书"帝在房州"。伊川见之，乃曰："不谓醇夫相信如此。"余不逮伊川万一，而悟斋此志间采拙论义法谬入其中，殆如醇夫之于伊川，余滋愧矣！抑余更有说者，泾野初举于乡，即创志草，及及第为太史，志成更历三十余年而后出。悟斋以太史丁艰归，逾年，辞不获已，乃续斯志，未及岁而蒇事。为时已迫，矧年久无征，又经兵燹之余，即偶未详备，亦势无可如何。而吾谓悟斋所以续泾野者，当更有在。泾野遗书具存，莅官风徽，皆本于生平甘贫改过之旨，求仁取善之心。悟斋行将还朝，益以泾野为师，使人谓高陵今日复有续泾野其人者。志特一端而已。况斯志成，并刻泾野旧志，邑人士又适刻《泾野内篇》，则是泾野之学，邑人亦将有续之者。且大为高陵之光，抑不止为高陵之光，要皆自悟斋高陵之续志始，岂不懿哉。

光绪甲申长至后二日。三原贺瑞麟①复斋甫序。

---

① 贺瑞麟（1824—1893），原名贺均，榜名瑞麟，字角生，号复斋、中阿山人，陕西三原人。清末著名理学家、教育家、书法家。道光二十一年（1841）中秀才，后受业于关学大儒李桐阁。同治九年（1870）创立正谊书院。主讲正谊书院20年，学兼体用，精研程、朱之道，集理学之在成；刊印经典，汇集为"清麓丛书"，为时人所敬重。督学吴大澂奏请朝廷，奉旨授国子监学正衔，晋五品衔。编著有《清麓文钞》《三原县新志》《三水县志》等。

《高陵县续志》杨序

前明时，吾秦中有十名志，而吕文简公《高陵志》尤为推重。一时传之数百年，历久弥新。盖公绍洙泗之传，学禀程朱而文抗韩曾，故当时非特中国之人咸钦山斗，即外夷之震公名者亦尝乞赐其文为本国式，文名之盛亦炫赫一时哉。至其纂修邑志也，本才、学、识作史之三长，约之于弹丸一邑之中，固游刃有余，宽绰自得，如僚之于丸、庖丁之奏刀，无施而不可耳，宜其字重国门、言为世则也。顾文极盛矣，继之者实难。自公之修后阅今三百余年矣，未闻有踵公之志而继起者。非以才学识之自愧弗如，慎蹈续貂之讥乎。或曰：雍正间邑人樊子愚不尝增修乎，非继公之志者乎？余曰："否否！樊之志，余亦寓目焉，其文涣而未谨严，芜而未修洁，且混同前志为一，书与体制亦弗安也，与取去亦弗当也。鱼目燕石只自贻诮，乌是与公之志并论哉？"曰："然则自公之修阅今数百年，其间风会习俗之转移，陵谷沧桑之变迁，与夫政治之时盛时衰，民物之或盈或绌，以及名宦乡贤之实迹，忠孝节烈之异行，俱可听其湮没而弗纪乎？亦岂公之所望于后来之贤者乎？"余曰："非是之谓也。邑之志不可不增修，公之志不可僭拟，不可混一也。子云著《太（元）〔玄〕》而拟《易》文，中子以《中说》拟《论语》，后世犹讥其妄。矧才学不及二子，而顾可僭拟前贤乎？若夫混而一之，则又不免于凌躐杂糅之弊。所谓言之无文，行而不远，乌能传之永久，以为一邑信志乎？"

白生悟斋，固文简公同里后学也，束发后即从余游，贫而有志，艰苦励学。同治甲戌登进士，入词馆，每慨士多汩没于帖括标榜之习，甚至跻显衡文，叩以经史，或懵然而弗辨，语及正学，或诧闻而骇听。故生自读书东观以来，即探索典坟，穷年矻矻，手不释卷，刻属益甚于曩时，亦可谓潜修好学无忝乎与公同里而继起，且无惭乎与公同官太史而列于后进之科也。光绪庚辰，主讲其邑书院，乃仿范氏《后汉书》之例，辑为续志，盖仍文简之旧而注明增益之，不猎前贤之美，不参偏私之见。举雍正壬子以后，迄光绪庚辰以前，采择补缀，穷暑穷膏，期年而遂告成。虽按之吕公之志，处处未必合撰文与抗，而工力悉敌；而以樊氏之志与之较，孰长孰绌，世有知言之君子当自辨之。余未敢阿好以犴谀也，生更勖之哉。今乙酉乡闱典试山左，方且为朝廷储有用之才，异日者纂修国史，阐徵显幽，表忠励实，宏其著作以激扬天下，将见声名洋溢中外，传知巨制鸿文，播颂蛮貊，不与文简公后先辉映哉。余老矣，逐逐风尘，旧学久芜，叙生之志，自愧罕有以发明，生恒以文简公之所以为志者而自志焉，是则余之厚望也。

夫光绪十四年，岁在戊子初夏。五品衔内阁中书舍人、前知西华县事、调任滑县、丙子己卯河南乡试同考官、丙午科优贡、辛亥恩科亚元临潼杨彦修①子经甫序于青门旧居之学达观斋。

---

① 杨彦修（1816—1890），字子经，临潼县三田里李桥堡（今阎良区北屯街道李桥村）人。年7岁，就能背诵五经。年未20岁即有文名。1846年，陕西巡抚林则徐聘其为课读师。咸丰辛亥（1851）乡试亚元，议叙内阁中书，历署河南获嘉、武安、鹿邑、杞县、睢州、西华、滑县等县知县，所到之处，多有德政。著有《临潼县续志》和《学达观斋制艺》传世。

重修《高陵县志》程序

高陵隶古雍州，地当井鬼之次。名儒硕彦，代生其中。自泾野吕子创修志乘，历明季迄国朝雍正十年，踵有增益，后遂无闻焉。其间政治风俗之沿革，与夫人文物产之兴衰，率散轶无可考，亦憾事也。

光绪己卯，余来承乏，读旧志漫漶特甚，思有以新之。并搜访遗闻，别为续志，以备一邑掌故。顾当兵燹灾祲之后，闾阎彫瘵，弦诵阒如。抚集招来，日不暇给。盖不惟秉笔之难其人也。越明年，时和岁丰，士民复业，适上台檄取县志。邑太史悟斋白君，方奉讳里居。余既造庐请，悟斋乃慨焉任之，辱不以俗吏见弃，往返商确，择精语详，十一阅月而成书。条目体例，一仍泾野子之旧。文简而赅，事信而有征；推衍增益，而不逾其范，其必传也谂矣。抑余闻之，人以地传，地亦以人传。论者谓秦多名志。如康对山之于"武功"，韩五泉之于"朝邑"，王渼陂之于"鄠"，乔三石之于"耀"，与泾野子之志"高陵"，皆名重一时，为读志者所莫能外。天下郡县，不知凡几。舆图所载一二名胜，险要之区，有以供游览而资考证。恒足介士大夫之齿颊。其在通都大邑，无事物可纪，一过而辄忘其名者，曷可胜道。若武功、若朝邑、若鄠、若耀，乃因前人之书之存，并其地亦彰。一人口耳间，非其验欤。高陵去省治不百里，风教所趋，甲于他邑。士苟有志，读其乡先生之书，因文以见道，勉如泾野子之修身立行，为闾里光。安见弹丸邑，不与秦都汉郡并峙千古哉。若夫补遗订坠，因时制宜，考成法之所当行，蠲民生之所未便，是则后起之责，而守斯土者之所厚望也。

夫光绪辛巳秋八月，知县事归化程维雍谨序。

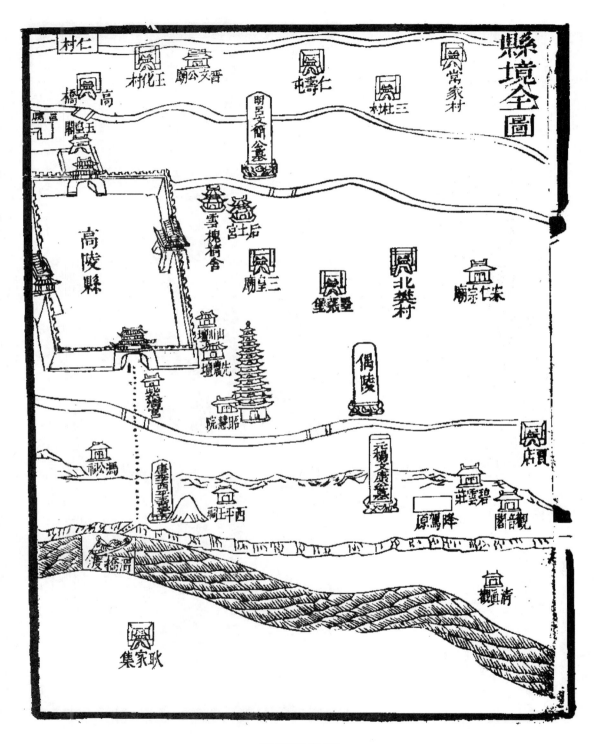

原版示意图

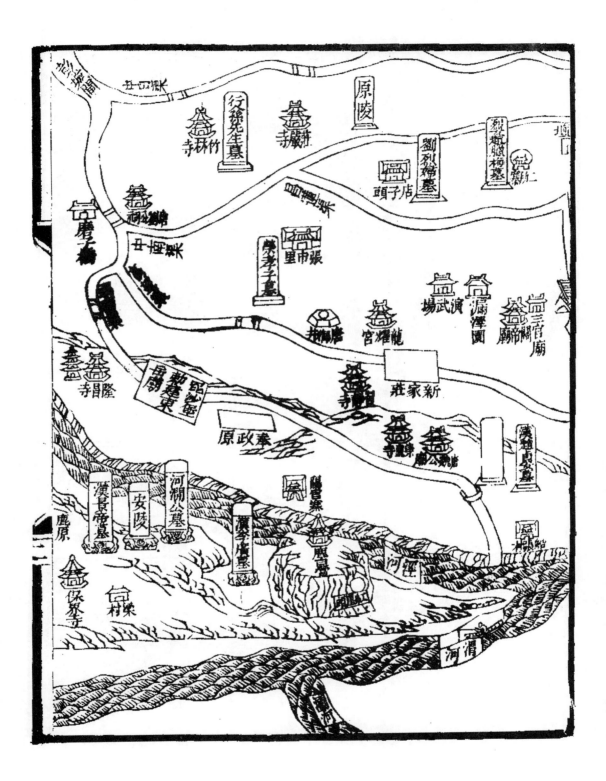

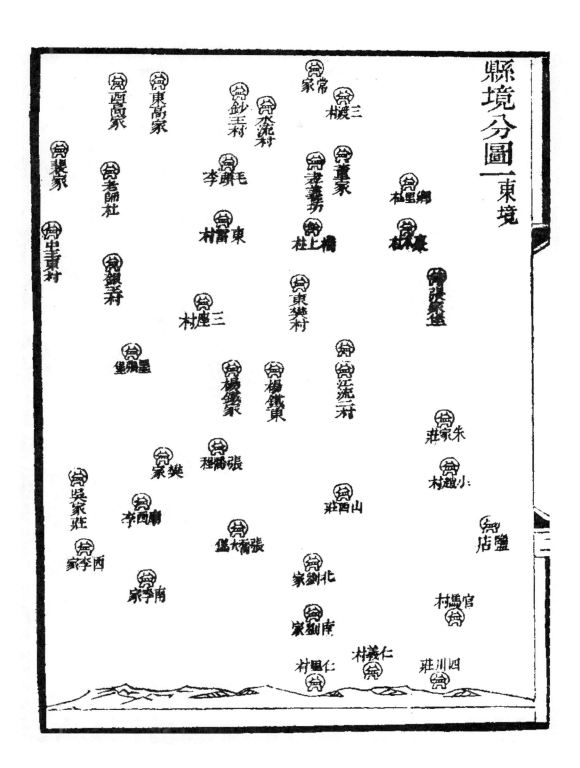

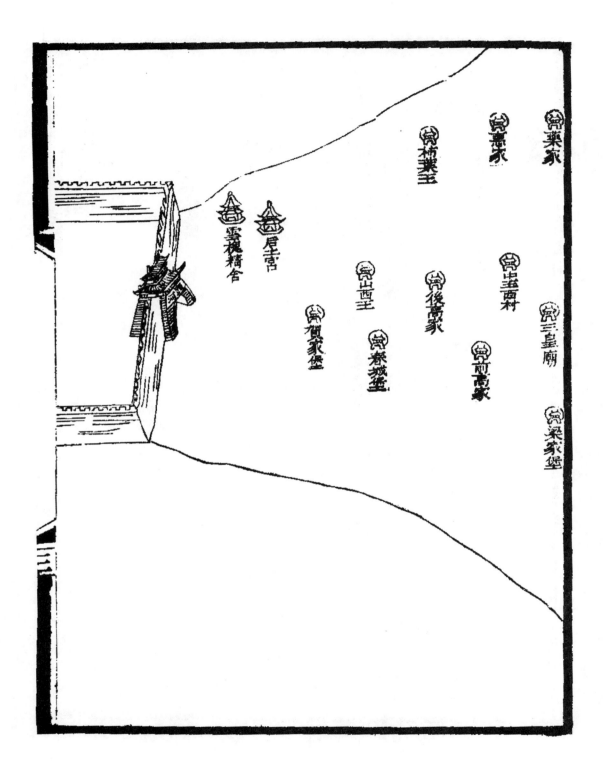

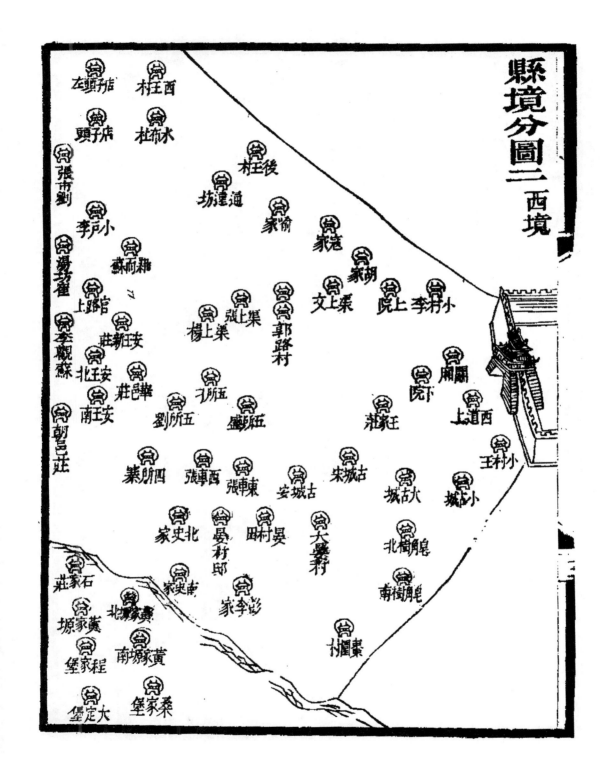

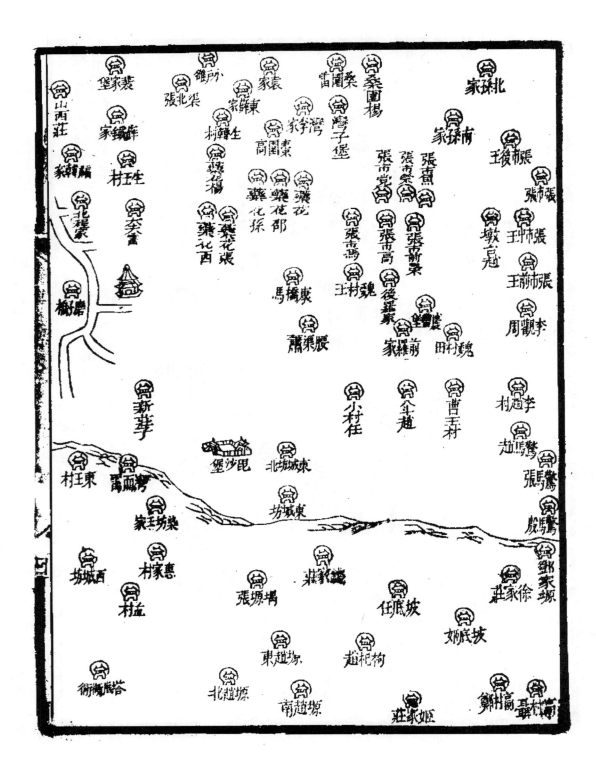

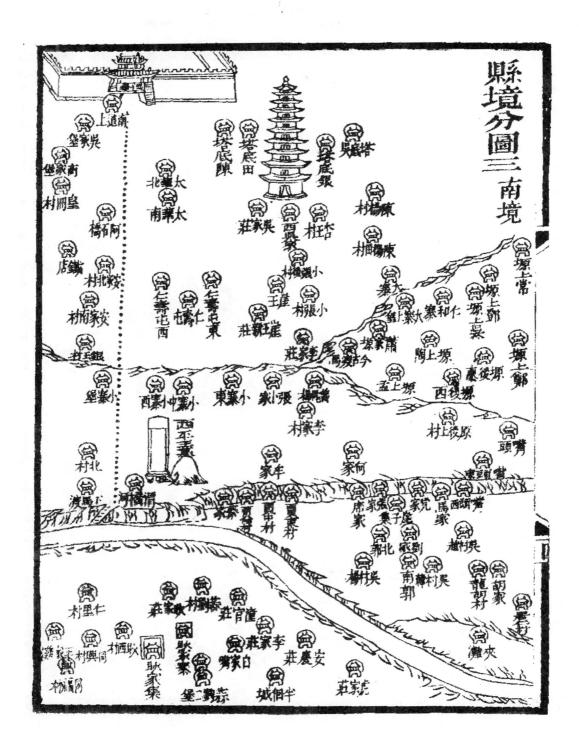

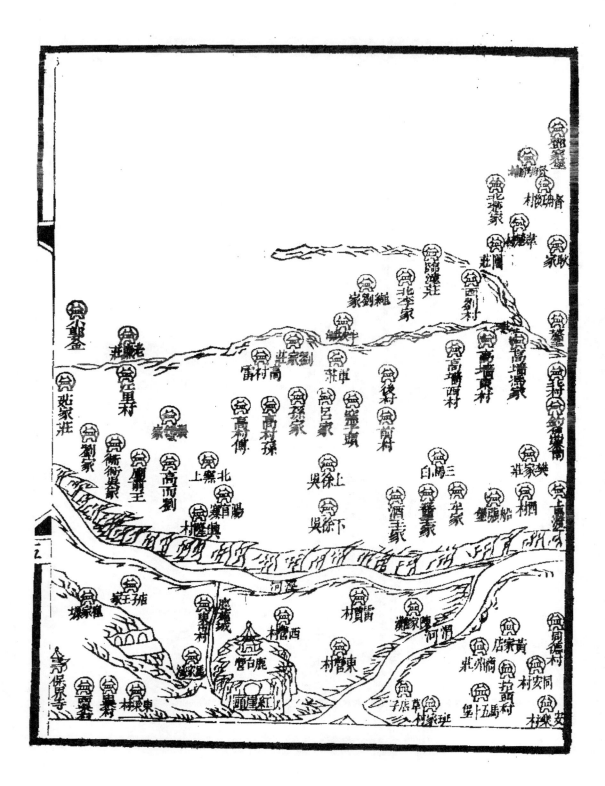

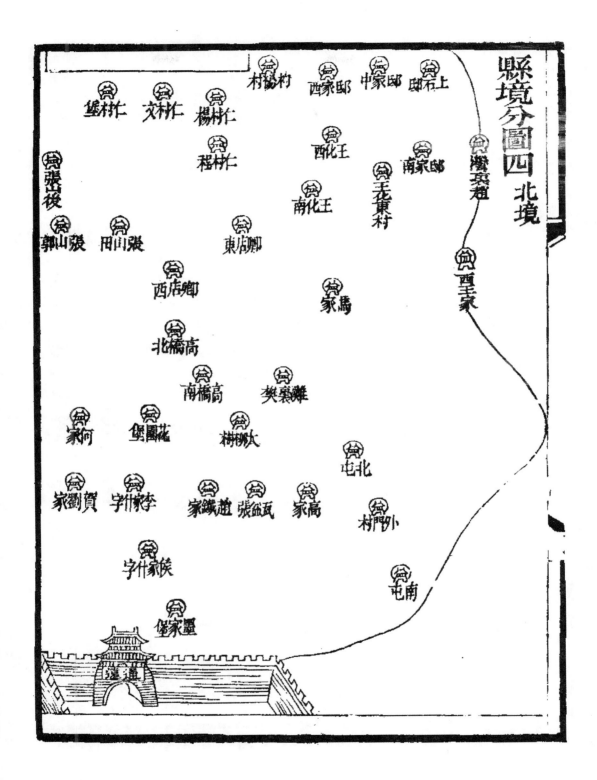

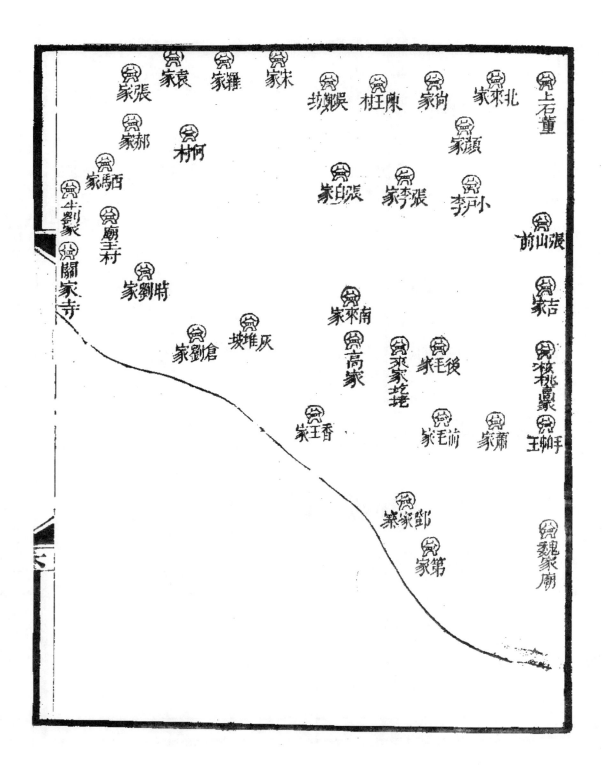

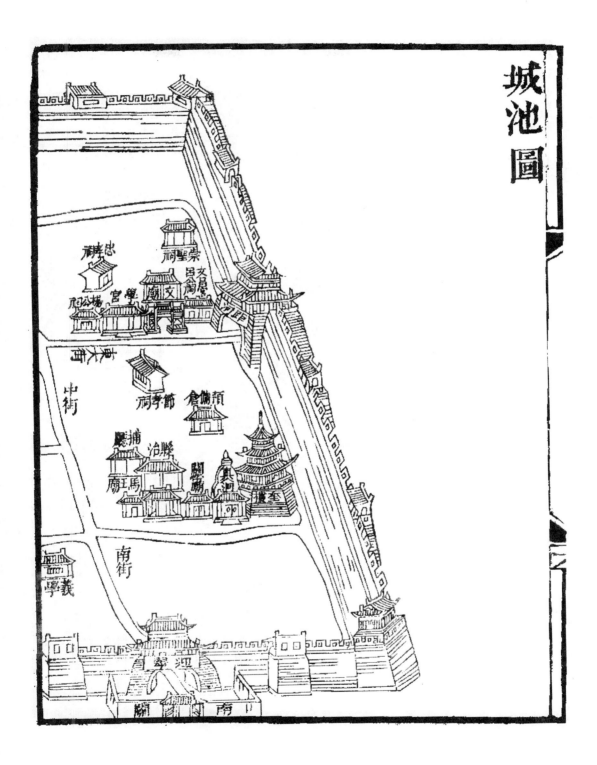

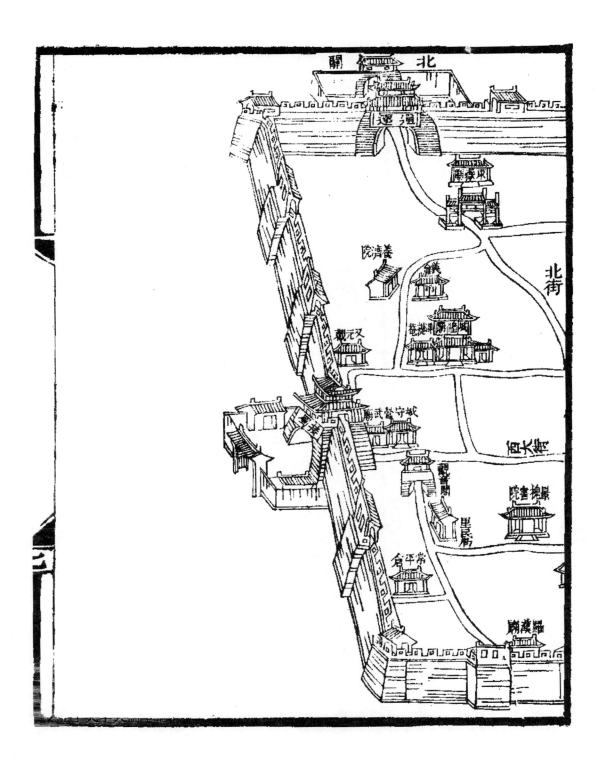

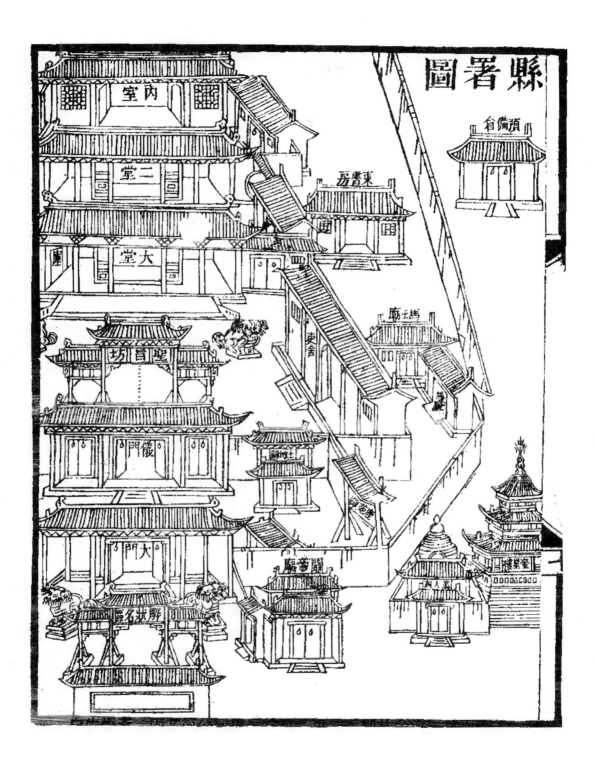

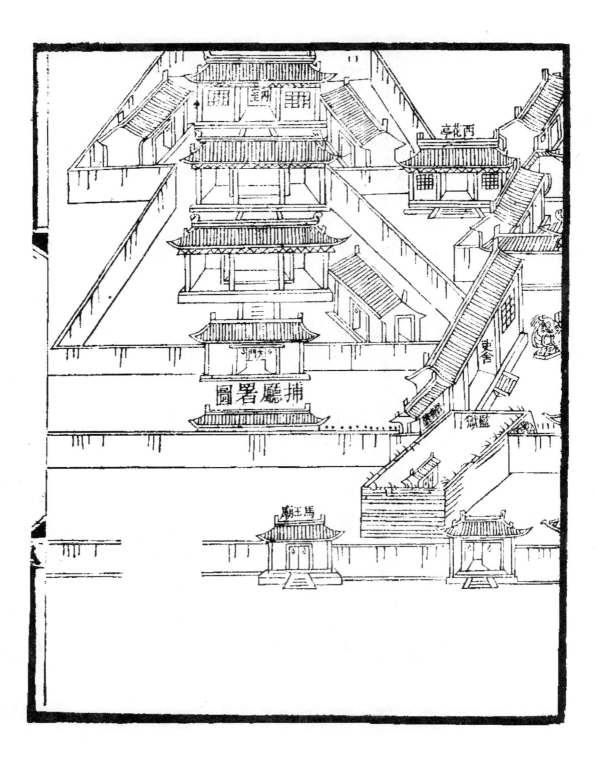

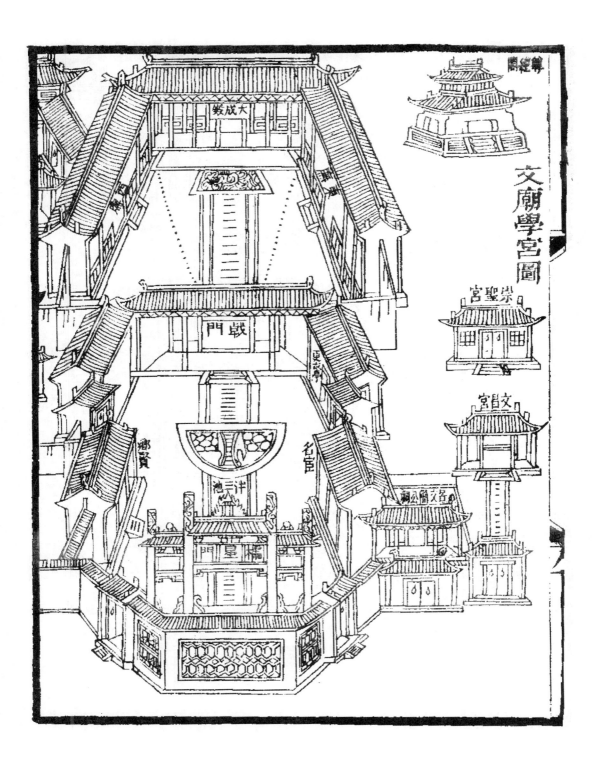

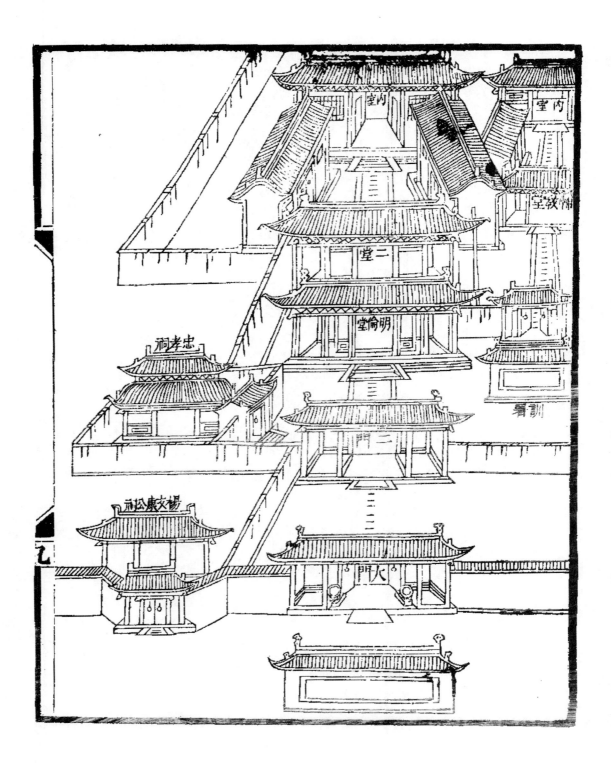

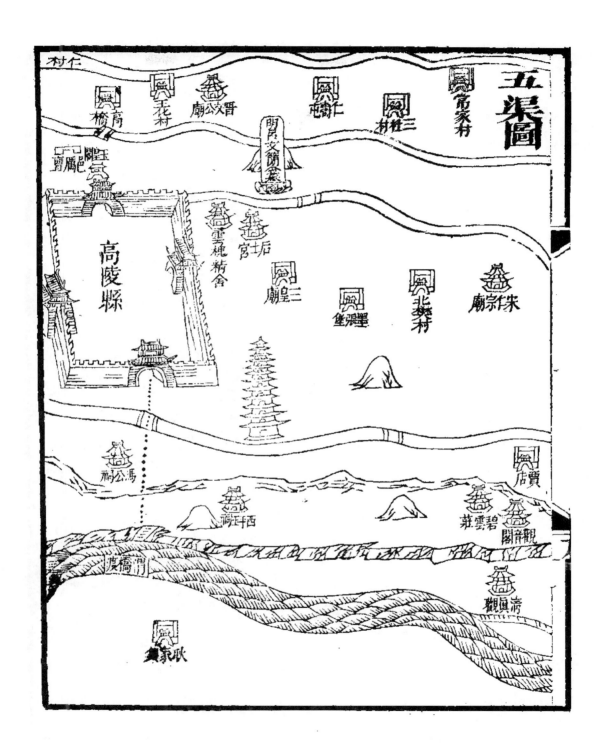

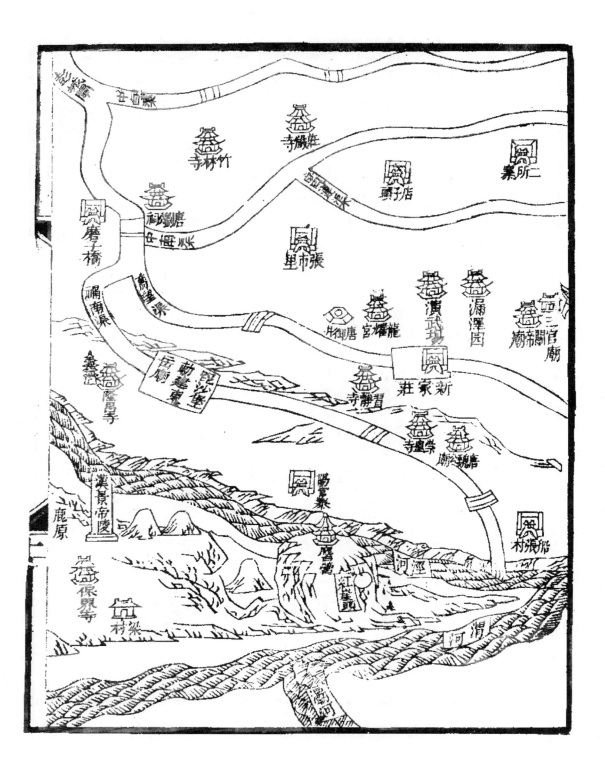

《高陵县续志》修纂姓氏

重修
钦加同知衔、知高陵县事，福建归化程维雍
编纂
赐进士出身、翰林院编修、国史馆协修，邑人白遇道
与修
高陵县教谕、廪贡，鄜州雷动之
高陵县训导、廪贡，延安古延龄
参订
钦加五品衔、内阁中书，邑优贡，王瀚
举人杨作霖
总校
赏加六品衔、候选县丞刘麟
布政司理问衔、甘肃补用知县、前署平罗县县丞刘瑞玉
布政司理问衔、甘肃升用知县、前署镇原县典史吴士廉
候选训导、岁贡生马培德
岁贡生王懋绩
候选县丞王裕柱
例贡生纪谦
候选训导、岁贡生王健
生员胡国桢
采访
从九品陈泰

附贡生曹延龄
岁贡生贾致顺
廪膳生孙荃
廪膳生李定甲
生员李锦堂
生员胡镇淮
生员李炳堰
生员雷启秀
生员刘均
生员白济道

校刊
署高陵县典史、巴陵刘懋荫

督刊
高陵县城守营、宜君梁朝海

目　录

卷之一 ··· 1
 地理志 ·· 1
 建置志 ··· 18
卷之二 ·· 24
 祠庙志 ··· 24
 田赋志① ·· 36
卷之三 ·· 46
 礼仪抄略 ··· 46
卷之四 ·· 66
 官师传 ··· 66
卷之五 ·· 85
 人物传上 ··· 85
 人物传中 ··· 94
卷之六 ··· 115
 人物传下 ·· 115
 科贡闲传 ·· 137
卷之七 ··· 152
 邸宅陵墓 ·· 152
卷之八 ··· 179
 缀录 ·· 179

---

① 原版此处目录为"户租志"，据内文卷二"田赋志"及文中白遇道卷末所言而改。

高陵县续志卷之一

知县程维雍重修　　邑人白遇道编纂

地理志 渠堰附

　　班史之例，言地必先言天，盖本《周官·保章氏》"星土辨九州"之意。按《唐天文志》曰："东井居两河之阴，当地络之西北，华阴以西，北地是。"《东汉郡国志》曰："今秦分野，自柳九度至张十七度，曰鹑火之次，高陵弹丸区。"则分星自统于府。而《通典》以觜觿参得汉之高陵以东地，则地实入觜参。然天象渺远难致，不具论。若夫古"王度地居民，首重疆域，则建革之故，流峙之要，沟洫之利，古迹之遗，安可以不详也"。述地理志第一。

　　高陵在虞、夏为雍州之域。《禹贡》："泾属渭汭。"《周礼·职方氏》："雍州，其川泾汭，其浸渭洛。"今泾渭合流实在县境，郡县释名高陵，秦县名。《尔雅》：大阜曰陵。郭子章云，县南有奉正原，高四五丈，高陵之名所由昉也。《元和志》：高陵为秦旧县，孝公置路史。高陵邑，秦昭王弟高陵君封。西汉属左冯翊。《汉书·地理志》：太初元年，改左内史为左冯翊，县二十四。高陵为冯翊治次一，阳陵次二十三。《汉书·景帝本纪》：五年作阳陵邑。《地理志》：故弋阳，景帝更名。莽曰渭阳。《寰宇记》：阳陵故城在咸阳东北四十一里。《禹贡锥指》：高陵西南三十里有阳陵故城，其说虽互异，而阳陵自属析县地而增置，谓即改高陵为阳陵者，非也。莽改阳陵为千春。《水经注》：左辅都尉治，王莽之千春也。东汉县为左冯翊治，属京兆。《玉海》：建武十五年改属京兆。《关中记》：光武东都后，冯翊出治高陵。《禹贡锥指》：今县西南二里，即冯翊故城。魏更曰高陆。晋仍之，俱属京兆郡。《通典》：魏黄初元年改为高陆县，其治在县西南一里。《通鉴注》：晋改曰高陆，属京兆。北魏仍之。《地形志》：晋属京兆。魏明改属冯翊。按魏高陆治在今县西南一里，后魏移居今所。西魏北周仍之。《续通典》：周明帝省万年县入高陆。隋复为高陵。《隋书·地理志》后魏曰高陆。大业初改焉。《元和志》：大业二年复为高陵，唐仍之。《旧唐志》：高陵，隋县。天授二年隶鸿州，大足元年还雍州，武德初析置鹿苑县。《唐书·地理志》：武德元年析置鹿苑县，贞观元年省。按县西南二十五里有鹿台城，地有果园名鹿苑，唐置县即此。宋仍为高陵，属永兴军。金仍之，属京兆府。元属奉元路。明属西安府。《明一统志》：高陵在府城东北八十里。《贾志》①：元属奉元路，明隶西安府，国朝因之。历代沿革，此其大凡也。

疆域则东西三十里而遥，南北三十里而近。《一统志》：县治在府东北七十里。《刘志》②：东至临潼县界十五里，西至康桥堡泾阳县界二十里，南至苏马堡咸宁县界二十里，北至仁村三原县界十里，东南至嘴头临潼县界二十里，西南至咸宁县界三十五里，东北至齐家堡三原县界七里，西北至桑园村三原县界十五里。《府志》③：东南至临潼县治五十里，西南至咸阳县治七十里，西至泾阳县治五十里，东北至富平县治五十里，西北至三原县治三十五里。

南临渭水，北枕平原，清谷跨其左，洪波襟其右，县虽蕞尔，亦神皋之奥区哉。然县经唐会昌中及前明屡析之后，壤地益隘，赋重差烦，供亿日费。地则入望平衍，土性高燥全仰天泽，所谓黄壤陆海者，今大异于古

---

① 《贾志》：清康熙三年贾汉复等修纂的32卷首一卷图一卷本《敕修陕西通志》或清康熙五十年贾汉复等修纂的32卷首三卷本《敕修陕西通志》。

② 《刘志》：清雍正十三年刘于义修、沈青崖等纂的100卷首一卷本《敕修陕西通志》。

③ 《府志》指《西安府志》。

所云矣。地瘠则富庶为难，壤小则绥辑较易，父母斯土者，可以知所从事，而生长于斯者，亦顾可自囿哉。

奉正原　《一统志》：在县南十一里。《长安志》：东西长三十里，南北阔三里。一名降驾原。

鹿苑原　《长安志》：在县西南三十里，东西长十五里，南北阔一里。《黄图》：安陵有果园，名鹿苑。《贾志》：一名鹿台，按阳陵故城在县西南，亦名奉正原，《寰宇记》：原上有鹿台将军祠。岁旱，百姓祈祷辄应，号为鹿台将军。

毕原　《寰宇记》《关中记》：高陵北有毕原，秦谓之池阳原。汉名长平坂，又名石安原。按今地属三原。

渭水　《地志》：出陇西郡首阳县西南。今临洮渭源县鸟鼠山。《刘志》：东经陇州、宝鸡、岐山、武功、兴平、鄠县，又东经长安、咸宁二县北。《水经注》：东经霸县北，与高陵分水，又经平阿侯王谭墓北左侧，泾水注之，又东经郿县，霸县今属咸宁，郿县今属临潼。《长安志》：来自咸阳，又流入栎阳界。《泾野志》①：在县南十里。每遇泛涨，弥漫十余里，然皆南徙，不崩北岸，盖奉正原为之障也。然自乾嘉而后，河日北徙，沿岸田庐坍陷不少。咸同数十年间，北岸田入河者无虑数十百亩，近犹漱荡不已，计惟予水以地疏决，南岸沙淤导入故道，北岸之民庶有豸乎。

泾水　郭璞注：出安定朝那县西笄头山，东南经新平、扶风，至京兆高陵县入渭。朝那今属平凉，新平今属邠州。《刘志》：泾水出平凉县西南笄头山，东南流经华亭、泾州，又东经长武、邠州北，又东南经醴泉，又东南入泾阳界，又东至永乐镇入高陵界，又东经毗沙镇南鹿苑原北，又东南经高陵县南二十里，至上马渡合于渭。《县册》：自入境东行十里，至船张村入渭。

清水　《县册》：在县东，自三原县流入县境，又东南入临潼界。《水经注》：东南入高陵县经黄白城，又南绝白渠，又屈而东流，谓之曲梁水，又东南经高陵故城北，又东南绝白渠枝渎，而东南入万年县。按清水，一

---

①《泾野志》：明吕柟纂修，嘉靖二十年刊本《高陵县志》，也称《吕志》。

名清河，即清峪水，在三原北门外。据《水经注》及《县册》，谓东南入高陵界，迳故城则距县二里，而旧志不载。意者自清平乡见析之后，黄白城始隶三原，抑或涓涓其流，入县已微，有无不定与，皆不可考。今并河道湮垫，县人无知之者。

渭渡三　新开渡，在县西南十里，渭桥西二里。孙张渡，在县西南三十里。渭桥渡，在县南十五里。《府志》：新开、孙张二渡并新置渡船二只，水夫各十二名。渭桥渡置渡船二只，水夫八名。渭桥渡为东北诸县通长安之要津，故冲烦较甚。《泾野志》：桥北通蒲城、富平诸县，故二县皆有一舟协济。近则傍河居人独任之。高岸摧圮，时时败舟，而胥徒往来，又倚肆凌虐，欲解脱而无术，或枵瘠以从事，亦穷民之无告者乎。

泾渡二　黄家渡，在县西南十里。上马渡，在县西南二十里泾入渭处。《府志》：黄家渡新置渡船二只，水夫八名。

桥梁五　东渭桥即渭桥渡。《贾志》：古东渭桥，汉高帝造，以通栎阳之道。《史记·景帝纪》注：景帝五年，作阳陵渭桥。《索隐》：在长安东北，通高陵路。沈亚之《东渭桥给纳使新厅记》：渭东赴河，输流透迤于帝垣之后，倚垣而跨者三，名分中、东、西，在县境者为东渭桥。《初学记》：东渭桥以木为柱，后桥废用舟，故以渡名。郭桥，在县东十里，昌连渠经其下，今属临潼。阿石桥[①]，在接蜀门南一里；张桥，在距河门东八里，皆高望渠所经。高桥，在通远门北三里，中南渠所经，今并废。

渠堰　高陵五渠肇于李唐。《唐书·地理志》：宝历元年，县令刘仁师请更水道。渠成，名曰刘公渠。新堰成，名曰彭城堰。刘，彭城人。宋敏求《长安志》白渠，自泾阳三限，下中限为一渠，流至县界彭城堰，下分为四渠，并溉民田。自彭城闸北分水者曰：

中白渠　在县西南三十里。《水经注》：白渠枝渠，迳高陵故城北。宋敏求《长安志》：中白渠东西长三十五里。《县册》：自彭城闸北限分水，东流至西王村，入三原官村，至高家堡支分为洪河渠入临潼。其正流复由官村入县境常家村，又东亦入临潼界。旧从北岸支分有宁玉渠今废。渠南

---

① 阿石桥：在今县南花果村附近。

岸为小王斗、生王西斗、广利斗、西湾斗、高渠斗、河村斗、马家斗、武家斗、石张斗、张月斗，北岸有雷家斗、韩家斗、湾里斗、张流斗、东湾斗、马家斗、袁盛斗、陈谊斗、董家斗、程家斗、孟家斗，灌田一千五百四十亩。《长安图说》中白渠斗二十三。按今只二十二斗。按斗门始于唐、宋，曰斗门，元曰斗吏，又谓之斗门子，一斗有一长。《樊志》中白渠袤三十里，应受水地一十五顷二十亩。

彭城闸南曰：

中南渠 在县西北三十里。宋敏求《长安志》：中南渠东西长三十五里。《县册》：自彭城闸南限分水，东南流至磨子桥。磨子桥至闸口五里，乃中南与高望、（禤）〔禤〕南分水处。南岸有刘金斗、杜家斗、墨毛斗、张家斗、张益斗、通远斗，北岸有洛南斗、庙王斗、文王斗、张以斗、王益斗、晋公斗、广济斗、富众斗，灌田一千五十亩。又东入临潼界，《长安图说》：中南渠斗门十五。按今只十四斗。《樊志》①：中南渠在中白渠南七里，自磨子桥经坳下村②，东经高桥，又东过孝义坊入清河，袤五十有五里。受水地一十顷五十亩。

中南渠自磨子桥又分二渠。东南曰：

高望渠 在县西北二十五里。宋敏求《长安志》：高望渠东西长三十五里。《县册》：自磨子桥分中南渠。水南岸有福斗、康斗、宁斗、寿斗、念斗、百斗、万斗，北岸有乾斗、震斗、沛养斗、千斗、亿斗，灌田八百四十亩，又东入临潼界。《长安图说》：高望渠斗门十二。《樊志》：高望渠自磨子桥经魏村、李赵村之间，东过阿石桥、陈杨村至临潼境入渭，袤五十有五里。应受水地八顷六十亩。

西南曰：

（禤）〔禤〕南渠③ 在县西二十五里。宋敏求《长安志》（禤）〔禤〕南渠东西长四十里。《县册》：自磨子桥分中南渠，水西南流又折而东南。

---

① 《樊志》：清雍正十年丁应松修，樊景颜纂《重修高陵县志》。
② 坳下村：今通远镇岳华村。
③ （禤）〔禤〕南渠：因此为峓原而得名，元代雷氏家族多块墓志也记为峓原，明《高陵县志》为峓南渠。

岸有边界斗、（禑）〔禑〕南斗、许斗，北岸有永斗、于元斗。灌田三百五十亩，旧亦入临潼界，今在县境船张村注渭。《长安图说》：（禑）〔禑〕南渠斗门五。《县册》中南渠至张市里又分二渠，其北分者曰析波渠，今废。《樊志》：（禑）〔禑〕南渠自磨子桥西南流，折而东，经毗沙镇原赵村，又东南过渭桥，至临潼北田王入渭，裒四十五里。自渭岸崩滩，奉政原高，水不能进，遂在船张村入渭，裒三十里。受水地三顷五十亩。

《县册》：（禑）〔禑〕南其南分者曰：

昌连渠 在县北二十里。《县册》：自张市里分中南渠，水东流经县城北门外。明高陵令王珪尝引水入城，资民食用，今北门外犹有渠迹。其渠南岸有河渠斗。北岸有崔家斗、距陵斗，灌田二百一十亩。昔时亦入临潼界，今下流微细，至县东五里墨张村止。《长安图说》：昌连渠斗门三。《樊志》：昌连渠旧投入临潼境郭桥入清河。以上每月除润，渠水自初三日寅时二刻接受起，至初七日寅时一刻止。

附：**古渠堰** 《古渠图》：樊惠渠在县南。蔡邕《樊惠渠歌序》：阳陵县东，其地衍隩，土气辛螫，嘉谷不植而泾水长流。光和五年，京兆尹樊君勤恤民隐，乃立新渠，向之卤田，化为甘壤。《县册》：今废，无考。

五渠灌溉，上资泾流至国朝乾隆初始断，泾专资泉水，是泾之为利也盖有年。泾渠原始，《泾野志》甚详，而不及有明一代。遇道尝为《修渠考》，起明洪武，迄于当代，具见前人尽心民事，而我朝之为民计者至周挚也，附录于此。水利始于郑国，历汉唐宋元，代有修浚，泾野子曾志之矣。

明洪武八年，修洪堰溉泾阳、三原、高陵、醴泉、临潼田二百余里，三十一年复修之。成祖宣宗继修。《明史·河渠志》：天顺中，王御史渠又圮，副都御史项忠于王御史之上一里余，穿大小龙山为渠，曰广惠渠。彭华记正德十一年，巡抚萧翀又作通济渠，在（元）〔原〕王御史渠之下、宋丰利渠之上，历御史、哈寇、刘天和三公，继治始成功。马豁田《泾川五渠碑记》：后六十九年为万历庚子，泾阳知县王之钥及高陵知县李承颜、三原知县王应征协谋请于台史，征四县丁夫浚铁洞，疏土渠五里许。又五年，都御史顾公复檄西安同知顾汉穿治龙洞，闸广惠渠口，为石桥横渠上，度山间潦水以绝泥淤，而以王御史渠堤易坏，于是隐以铁柱五贯石梁其上为堤骨，而益鳌以石。《龙洞渠碑记》然犹泉水与泾水并用也。万历中，泾阳知县袁化中始建议专用泉水，不必引泾。盖以石渠为泾流所啮，往往易败故也。

国朝顺治九年，泾阳知县金汉鼎重修广惠渠，凿石既深，泉流瀵出，于是循郑白故道，流衍三十余里至成村，斗下酾渠为三：大白、中白、南白，所谓三渠口也。渠口分三限，限各立斗门，总为斗一百三十有五。用水自下而上，岁月日时，顷刻不容紊乱，尺寸不得增减，乃刊碑，以为泉水之利过于泾水。《金汉鼎修渠记》康熙八年，泾阳知县王际有，偕高陵知县许延修、三原知县陈宁宇、醴泉知县郑朝宗，偕诣渠所相度壅溃，而自率县丞张肯谷复治之。功成浃月，民食其利。雍正五年，总督岳公钟琪请发帑完堤。七年，移西安府通判驻泾阳百谷镇专司其事。斯时建闸，以时启闭，犹未尽绝泾水也。乾隆二年，用翰林学士世臣议增治龙洞渠，始断泾水，疏泉溉田。《泾渠志》十六年，泾复坏堤，总督黄公、巡抚陈公，俱逸其名奏准动帑兴修。四十年春三月，巡抚毕公沅率同泾令及观察翁公燿由赵家桥治堤分寸二十余里，直至仲山洪口，周览相度，自龙洞至王屋一斗，计开通二千三百九十四丈，水行一百三十四里，分灌醴泉、泾阳、三原、高陵地亩一千余顷。《西安府志》嘉庆十一年，泾阳令王恭修劝捐修理。二十一年五月，泾水又坏堰，泾阳知县秦梅请发帑修龙洞渠。道光元年，巡抚朱公勋以上年泾水暴涨，冲塌石堤，委鄜州知州鄂山修浚之，另凿石渠于王御史渠下，人呼鄂公新渠。《泾阳县志》同治五年，巡抚湘乡刘公札饬泾原修浚龙洞。时三原人郭李彬上书抚军，请除泾阳成村铁眼长流之害，并议储款备岁修，而格于忌者不行。《三原新志》吕泾野云：渠堰，高陵与泾阳、三原同体者也。夫上流能畅，下游自润。国家不惜重帑屡经修浚，时雨之润不私一物，顾父老传闻县渠不受水者百余年所，夫岂无故哉。

附：《明水司碑记》

天启四年，巡抚孙傅庇增水手，定工食。旧有水手七名，至二年增二十三名。水手工食每名岁给银六两，查渠岸官地，自王屋一斗，上至野狐桥可以耕种，每名给种无粮，官地准抵工食银二两五钱，外给银三两五钱，共该工食银一百五两。此银应在泾、原、醴、高四县受水地内均摊。四县受水地共七百五十五顷五十亩，每顷派银一钱三分八厘零。高陵受水地四十顷五十亩，该出银五两六钱二分零，合原、醴二县收齐开送泾阳县，分上下半年支给。

附：《用水则例》

《樊志》：高陵用水，先令斗吏入状，其斗内村户苗稼，官给由帖，方许开斗。用毕，各斗以承水时刻浇过顷亩苗稼，申报水直。每岁八月一日修堰，至十月一日放水，此往例也。今因水微，五渠不能并行，自雍正七年，每月接受洪堰水程，初七、八、九共三日分渠分月受水，周而复始。如一月中白渠受水，次月中南、昌连二渠受水，又次月高望、（禍）〔禑〕南二渠受水，所溉如额，其用水之序自下而上，最下一斗溉毕闭斗，即刻交之上斗，以次递用，各利户皆拈香分定时刻，其递溉次序亦如之。

附：《受水利夫》

《樊志》：顺治九年，分守关内道水利总册四县利夫，共七百九十四名半。泾阳县六百七十四名半，三原县四十六名半，醴泉县三十三名，高陵县四十零半名。高陵中南渠利夫一十九名，中北渠利夫共二十二名，厥后渠道日坏，水利异昔。雍正四年专官董理，新定渠制，五渠新增受水利夫共五十七名。

附：王太岳《泾渠总论》

谨按秦郑国、汉白公、宋丰利及元之御史新渠、明之广惠、与今龙洞渠，《泾阳新旧志》皆云："名殊而实一，其说非也。郑渠东北，行合冶谷、清谷、浊谷及薄台、石川诸水，经富平、蒲城以达同州、朝邑。"《史记》所谓并北山东注洛，而徐广谓出冯翊怀德县者是也。白渠东南行循泾水，经高陵、临潼以注于渭，故《汉书》云：尾入栎阳。是此两渠，取径本不同矣。郑渠在唐时仅有故道可考，而宋代遂云不可复，今更无遗迹矣。白渠虽至今不废，然自宋熙宁、大观间，凿中山引泾水于小郑渠，会下流二十余里，乃与白渠合。则是古今所通号为白渠者，乃在三限口以下，而其引泾水出中山谷者，了非当时故迹，则白渠之废亦已久矣。宋渠北移白渠口上五十余步，元渠又移上丰利渠北二百余步，明渠又上御史渠北里余，皆承前代废迹而更张焉，非因之也。

今之龙洞虽仍广惠之旧，然昔本引泾入渠，今更拒泾使不为害。制置既别，功用亦殊，安可混而同之。世之论者不唯其是非利病是辨，而欲驱今就古，以相附会，太史公所谓无异以耳食者也。又史传所书渠事，其言或不可晓，往往疑于夸诞。《史记》曰：渠就用注填阏之水，溉泽卤之田四万顷，收皆亩一钟，于是关中为沃野，无凶年。秦以富强，卒并诸侯。以余考之，秦之强始于孝公、商君，历惠文、武、昭襄而日以益盛，天下诸侯至于从散约解，争割地而事秦，炎炎之势亦可见矣。譬之羸疾，归于必尽，其有不同者，迟速间耳，而或者诬举一日之事，谓死于此，非确论也。始皇之立也，体暴横之姿而承六世之余烈，以雄视六危国。六国者初不闻有发愤自强以能与秦抗，方且蹙缩屏息，苟欲延命旦夕，而恐不得其气，固先尽矣。当此之时，天道人事皆有不并于一而不能已之势，秦特投间应会，而六国之社已墟。故曰：亡六国者，六国也，非秦也。奈何司马氏遽以是为郑国功耶。向使秦杀国而趋伐韩，韩能支乎？向使穿渠，而竟不就秦，将终不得吞二周，并诸侯乎？此史氏铺张之文，务在尽意而不求其实者也。又所谓亩收一钟者，注云钟六斛四斗。而小《尔雅》二缶谓之钟。注云八斛。至《淮南子·要略》篇注云钟十斛。古说之不同已如此，而今日关中渠田岁收，率不过三四斛，其最丰者大要四五斛止矣，安有所谓六斛四斗，至于八斛、十斛者。又郑渠注洛三百里而云溉田四万顷，白渠袤二百里，比郑渠之长当三之二，而溉田才四千五百顷，十少其七八，相悬何太甚也。矧古今顷亩异制，宋祁谓周制步百为亩，商鞅以为地利不尽，更以二百四十步为亩。然秦既废井田，开阡陌，亦足尽地力矣。而是时始为赋，赋从亩出，秦岂肯广亩以减赋耶，必不然矣。《汉书·食货志注》邓展曰：古百步为亩，《汉书》二百四十步为亩，古千二百亩则得今五顷。赵氏亦曰：古百亩当今之四十一亩。而桑（宏）〔弘〕羊曰：先帝哀怜百姓愁苦，衣食不足，制田二百四十步为一亩，率三十而税一，此当时目见之语，当于情事为真。而邓、赵之说，流传有本。田制改于汉，不改于秦，审矣。由是言之，秦犹周百步之旧，则当时所谓四万顷者，止得汉之一万六千余顷。史特从其多者书之耳，不足为据。其他书传同异尤多。

《白孔六帖》曰：永徽六年，雍州长史长孙祥奏言，郑白渠溉田四万余顷，今止溉一万余顷。《文献通考》曰：至大历中，水田才得六千二百余顷。而《唐书》云：永徽中，两渠灌浸不过万顷，大历初减至六千亩，初疑亩字或是顷字之讹。然其下书云：岁少四五百万斛，以岁收最丰者计之，非百万亩不能得此数，则岂非永徽万顷灌浸几于尽废。故《唐书》谓减至六千亩，而马氏作考或未之详耶。

宋淳化间，杜思渊言旧白渠溉田，岁收三万斛，计其田初不甚广。及至道间，梁林、陈尧叟则曰田存不及二千顷。寻使皇甫选、何亮相视乃言，溉三千八百五十余顷。其后景祐间，王沿又言：今才及三千顷。元至治初，屯田府言溉田七万余顷，明广惠渠项襄毅公自记云：溉田八千二十二顷八十余亩，又溉西安卫屯田二百八十九顷五十余亩。其后彭华据作记亦曰八千余顷，而袁化中亲见旧碑刻，实止书八百顷。田岂能自赢缩耶？

年代既久，传闻异词，记载之人各随所得书之，不相统一，其为乖疑，固无足怪。至若项公作记，渠实未通，何由逆知灌溉之广，此必有人希意献媚粉饰增加，而项亦乐取其说以自侈大，正可谓之上下相蒙者也。由此以推《宋史》之三万五千余顷，《元史》之四万五千顷，大抵皆出之始建议者计料之词与。当时有司告报之数，史臣特取故牍采辑而润色之耳，则其为书，庸足信乎？昔者庄熊罴请穿龙首渠，以为可令亩十石，及作之十余岁，而犹未得其饶。自古喜事夸功之人，其言往往无验，宋明之事殆亦类此。此孟子所以取《武成》二三策也。或者曰：为其利民也。故亟书以劝是，又未睹于利害之数者也。夫穿渠之劳，岂不可数而知哉。

郑渠之工，史不详其本末。然韩本谋疲秦，秦觉而至欲杀郑国，则是果足以疲之也。《史记·平准书》《汉书·食货志》皆言番系穿汾河渠，郑当时凿漕直渠，朔方亦作溉渠，作者各数万人，历二三期而功不就，费亦各以巨万数。白渠之功讵独下此，宋之渠以功大而疲者数矣。中间尝调发丁男万三千人，属孙冕督治，而不纪其成。其后丰利渠勤而成之，而工作已更三岁。元之御史渠，火焚水淬，凿石尺至直金二两有半，积工十四万九千五百，然且三十余年而工未成。明之广惠渠，五县民更番供役，成之以十七年之久，而凿不甚阔，泥沙塞渠，渠虽成无用。是何用力多而成功少也。又况召匠贴役，系桩起堰，下至梢芰芭栈，麻铁苦索，一切出之于民，民益骚然烦费矣。《宋史》曰：造木堰凡用梢桩万一千三百余，数岁出于缘渠之民，夏潦堰坏，秋复率民葺之，数敛重困无有止息。《元史》曰：奉元亢旱五载失稔，人皆相食，流移疫死者十七八。今差夫又令就出用物，实不能办集。《泾阳旧志》曰：五县民八月治堰，九月毕功，截石、伐木、掘泥、挽土、入水置囷下临不测，十月引水以达，来岁入秋始疲已。复役作，寒暑昼夜不得少休，加以官府程督条约禁限琐屑尤甚，近年水脉艰涩，沾润益寡，争讼斗很，奸弊百出，民或上诉愿弛其利，以免劬瘁，有司以故事恒规，不敢辄许。《后志》曰：自谷口入山，峭壁高岩，阴飙惨栗，绝少人居，宿顿无所。每夫分领一工，身入洞底，掇石爬泥。常须两三人在上为之引絙，转送数人而食，一工之食岂能宿饱。五县相去或数十里，或百余里，往返奔命劳怨可知。嗟乎！穿渠本以利民也，而民之劳费至于如此，非以爱之，实以害之。朝廷本意亦岂如此。今之龙洞，则明之广惠故渠也，渠之水则山下之散泉也。然而因其已成不别事穿治矣，收其泛走不更劳阪堰矣。于是决疏泥淤，完治堤岸，不过费官金钱数千计，而此数十泉者固已冲瀜浩衍，合能效技以毕输于渠，而流润于四县，以视昔人凿山堰水，力愈勤而谋愈拙者，岂特事半功倍而已。若乃役由和雇而无调发期会之烦，官自购材而无科，率抑配之扰，役兴而人不知，功成而上不有至矣哉。岂非万世之永赖，百王之极则者乎？然是泉也，项襄毅实尝凿而出之，而龙洞以南众泉星列，则尤非旦夕之所可得，然而昔之人，莫有为之计者何也，引泾之利熟于耳而盘固胸臆，虽有他便利至于倍蓰，什百而莫与易焉。是故交臂而失之也。向使知变，计如今日，则将远引深闭以拒泾而不暇，尚何穿山筑堰，亟困其民而不已哉。是故古人之法不善用之，而或足以败而善为理者，酌剂变通，虽其陈迹弊政，而常能转祸以为福；因败以为功，故曰神而明之存乎。其人不其信，夫虽然今日之计，亦有当急者曰谨视堤坝而已。堤之作，亦自项襄毅时不过宽七尺崇二尺，然更百数十年而其功不坏。

雍正时，始增高二尺，亦数年无恙。乾隆三年，通判罗国楫请于台使，又增高五尺。未二年，而泾水大至堤竟毁，其后易知县唐秉纲继治之，以乾隆四年十月堤成，至八年六月又毁，是何也？堤崇二尺至不高也，而七尺之径则已厚其用。但足以障泉而不足捍泾，昔人比之布砖于地，水至则漫，而过耳后之增砌至于九尺，而七尺之厚无所加，非独不加而已，层累之形丰下而削上，比至其巅才有三尺，如是则形单地危，而其御大水也无力。而是水也，挟其暴盛之气，出于两崖之间，狭隘束急，无所发怒，适与堤遭则啮抉掀扺以图一逞，不幸而授以尺寸之间，而崩溃遂不可止，势固然也。是固治堤之法，苟欲崇之则必厚之，不然者毋宁卑卑而泾水入焉，虽足以淤渠待其过，而搜剔爬梳，一日夜之力耳。高而不厚，则水之涨发无常，虽更增之寻丈，犹未能使泾不入也。而崩溃之患，其费必巨，而又需之岁月而后完，使百姓坐失数时之利，故曰：毋宁卑也。此有司之所宜知也，诸坝之制，惟洞口为非，宜闻之故老。顺治间，金汉鼎实始为此。乾隆二年之坝，特因之耳。

金之始为渠口，盖犹觊欲引泾，既而知其不可引也，而见洞中之泉，亦足以会众泉资灌溉，于是始虑浊泾之败泉，而制坝以拒其入。顾犹低徊，顾恋徼幸于泾之万一可引，而姑留洞口之迹，以不没其旧。此惑者见也。夫洞口之凿欲引泾也，然而常时则泾不受引，比其涨盛而浊污，乃足以败泉，然则洞口者，揖盗入室之计也。

自顺治时至于今，又百余年矣，泾流去渠口又益下矣。渠泉之为利较然明矣，此其于泾，诚有不两存之势，尚何洞口故迹之足留哉。谓宜毁撤此坝，以巨石坚塞洞口，视其损敝而时葺之，使浊泾不得涓滴入，而洞泉不得涓滴出，则坝之北尚有泉二三孔，可以益渠以大其利。所谓拔本塞源，计无有急于此矣。他若大小退水槽、两闸水磨桥、大王桥、庙前沟渠右水坝，皆清浊之要限，出入之巨防。虽尝设水吏守视，而此曹小人不知大计，惟务偷安，狃于寻常，以为无事，略不视省；或敝损已见，忽不为意，不以闻官。坐使渠水渗漏，日减月削，猝遇涨水，骧圮立见，如此之弊，并须官自检察，不以寒暑辍。按行不以细小费赏罚，持久不懈，功利滋多。此日计不足，月计有余之道也。于戏！国家规措之详盖已斟酌，古今而备其美善，今所言者，皆岁修事耳。然非恺悌君子，尽心勤民者不能任焉。南阳召杜其终不可复见与？董子曰：事在勉强而已。欧阳子曰：职思其位是，岂不在有司者哉。

附：高陵知县熊士伯《泾水议》

郑白渠始自秦汉，引泾水以石囷为堰，壅水入渠，溉田四万顷。唐宋后，渠名不同，制实因之。大观中，诏开石渠直逼仲山之麓，名丰利，溉田三万五千余顷。元至大中，御史王琚更开石渠五十一丈，名新渠，或云溉田三万顷。明成化间，巡抚项忠又凿石渠一里三分，凡二百四十丈，收诸泉水，渠名广惠，溉五县田八千余顷，要俱引泾也。正德间，巡抚萧翀又凿石四十二丈，渠名通济，溉田一千三十五顷。记云："既凿此渠，则鳖石之堤不用，而畎亩引溉无虞，非引泾而何。"

自万历间，泾阳令袁化中之议出，谓北山之石坚劲难凿，凿亦不甚阔。夫铁洞之难凿，因已总计石渠近四百丈，自通济至龙洞止一十三丈，视前此特三十分之一。用王御史计工法，一尺为一工，工五分阔一丈，高深二丈四尺，其银一千五百六十金；用萧公通济渠计工法，阔一丈，长一丈，深三寸三分为一工，大约石较易凿，只银四百五十五金。袁公初未详考，遂疑物力之难，夫土渠积土如山，石渠炭炙醋淬不减，琢铁加以筑堰，动费千金，昔人之难若何而惜此乎。谓泾水滚滚而来，沙石并沉广惠，中满难通，譬人噎咽之患似也。然世有因咽废食者乎？况泾水一石，其泥数斗，昔人方以为利，抑又何耶？又谓龙洞南畔无岸，如人咽喉中断似也。

试看龙洞之外，原非深洼，四百丈之渠，不知几许补砌以通水者，岂真如喉断不可复续耶。至谓龙洞以下，大泉如斗者数十，四县赖之水本不小。查天启四年，四县水利仅得七百五十顷，高陵一十五里全溉者仅存其二，直举千百年莫大之利，等闲弃之，非袁公作之俑乎。今醴、泾地居上流，泉水尚足灌溉，若三原、高陵一不修浚，求如天启时不可得已。《三原志》云：泾水低，假泉以代，历泾阳八十里始入界，水势大绌，凡名水田者十不溉一，于是涓涓之润为需日重，为累日深，壅遏侵争，狱讼岁起。赋役烦苦，贾鬻赔输，遗害不可胜言，略与高陵同，而高陵特甚。其举田益以庐舍，牛车愿卸于人而莫应，因之逃窜四方者，通县皆然也。嘉靖间，马忠宪记即有铫儿嘴不凿，恐前工终隳之说。然当时泾水犹入渠也。嗣后专用泉水矣。万历末，三原民王思印上本请开铫儿嘴，以接泾水，真为特识。崇（正）〔祯〕初，谏议刘日俊请开铫儿嘴以开五县之利，诚为义举。

今观龙洞之北所凿者，水小则傍山直分，水大则取水河心。法无善于此者，惜流氛频迫功未竣也。张令缙彦条议多可取者，如因水漱渠，分别砌岸，堤防山水语，俱不易其水，石堰水似不可行条，见犹未确。盖铫儿嘴下势难立堰，且嘴本石堰果能凿开不必堰也。至相其山势渐次凿开，条议本是而语游移。龙洞距通济一十三丈，费止五百金倍之，亦千金止耳，以四县共水之源费千金未为多。其游移者，殆明末时势与今殊耶。至虑及利害者亦成持重之意，窃谓铫儿嘴一开，则三、高俱得泾水之济，富平、临潼亦资沾溉之余，利莫大焉。而且一直流渠，不必筑堰之劳，水任取携，永无争讼之起，直可追迹郑白矣。所云害特虑其于塞耳，嘴以下水激沙浮，嘴以上水平沙少，于洞口设闸，水涌则闭，静则开。古碑云：四月闭泾口防浊水淤渠，七月启泾口引泾水灌地非诳语也。其涌涨岁止一次，水潦大盛，河身狭处涨漫，入渠特数年一见，未闻有漂没庐舍者，何必鳃鳃过计耶。淘浚之利，王屋一斗以上，土工、石工四县旧有分数，可无再议也。

又详龙洞已开文，高陵县为渠开有据，工费有程，恳饬协修永贻乐利事。窃照救旱，莫如开渠。秦郑、汉、白，宋、元、明皆因之，要必引入泾水，源远流长，故溉田为广也。自泾水日下，不能入渠，惟资山泉，其利止及醴、泾，次之三原尚有些微，高陵远无滴水。嘉靖时，马忠宪有铫儿嘴不开恐前功终隳之语。后此原民王思印、谏议刘日俊、原令张缙彦，皆确有定见者。唯袁化中云"嘴不必开，开亦无益"，特为泾阳言泾阳耳。吠声者咋指，而未尝深求。惜费者明知而率多退沮，加以自私自便，创为有害之说，以遂其不费疏凿，安享成利之心。举数千年莫大之利，等闲弃之，良可惜也。职初任，即图振兴，念高陵以高亢之地纳水地之粮，疾苦尤甚，不远百余里屡至堰口，见铫儿嘴北已开七十五丈，取水河心。广惠至龙洞未开者，才十有三丈耳，相其山石，非如铁洞之坚。与其议定后，行徒为作舍道旁之，虚语不若先行后议，乃有真知灼见之实功。遂于二月廿日，捐募土工，循旧迹北掘五丈余，阔一丈或八尺六七尺不等，深丈余，或一丈八九尺不等，皆前开已塞者。于四月十七日捐募石工，从龙洞空处屈曲近五丈，南凿丈余，知上有天窗，长二丈余，高六丈，土石委积，凿掘兼施，闰六月初二南北已通。上开小渠一道，引山水入河，约费百余金，谓石坚难凿，虚縻脂膏者，谬也。龙洞大泉三道，不啻前此之多，溉田当亦倍昔。宜十数年前，泾阳章令谓开洞为有益矣，但水旧北流下有大蟀，即引之南行，水涨恐为渠病，必坚塞乃可。且渠铫儿嘴北不过丈余，自以凿开嘴石，泾水长流，另立闸口时启闭，防浊水使三、高永免亢旱之虞，醴、泾亦无壅遏之患，为利无穷耳。前后尚须深阔，结岸塞隙，约费千金，宪台福星下贲加意兴除，以四县共水之源，檄饬会勘，均派工赀，无不遵者。自此，功同郑白，永垂不朽矣。

尚有事宜条列如（左）〔下〕：

一旧渠宜浚也。水磨桥一带，桥栏倒坏，沙壅平渠，号呼疏浚，已四年矣。今大水弥漫，愈加壅塞，泉水入河，四县原有分工，趁此八九月天未寒时，必须拔截放水，乃可兜底淘修。

一水手宜备也。旧例四月闭泾口，防浊水淤渠，七月启泾口，引泾水灌地，水手三十名。人给渠岸无粮官地，又四县受水利夫，公摊三两五钱，各共六两，时伺启闭，违者罪之。

一浚土宜远也。渠岸为鹿巷往来所经，自随便垒土，道不可行。一遇雨水，崩卸淤渠，又近岸陡坡，水手霸耕，兽行鸟啄，俱能坏渠，必清查严禁。土务运河，耕宜平地，庶可久也。

一渠斗宜清也。泾阳成村斗分水入县，每月初一、初五、十一、十五凡四次，不在溉田之数。今铁眼加大，昼夜长流，又三限口本三渠，今加曹公斗，是泾有二渠矣，是宜塞并者也。

一限截宜均也。三原一渠阔五尺五寸，截低一寸五分。泾高合渠阔一丈一尺，截高一寸五分。又分曹公斗二尺七寸，水直受而截低，共渠水曲受而截高，亟宜更正。

一水期宜更也。旧例，月初三高〔陵〕，月终醴泉。由近忽远，全历干渠，限口距堰七十里，一日乃至高陵，再三十里，分水不均，滴水不至，请至今月初近月终远，名实未亏，均平无议矣。

已上诸条，汉有都水使者，唐令京兆少府督视，宋有三白渠提举使，元有三白渠使，明设水利佥事管水同知，故事可禀命即行。今但委之县佐，恐有偏私，且时公出是必筹画百全，乃可经久不敝。

按泾渠始于秦，盛于汉，郑渠溉田四万顷，白渠溉田四千五百余顷。盛矣，县受水地未知岁何也。传无明文，无从臆断。唐永徽时，两渠溉田尚六千二百余顷，县受水地亦未知几何也。然县令刘仁师循故事，考式文，则受水固自有则，而失其利者已六十年，至彭城堰成，而利始复矣。五渠所由昉也，终唐之世未知何如。宋至道元年，皇甫选等奏三白渠溉高陵等六县地三千八百五十余顷，迄于景德治洪口畎，泾河灌高陵等三县田，民以饶足。《长安志》云：中南渠东西长三十五里；高望渠东西长三十五里；（褟）〔禣〕南渠东西长四十里；中白渠东西长三十里；此宋代高陵之水利也。四渠下流俱入栎阳县，而中南渠又分一小支曰：析波渠，斗门有长，利夫有额，则水利自在也。元时，展修洪口，名王御史渠，县渠通淤，未知何如。至天历二年，重修一切取于利户，而有不能办集之说，则县之遥远者，疲累不堪可知也。明代虽有修浚，而嘉靖时，县东、南、北民久不得用水，将夫役告消矣。是县之水利，有明一代仅存虚名。我朝雍正五年，特诏修治旧渠，移西安通判驻泾阳百谷镇，专司其事，县始与泾阳、醴泉、三原得均其利矣。后裁通判专其责，于知县岁久制弛，上游又壅而专之。生斯土者遂不知有渠水，岂泉源混混不如昔哉。受水者虽自下而上，泄水者必由近以及远，远者鞭长而莫及，近者因缘为奸利，亦势则然也。闻之父老云：道光中，署县事陶侯宝廉力与泾阳人争昌连渠，水曾来一次，后遂无闻焉。而所谓五渠者，今且平于地矣。同治三年，知县徐侯德良曾役民夫于龙口地方，另开新渠，复引泾水。奈渠高于河者数仞，其法于岸上先掘数大池，制器曰水龙，巽乎水而上，水注之池引之渠。无如土松易渗，泾泥又不止数斗，池未及满已漏其半，复为泥淤，盛水无多，迄于无成，而县民实感其意。同治九年，知县洪侯敬夫雅意复古，复考式文，遣县民百余人按期迎水。奈甫入县境，水忽倒流，即驰骑趋视，而永乐店数十里之间尽为漫淹，盖又被水手盗决也，又迄无成。渠制之复，诚不易哉。

县自失水利以来，人勤耕作，淡然若忘，缘县皆旱地，受水地视泾阳才十五分之一。兵后，继以大祲，流亡未复，水程之家转惧浚渠之受累，愿弛其利，岂真如礼所谓有其废之，莫敢举乎。惟是良法美意，有心人终不忍其就湮，人存政举，敏如蒲卢。所恃官斯土者斟酌变通，因时制宜，与斯民普不言之利，如王太岳所言：役兴而人不知功，成而上不有则，县之幸也。

古迹

左冯翊城 见前《贾志》，汉左冯翊即此。

阳陵故城 见前。

鹿台城 见前《贾志》，元末李思齐又筑城戍此。《府志》：古戍之在高陵者，有鹿台戍。

渭桥镇① 宋敏求《长安志》：在万年县东四十里，即唐李晟屯兵处。《金史·地理志》：高陵有渭城镇，按即渭桥镇。宋置忠翊郎监酒税官一人。今为渭桥渡。

毕沙镇 宋敏求《长安志》：在县西南十八里。《金史·地理志》：高陵有毕沙镇。宋置承信郎监酒税官一人。今为毕沙里。

云槐精舍 在距河门外后土宫。明吕泾野先生与门人讲学处。

先生《课士》诗曰：春昼风烟万木阴，尽含生意接东林。诸生试看云槐树，二十年来只此心。

《云槐夏霁》诗曰：夜雨云槐霁，南风夏阁幽。郊钟醒午梦，野日欲西楼。绕树鸲鹆捷，行沙白鹭遒。葵花开满径，聊足慰观游。

《云槐思忆弟仲止》诗曰：望云槐兮白日渺茫，怀佳人兮涕泪浪浪。繄中原兮鹡鸰偕行，又塞上兮鸿雁同翔。余何为兮茕茕彷徨。尔志兮颜商，尔貌兮澹张。蘼芜兮秋霜，杜衡兮陨芳，猿啼兮断肠。

望云槐兮山川逶迤，怀佳人兮我心伤悲。江有草兮叶（陞）〔陆〕离，场有瓜兮带句维。余何为兮谁与随。尔言兮可为，尔行兮难追。凤凰兮委垂，骐骥兮趄趑，奎殒兮魂飞。

望云槐兮渺渺风烟，怀佳人兮泣涕涟涟。水有鱼兮并目，山有兽兮比肩。余何为兮盘桓。尔文兮羽干，尔质兮瑚琏。甘贫兮原宪，砺节兮鲍宣，

---

① 渭桥镇：据中华人民共和国成立后考古发现应在今耿镇白家嘴附近，并非渭桥渡。

夜月兮娟娟。

毛伯温、何景明过县，均有怀先生诗。毛诗曰：忆昔抢魁日，高名动九州。文章追古作，德行迈时流。进退惟吾道，行藏岂有由。云霄千仞远，快睹凤凰游。

何诗曰：东林精舍接东城，出谷先歌伐木声。气象久瞻程伯子，抠趋今见鲁诸生。芝兰入室香俱化，桃李开门树总成。渭水滔滔同向海，济川舟楫几时行。

舍久圮废，槐根仅存。国朝乾隆十五年，知县留燧偕邑人周资陈、张士恭、墨琛、王学元、赵曰睿树故址石。赵有题。诗曰：老树风声天际来，云槐古庙旧书斋。虬枝攫碧凌霄汉，鹤盖垂青覆砌苔。影落方塘尘域净，迹通曲径讲堂开。关西再辟谈经市，礼乐文章次第栽。

知县丁应松有题。诗曰：泼天浓翠古云槐，屈曲虬龙树树皆。岚气忽来迷雨径，午阴旋合蔽晴阶。千年枝干知谁植，五夜音声定汝谐。绝爱此间堪号市，公余常拟叩僧斋。

净土树 《名山记》：在高陵县南八里。俗传西域鸠摩罗什憩此，覆其履土，遂生兹树，二月开如杨花，八月结实，状如小栗，壳中皆黄土。

建置志

王公设险以守其国，于是设官分职，以为民极，而衙署建焉，传舍视之，失其意矣。推之置邮传命，分泛置防，仓储备荒，书院育德，以及"演武振萦，莫不有所。凡以为民而已，形民之力，不可有醉饱之心，而修废举坠，固守土者责也"。述建置志第二。

城池

始建详《吕志》《府志》，土筑周遭共长八百三十丈，计四里六分有奇，城身均高三丈，顶厚七尺，底厚一丈七尺，池深二丈五尺。

国朝乾隆十八年，知县萧大中详修门四：东，距河；西，接蜀；南，迎翠；北，通远，俱仍旧。同治元年回变，城楼、更房俱烬。五年，署知县陆堃筹款补修，重建城楼，增置更房三十三座，四围雉堞甃以砖，工未竣，去。六年，署知县曹琛续修。七年，知县洪敬夫莅任，始讫工。自为记略云：县小而城阔，自回逆乱后失陷者三，廛市榛墟，人民稀少。前守土者陆君寿庄，会邑绅耆民筹赀修葺，城始可守，故贼屡至而城无恙。惜城形单薄，加以风雨摧残，日就倾圮。敬于同治戊辰六月来治斯土。登城环视，见有颓者、有陷者、有险窄不可展步者，万一有虞，将焉固守？爰约同僚暨邑绅耆集款重修，未期年而蒇事。庚午之春，马贼连至，赖四邻难民七八千人入城固守，贼疑有备，因即远飏。惟是城虽修而仍未厚，必再增宽而后可以展步武。所恨者十年蹂躏，地苦人稀，非休养生息，数十年未易猝办。然则坚城屹屼，睥睨云环，谋长久之计，而措袵席之安，是所望于后之贤令尹与邑绅诸君子者。

街七，有市集者五。旧系日轮一街，五日一集，未知所自始。兵后，市廛无存。近稍稍招集正、南、西三街略生聚。其北、东二街依然落莫也。

县署 在县中街南面，始建详《吕志》。明嘉靖乙卯，地震倾圮，知县李翰重葺。万历四十六年，知县赵天赐以仪门距堂太远改建之。自为记：

雍州有高陵县为左辅名邑，历代建置迁徙不常，至后魏复徙于此，至今不变，盖风气攸聚所称盛地者也。

县治设于城之东南隅，方向脉络不知，经几营度，始得此钟灵毓秀之基，独其仪门去县门最近，去堂最远，与堪舆家三停之说，殆不类焉。且仪门不设两角门，质成者悉由中入，无论名义不肃，即风气亦窒碍。况门内牌坊原为敬题圣谕，乃两旁垒以墙垣，开以门牌，通呼为三字门者，制不解昉于何代。角路西为监，监门直对公堂，较路东土地祠又高一步，于术家龙虎崇卑之说又甚谬。堂之东为预备仓，其出纳人俱由仪门往来，不惟封锁不便于民，即上官按部核储，亦褒尊从县门以入，而微罪之人间仓于此，以积贮之地为囹圄之所，又混名实而难启闭。

余自客岁丁巳三月下马，遍观制作，甚讶其规模不正而制度不尊。会阖邑缙绅辱而庭教，余亟请正之，佥报可。于是量仪门内外各几武。谕曰，移竖于中、东、西间，两角门出为我民出入，三字门撤其墙垣，留其坊表，题"玉音"于上。监门改而东向，土地祠崒崒竖起高监墙数尺。监之南新创仓三楹，稍东另创一楹以为女仓，周匝筑以高墙为内监藩篱。是役也，肇于丁巳夏五，成于戊午秋中，积两岁而始竣，何迟缓若斯耶。良田旱魃为祟，煮粥疗饥至今，年麦有秋，疮痍渐起，始借民力以从事焉。一切楠楹梁柷皆余自庀，毫不扰我里甲。功成当记石，于是赵子作而言曰：余闻之轲父云，以佚道使民，虽劳不怨。

易曰：穷则变，变则通。高陵县宇，自周秦以至于今，其间盛衰难以指数。总之制度得失，实关阖邑之命。今之门监仓储非昔也，相沿日久，庋于规变而通之，此其时矣。度地移建，一本诸宇内大同之则，而不以意起，则地犹是地也，门犹是门也，监仓犹是监仓也，而偏倚匀男女，分出入，辨蓄积，专吉凶，趋避调停适中，岂不巍然焕然，崇隆坚巩，杌陧免而观瞻肃哉。用民之力而不费其财，不夺其时，民是以悦而忘劳，而绩用告成乎？后之同志倘有味于贞珉，而时加补葺，则此邑此堂，将与天地俱无穷已。

万历岁次戊午八月之望。

国朝顺治初，知县胡昌期撤退思堂于后堂，前为榭署，内楼五檩。康熙三十四年，知县王綮溥重修，库在堂东、西，狱在仪门外，狱神、土地二祠俱在仪门外东偏，各三檩，其合祠未详所始。顺治十年知县陈道蕴，康熙六十年知县熊士伯，均葺之。同治元年回变，门阶户牖，剽掠荡然。二年，知县郑继同补修堂厅，吏舍库狱，一仍其旧。

典史署 在县署西。

谯楼 在东门内转南城下，始建未详。《樊志》：康熙初，知县张都重修，回变毁。同治六年，署知县陆堃议修，因代未竟。十年，知县洪敬夫继修，台因旧基，高与城齐，楼三重高如之，祀奎星其上。

乡里 《樊志》：明置。泰顺、庆安二乡，编户十五里。国朝因之在城，曰郭下。距河门东，曰孝义。接蜀门西，曰毘沙。迎翠门南，曰渭阳。通远门北，曰上石。西北，曰东吴。东吴西，曰西吴。南，曰庆丰。渭河东，曰张桥。渭河南北，曰渭桥。泾河南北，曰奉正。杂处县之四方者，曰安信、永丰、永宁、治化。

坊村镇店 较增于前名多殊，昔见列里甲者，自距河门而出者五十三。连城堡、春城堡、贺家堡、前高家、后高家、南李堡、西张堡、张桥大堡、程家、南刘家、北刘家、吴家庄、庙西李、樊家、盐店、小赵村、朱家庄、江流二村、东银王、庙王堡、墨张堡、梁家堡、杨铁东村、西村、乡里杜、枣木杜、桥上杜、张家堡、东樊家、东雷家、董家、孝义坊、三杜村、常家堡、钞王家、水流村、毛头李、老师杜、东高家、西高家、裴家、钟王东村、西村、倒回庙、药家、惠家、柿叶王。

客民则官马村、仁义村、仁里村、四川庄、三座村、山西庄。

自接蜀门而出者一百三十四。西道上、上苑、下苑、小村李、关厢、李王家庄、小村王、大古城、小古城、古城宋、古城安、皂角树南村、北村、枣园村、大晏村、晏村田家、邸家、南史家、北史家、黄家原、黄家原南村、北村、桑家村、程家村、大定堡、石家庄、徐家庄、姬家庄、高村聂、高村郑、东王村、胡家、寇家、喻家、通远坊、王家村、水布村、西王家、店子头、大堡、小堡、南孙家、北孙家、桑园杨家、雷家、袁家、小户雒家、裴家堡、渠北张家、湾子堡、湾李家、薛铁家、东薛家、生韩家、福韩家、生王村、大夫雷家、山西庄、北程家、枣园高家、康桥马家、坳下村孙家、坳下村西堡、杨家、邵家、曹家、张家、张市、前王村、后王村、中王村、前荣村、后荣村、党家、鱼家、冯家、刘家、张家、高家墩台赵家、李观周家、李观苏、魏村田家、王家、庆丰堡、罗家店前村、后村、罗儿苏家、安王南村、北村、新庄、官路上、汤房崔家、小[①]

户李、渠上张、渠上杨、渠上文、郭路村、华邑庄、五所刁、五所刘、五所盛、四所寨、东车张、西车张、朝邑庄、彭李家、惊马赵、惊马张、

---

① 乡里坊村镇店部分，存高陵东门（距河门）和西门（接蜀门）外村落名称，南门（迎翠门）和北门（通远门）无内容，从原版看最后一字为"小"，内容不完整。查阅陕西省图书馆藏《高陵县续志》和国家图书馆藏《高陵县续志》相比较，此处内容一致，应在当时出现缺版和漏印。后续部分根据《高陵县续志》县境分图结合实地调查补遗整理。分图记有塬上邓一村，此村因处塬上常村西，故标注，实属临潼县管辖，1953年后属高陵县管辖。

惊马殷、李赵村、曹王村、八斗赵、小村任、腰渠萧、磨子桥、新庄子、毗沙堡、东城坊、东城坊北、邓家塬、坡底吉、坡底任、枸杞赵、钱家庄、嵋塬张、塬赵东、塬赵南、塬赵北、湾而雷、染坊王家、惠家村、孟村、西城坊、塔底胡同。

　　自迎翠门而出者一百五十九。小寨东、小寨中、小寨西、渭桥河、塔底陈、塔底田、吴家堡、商家堡、皇册村、阿石桥、铁店、安家北村、安家南村、银王村、小寨堡、北村、下马渡、太华北、太华南、仁寿屯、仁寿屯西、仁寿屯东、张卜家、塔底银、塔底吴、吴家庄、西吴家、杏王村、陈杨村、崖王、崖王新庄、小张村、小张后村、李家庄、陈杨田村、大寨、大寨上堡、塬上常、塬上吴、塬上郑、塬后东、塬后西、塬上陶、塬上孟、仁和寨、萧家塬、今古渡马、嘴头、嘴头东、塬后上村、何家、普陀杨、李家村、牟家、嘴头西、马家、党家、崖子集、张家、席家、贾东村、贾中村、贾西村、蔡家、居仁村①、胡家、龙胡村、吴村赵、吴村韩、刘家、南郭、北郭、吴村杨、夹滩、虎家庄、安庆庄、半个城、李家庄、潼官庄、白家嘴、蒜刘村、耿家寨、蒜刘二堡、耿家庄、耿家集、耿西村、仁里村、同兴村、王家滩、同福村、邓家堡、督府王前村、督府王后村、耿家、北楚家、韦楚村、下团庄、坡底王、西刘村、临潼庄、北李家、绳刘家、半坡郇、老廉庄、小郭金、钓鱼寨南、北村、上马渡、樊家庄、西村、高墙冯家、高墙东村、高墙西村、船张堡、牟家、三马白、酱王家、酒王家、窑子头、后村、前村、军庄、吕家、上徐吴、下徐吴、刘家庄、高村雷、孙家、高村孙、高村傅、北窑上、杨官寨、兴隆村、张铁家、高而刘、江里村、庙前王、胡同吴家、刘家、茹家庄、同德村、同安村、安乐村、黄家店、抬头村、商州庄、马王十堡、班家村、草店子、陈家滩、雷贾村、东营村、西营村、东市村、马家湾、店子王家、崔家塬、东梁村、中梁村、西梁村。

---

① 居仁村：今惠家场，1953年后属临潼县管辖。

自通远门而出者七十一。王化东村①、王化西②、王化南、朳杨村③、湾里赵④、西王家⑤、上石邸⑥、邸家中⑦、邸家西⑧、邸家南⑨、仁村杨、仁村程、仁村文、仁村堡、马家卿店东、卿店西、张山后、张山田、张山郭、张山前、高桥北、高桥南、滩里樊、大柳树、花园堡、何家、北屯、南屯、外门村、高家、瓦盆张、赵铁家、墨家堡、侯家什子、李家什子、贺刘家、上石董、吉家、核桃高家、手帕王、魏家庙、北来家、颜家、小户李、尚家、陈王村、张李家、吴郑坊、张白家、宋家、罗家、袁家、张家、何村、郝家、西马家、牛刘家、庙王村、时刘家、关家寺、仓刘家、灰堆坡、南来家、高家、香王家、来家圪、后毛家、前毛家、萧家、邓家寨、第家。

高陵县续志卷之一终

---

①王化东村、②王化西、③朳杨村、④湾里赵、⑤西王家、⑥上石邸、⑦邸家中、⑧邸家西、⑨邸家南，1956年后属三原县管辖。

高陵县续志卷之二

知县程维雍重修　　邑人白遇道编纂

祠庙志　寺观附

先王先成民而后致力于神,至治馨香感于神明,国家祀典昭垂,达之天下,皆正祀也。而社稷山川,古王先哲,祈报由弇,尸祝慕思,均于敬远之义罔鳌焉。若琳宫宝刹,皆前代所兴,徒耗财力,今在境者,半为败址颓垣,存而不论可矣。述祠庙志第三。

文庙　在儒学左南面,始建见《吕志》。明万历四十一年,知县赵天赐重修,三原韩文焕撰记,碑剥蚀不完。崇(贞)〔祯〕三年,知县刘恕新之,邑人杨维新撰记。九年,知县陈道蕴重修。国朝顺治十年,知县王元捷重修大成殿七间。十八年,署知县滕元鼎,知县刘显修诸祠阁并建号斋,邑人李原茂捐资,董事鱼飞汉撰记。

记曰:孔子之道,无往而不在也。道无往而不在,则亦无人而不可以学者也。唯郡邑有庙祀。春秋至明嘉靖时,典礼大备,而长吏习为故事,士大夫睹其湮洇靡欢,而莫或庢虑,则有之矣。过而必钦,入而必问,以云恭也,恭岂可声音笑貌为哉。声音笑貌不恭之谓而谓笃志强力,能得其微言大义之所存者,吾未之前闻,然则无人而不可以学者,究亦无人而可以学也。又不啻其道之高大难殚,宜若登天然矣。高陵之庙,肇于宋之绍圣,毁于金,兴于元,罢于建文,复于永乐。而增修式廓者,一为景泰之丙子，一为弘治之戊申，以迄于今，几二百载。榱桷即朽，丹雘就坍，士大夫维新是图，各捐资有差，殿庑仪门亦既焕然改观。而启圣之祠，尊经文昌之阁，博文约礼之斋，悉犹如故。士大夫盖不欲以庙之，故病民也，故工未竣而费不给，遂坐中罢，则且鳃鳃焉。惟不克终之诮是惧，幸甲戌进士、镇江太守李公原立弟，儒士原茂乃兴起而叹，谓斯文献之征，而风俗纲纪之所自出也，乌可半途而废。于是输以谷斛百石，不足继以田畛百亩，又不足继以屋。捕扑百槐，葳工庀材，搏劳均力，夙兴夜寐，不日成之，而又以其余为舍二十，以居夫士之习业者。呜呼，备矣。李君心挚而力勤若斯矣。夫慷慨好义者，西人之风也。而求李君于今之西人，其可以同日语者，谁哉？夫李君亦欲行古之道也，操斯术也，以求孔子之道，度未有不孔子之道之见焉者也。呜呼，今之梵宇瑶室，几遍郊圻，至走男女如鹜顶踵不惜而过，孔子之庙而顾莫之问，衣且食焉，安且久焉。于其道之中而忘遂生，复性之所自，曾不比于不经之说，虽民愚而易惑，亦倡之者鲜也。自李君斯举行，而余知容容向化者，当不徒在声音笑貌之间矣。故特书之而不一，而书者且以俟其后之人。顺治十八年。

康熙十九年，知县张都重修，自撰记。

记曰：粤惟我皇上右文崇儒，加意学校，日者允衍圣公之请，重修圣庙。一时大小臣工，仰体皇上简畀司牧至意，俾人敦诗书之风，户尚弦歌之化，登斯世于春台斯已耳。岁巳在未，余绾符阳陵，会鸟道蚕丛之窟，潢池弄兵，关中值厥孔道，供应维烦。即余单骑就道，督储于冰天雪月之际，赖我皇上赫然一怒，河岳怀柔，小丑授首，而南半壁咸就我强索，抑且天屡丰降，小民渐有起色。余睹陵邑大成殿，及反庑、星门、頖池倾圮倒损，恻然不安，遂首捐俸修葺。第木石砖甓之需，其费颇多，再募诸邑之绅士，量力出资，迄今三载，工竣落成。已乃学舍颓坏尤甚，乃自明伦堂诸处，一一葺理而丹垩之，虽不敢曰视昔有加，而焕然改观，堪为宫墙羽翼一助也。间尝取邑乘读之，陵邑虽弹丸黑子耳，其人文鹊起，云蒸霞蔚，与泾焦频骊相颉颃。如文简先生以大魁为理学名臣，嗣是歌苹鹿者或六七人，或四三人；题淡墨者或三人，或二人以为常。春秋两榜，岁不乏人，未必非前人培植风会之力也。余素谙形家言，爰念邑治悬钟之楼半折，不蔽风雨，鸠工重新之；迎翠门外三阳寺文塔，募诸阖邑共输，以襄盛事。凡此数事，皆为地方人文起见，非为一时动，谀闻一身祈福祐也。顾待罪以来，日夕茹檗饮冰，惧速官呰，凡地方利弊，皆予责也，不敢漠然以负我圣天子付畀至意云尔。其绅耆捐锱，姓名具镌诸珉，以垂金石，期不泐焉。

五十八年，知县熊士伯重修棂星门。同治元年回变，庙岿然存。六年知县陆堃、十年知县洪敬夫，均修葺。光绪七年知县程侯维雍补植柏株。神库厨久废。

崇圣祠　原曰启圣专祀，叔梁公始建。见《吕志》《樊志》。国朝顺治十八年，知县沈永令重建。雍正元年，奉旨追封先师五代于祠合祀，易曰崇圣。回变毁。

社稷坛　在接蜀门外百余步。始建见《吕志》，今废。

风云雷雨山川坛　在迎翠门外东偏。始建修葺见《吕志》，今废。

邑厉坛　在通远门外正北一里。建废同诸坛。

城隍庙　在中街北偏西巷内南面。始建见《吕志》《樊志》。明嘉靖二十八年，知县徐效贤建寝廊及诸曹司，三原马理有记。三十四年地震，门廊俱倾，知县李翰缮葺。四十一年，知县许符建门前木坊，并修寝室、献亭。四十四年，知县傅起岩重修。四十五年，知县韩思爱建神道口木坊。万历四年，知县刘宪重修，邑人刘岸撰记。

记曰：郡邑之有城隍，所以御灾捍患，保障一方，厥功甚大。然其祠祀不见于经。迨宋姚铉编《唐文粹》，始载李阳冰《缙云城隍祠记》。是祠肇于唐而盛于宋元者也。洪维我太祖高皇帝，混一寰宇，稽古祀神之典，乃于洪武庚戌诏天下郡县，更修城隍庙祀，始著为令。郡庙俪郡治之制，县庙则与县治同焉。且断自宸衷，去其公侯伯爵，止称其府、州、县城隍之神，大洗前讹，隆复中制一代之典，卓乎不可尚已。

吾邑高陵有庙旧矣。创始之际，规模卑陋，历正统、弘治，讫于嘉靖，守土历加修扩。乙卯，关中地震，廊庑倾尽，唯存正殿，邑侯李君翰颇加缮治。后十年，邑侯傅君起岩首出俸资，命乡民有操行者孙绪、刘诏等劝民助工，新其殿宇。岁久渐坏。万历乙亥秋，邑侯刘君宪莅任甫逾年，政通民和，且重祀事。以孙绪、刘珩等之请，集事鸠工，撤旧补新，焕然整洁，规模视昔盖宏大矣。费出群愿不科于民，工以值佣不扰于众，始工于三年六月，落成于四年三月。佥谓兴作之事，宜刻诸石。

余惟古道漓散，至教靡定，祠祷之事千科百种，祸福萦怀，死生感众，残形破产以奉佛老，浪费以邀必不可得之福者，何限也？而载在祀典者每忽焉。然则兹庙之修，谓非遵彝典，崇正祀者耶。若夫趋事之速，乐施之诚，又皆我侯刘公之德，有以感之，守令之职，莫大于治民事神，侯其两得之矣，于是乎记。

四十八年，知县董三边扩清神道。崇（贞）〔祯〕六年，邑人李原茂修中石坊。十六年，邑诸生李日达又立石坊。国朝顺治七年，知县李登第建东西垣。康熙十四年，知县史彬建花园于庙东。五十八年，知县熊士伯重修东西垣。中唐俱甃以石。回变俱毁，仅右侧鼓楼暨道院存。同治十三年，知县洪敬夫建正殿五楹，献殿五楹，寝室五楹，东西两廊各三楹，东西诸曹司宇各九间，大门三楹，花园、神亭一座。

汉景帝庙 在县西南三十里鹿苑原上，规制详《吕志》。国朝自康熙来皆有谕、祭文。圣祖仁皇帝康熙七年，祭陕西诸帝王文曰：自古历代帝王，继天立极，功德并隆；绍治统道统，昭垂奕世。朕受天眷，命绍缵丕基，庶政方新，前徽是景。明禋大典亟宜肇修，敬遣专官代将牲帛，爰昭殷荐之忱，聿备钦崇之礼，伏维格歆，尚其鉴享。

康熙四十二年西巡，祭告诸帝王陵。文曰：朕勤求上理，抚育民生，巡行虽历东南，咨访未经西土。兹因观风阅武，察吏安民，不惮冰霜，莅止秦省。稽前代之陵寝，皆密迩于长安，惟帝德在生民，功存当代。芳型昭著，令誉长垂，披览简编，恒深缅想。遣专官而致祭，列俎豆以将诚。灵其鉴知，来歆来格。

世宗宪皇帝雍正元年，祭陕西诸帝王陵。文曰：自古帝王，继天出治，建极绥猷，莫不泽被生民，仁周海宇。惟我皇考峻德鸿勋，媲美前古，显谟丕烈，垂裕后昆。朕以渺躬缵膺大宝，当兹嗣位之始，宜修享祀之仪，特遣专官虔申昭告：惟冀时和岁稔，物阜民安，淳风遍洽乎寰区，厚德常敷于率土，尚其歆格，鉴此精诚。

雍正二年，祭陕西诸帝王陵。文曰：自古帝王，体天立极，表正万邦。恺泽遍于寰区，仁风及于奕祀，朕丕承大统，遥契曩徽。兹于雍正元年十一月二十五日，恭奉圣祖合天宏运文武睿哲恭俭宽裕孝敬诚信功德大成仁皇帝，主配享圜丘上礼成，特遣专官虔申昭告：惟冀永赞修和之治，益昭安阜之休。鉴此精诚，尚其歆格。《陕甘资政录》：乾隆乙未年修。

名宦、乡贤祠 始建见《吕志》，明万历三十七年，知县宋名儒移建名宦祠于圣庙东南，乡贤祠于圣庙西偏，各三楹。《樊志》：名宦祀汉韩延寿以下十六人，今增国朝叶映榴、朱伟。乡贤祀汉周仁以下七人，今增明吕柟、刘选、刘自化、刘复初、李乔仑，国朝郭万象、李原茂、吴多瑜、裴汝清、鱼有成。

后土宫 在距河门外北偏，始建见《吕志》《樊志》。国朝康熙四十二年，知县胡昌期重修，邑人赵曰睿撰记。

记曰：陵东距城数武，建立后土宫，历年久远，庙貌巍峨，气象宏敞，春祈秋报者络绎不绝。盖取坤元配天，长养万物之义，地道也，亦母道也。按之祀典为正，非同梵宇浮屠一切无稽淫祀，徒以盅惑人心，伤风败俗也。

前贤泾野、谿田诸先生，代有撰记，勒铭贞珉，煌煌俎豆，诚巨典也。惜世远年湮，兵荒频仍，风雨飘摇，鸟鼠窜伏，以致颓垣断堑，只闻破壁嘶风，殿宇倾圮，徒听寒蛩泣露，瞻礼之际，怦怦心恻。奈工程浩大，修葺颇艰，幸邑侯胡公来莅兹土，每于巡行劝课之余，暂憩兹室，日击庑榭荒凉，金碧剥落，慨然捐俸为倡。且召生员高子阳琮，谕之曰：惟汝廉介勤慎，修理之责，端有重赖，务期人人乐输，共成盛事。高生唯唯，但大厦非一木能支，纯锦非寸丝可组，爰告约同社生员高通儒，暨吕向荣、墨俊、刘世重、孙荣等，踊跃急公，寝食悉忘，日奔走于烈日寒霜之下。只椽片瓦，必为躬亲；尺布寸丝，悉登簿籍。督工则训导李公懋中者司其职。经理则防守石君柱础者任其责。吾邑绅衿以及善人义士，亦无不仰体邑侯之志，鼓舞破悭，乐襄厥典，不期年而工程告竣，栋宇重新，楼阁焕彩。前之颓垣断堑者，复见雕墙峻宇矣。前之殿祠倾圮者，复见鸟革翚飞矣。董事高子欲勒石纪事，不果。今值新天子即位之初，五风十雨，物阜民安。官吏庆于庭，士女庆于室。春祈秋报之期，四方辐辏，熙熙而穰穰者，盖踵相接也。此固神之灵爽，亦何在非胡公之善念所激发，又何在非高生之廉介勤慎所相与，有成者乎？较之崇尚浮屠、起建梵宇者，不相悬万万哉。诸社父老因念前功，不忍湮没，仍丐记于余。余乐其祀典之正，嘉其向善之诚，因备述颠末，以彰义举，且鹄企后之贤令，闻风兴感，继起而步武之，庶俎豆常新，而宗社其永奠也夫。

回变毁。嗣因骑贼累扰庙垣，逼城数武，知县陆堃虑藏奸，并撤之。

关庙 旧名义勇武安王庙。在接蜀门外，始建见《吕志》《樊志》。国朝雍正三年，奉旨追封王三代为公，祀于后殿。咸丰五年，社人重修正殿，扁曰"千载生气"。门坊刻曰"万古威灵"，字径四尺许，皆名笔也，回变毁。同治七年，署知县陆堃移建接蜀门内，即兴国寺旧址，正殿三楹，献殿五楹，大门三楹。光绪六年，知县程侯维雍，增建乐楼一座，殿宇门廊润饰一新，遇道为记。

记曰：自有天地生人，即有君臣父子，夫妇长幼，朋友之伦以为之纪。历黄帝、尧、舜、禹、汤、文、武、周公以至于孔子，传亿千百载而莫之有易，所谓经也。有虚无寂灭之教出而汩淆斁乱之，大抵以摄摩腾为鼻祖。摄摩腾者，西域之神耳，名未尝见经传，足未尝至中华。东汉永平中，遣使天毒始得其书，及沙门以来因驮马名寺。延及晋、宋、齐、梁、隋、唐，迄于前明君侯士庶，趋奉皈依而寺遂盈天下，高陵次赤，已无虑数十所，而最著者曰"兴国寺"。旧碑谓建于宋太平兴国之年，故名。向无香火缁流，历来为诸令节习仪之所，窃闻其教责慈悲、齐生死，以轮回祸福、天堂地狱之说，恫惑愚人，谓崇其教者可获福田利益，而有徒麇聚，不簪不绂、不事不畜、不农不工、不商不贾，无男耕女织，日用饮食之道，无孝悌忠信、亲义序别之伦，极其弊至父母拜子，君后拜臣，游手废职，作奸犯科，故昔者昌黎韩子辟为异端，而曰人其人，火其书，庐其居，诚以其道大反乎孔子之道，而为斯道之蠹也。

我世祖章皇帝以武功戡祸乱，以文德经邦国。天下既定，首崇祀典，以春秋二仲月上丁释奠先师孔子，即以仲丁祭关壮缪庙，颁之郡国，垂为令甲。（应为：封关帝为忠义神武大帝，以仲丁日祭之，垂为令甲）雍正初，我世宗宪皇帝又追封先师五代为王，追封壮缪三代为公，尊崇远迈前代，奚以无已有加哉。讵不以孔子为万世师表，而壮缪即以孔子之道为道，立千古人伦之极也乎。孔子作《春秋》，讨乱贼，壮缪故深于《春秋》。当汉祚既移，曹孙僭争，中原鼎沸，三纲沦绝，一时勇功智名之辈，乘风云，苟利禄，莫可一二，数壮缪独倾心中山靖王之裔，与诸葛、张、赵诸贤同奖王室，力图恢复，百折不挫，死而后已，非圣人而能若是乎？非其识之绝伦逸群，重纲常，笃道德，立人伦之极，而能若是乎？壮缪尝言曰：日在天之上，心在人之中，心者何，道心也，即彝伦也。以孔子尽伦之心为心，宜天下后世之凡有血气者，家尸户祝，心悦诚服，如七十子之服孔子也。县旧有庙，在西门外数武。始建于金，重修于明，增新于我文宗显皇帝乙卯之岁。同治元年，花门作乱，毁于一炬，治内之庙貌、民廛俱失故所，而兴国寺中金刚殿岿然独存。六年丁卯，邑侯陆君来摄邑篆，谕士人即其地建庙祀壮缪，工兴而寇至，复中辍。今邑侯程君莅任之三载，岁丰人和，乃召绅民谕之曰：关庙正祀也，久废不修，神其恫诸，从新鼎建，而地苦人瘠，能忽怨诸，陆君既创成模，其因而成之。佥曰：崇正直、黜淫祠、成人美、省民财，一举四善。微侯言，众几懵如。爰召匠度材，百众云集，旧者新之，缺者补之，置木主栖神，如圣庙制，增乐歌楼一座，大门三楹，缭以周垣。丹臒涂茨，瓴甓之属，就班按部，巍乎改观，克日蒇事。于是正祭举于斯，仪节习于斯，邻邑之商贾辐辏于斯。焚香展谒，咸震慑于神之浩气凌霄，丹心贯日，而晓然于纲常名教之重，而邪愿之背乎经者，终不能历久而常存也，并愫然于两贤侯之因时制宜，爱人节用，不徒修举废坠已也。庙成，社人（丐）〔丏〕记于余，辞不获，而心善是举也，书以与之。陆侯名堃，江苏丹徒人。程侯名维雍，福建归化人。工始于光绪六年七月，竣于九月。费出于里局。附益以估客集事者，邑人刘麟、刘瑞玉。董事则五街乡约刘永寿、卜福棠、贾日潮，暨商民屈益庆、刘复盛、邓仁义、刘德昇也。

文昌宫 在文庙东北。始建未详，回变毁。同治十二年，知县洪敬夫移建于东南，后殿三楹，正殿三楹，大门一楹。

先农坛 在迎翠门外东偏。《樊志》：雍正五年奉旨建。计地四亩九分，每岁仲春亥日致祭，知县率僚属、农夫耕种，祭品以地内所获，措备不足者，知县捐补。

三皇庙 在距河门外三里。始建见《吕志》，回变毁。

东岳庙 在通远门内东偏，《樊志》：毗沙堡、水堡村均有庙。

西岳庙 《樊志》：在烧窑刘村西，今废。

紫清宫 在迎翠门外东偏，回变毁。

龙王庙 在迎翠门外南面，回变毁。

八蜡庙 在通远门东偏内，久圮废。

忠孝祠 在明伦堂西南面，《樊志》：雍正元年奉旨建。

节义祠 在县治东偏南面，《樊志》：雍正元年奉旨建。

节孝祠 在儒学之南东面。

鹿台之神庙 在鹿苑原上，今废。

晋文公庙 在通远门北三里，今废。

齐大夫晏子庙 在接蜀门西南八里，今废。

唐郑国魏公庙 在接蜀门西南十五里。

上骑都尉冯公祠 在县西南七里。有周朝隐撰《纪孝碑》，文见《吕志》。

西平王李公祠 在迎翠门南渭桥北墓前，西向。有柳公权书、裴度撰记，文见《吕志》。国朝富平李因笃《重修茔庙记》：王葬渭桥北高阜上，地隶阳陵，故庙在焉。明万历间，巡抚李日宣为王葺茔及庙。今提学许孙荃，临部池阳，重修。《陕甘资政录》：乾隆乙未年修。

孙真人洞 在县治东。始建未详。明万历三十四年，知县宋名儒偕绅民重修，邑人籹良翰有记。

记曰：隋唐间，有孙先生其履历载在往籍，不胥详矣。独闻故擅医术，以奇秘方全治人甚众，没世不忘。迄今抱疴痒者，或谓梦之愈祷之瘥，则先生之风动人焉，神也。故自太白、五台，以暨都邑、村落，咸有祠。祠在高陵者，不知创自何时，乃基则丽东城。万历初年，以建钟楼，旋废，寄像医学。寻怀仁献庵王公复因医学，兴厥祠，顾制出草创，犹不足以昭明禋。有道家者流陈云洞，祖居高陵人也。有慨于中，乃募材鸠工，高大其殿宇，即殿檐为穿廊三间，廊之前为门房三楹，又于殿后创为砖洞，肖像其中，拟太元也。洞之上起楼阁，以仙人好楼居也，且恐物久则敝，时易则玩，更就殿左、洞右各翼以道院。自卜地三亩，以供香火，其为祠计甚具而有法。财虽出诸众哉，实得县尹宋公，暨刘、吴、李诸乡先生之力居多焉。役竣，问记于余。余惟通天地人曰儒，执一长曰技，以予所睹记。孙先生学术淹贯，盖大儒哉。顾独以医自表见，若托之乎技者，其意深远矣。盖士有用之用，亦有不用之用，试稽胆大心小，行方知圆，与慎畏等语，则先生固胸藏造化、手揳纲弦者。倘得时而驾，将疗九有之聋聩，合万类而昭苏。使隋用之，则龙舟之颠狂不生；唐用之，则麀聚之疹疠不作，而独无如其忌医也。是故以其郁而未试者，衍为养生之说、济人之方，而遂乃人扇乎熏风，泽深乎毕雨矣。所谓用则为良相，不用则为良医，固以不用为大用者耳。乡人之溺志小道，瘤疾烟霞，则何以数赴召命，而不惮栖栖为故。予谓先生有严陵之养高而不托纶饵，有渊明之乘化而不抚松菊，有希夷之见几而不耽鼾睡，其意深远矣。然先生所论著，识者谓之近道，乃当年有衍教河汾者，胡不闻一相印可，且负宰相之望者，屡就访掌故，而于经济之要，竟无所发覆，岂器大者果难用耶，抑道不同不相为谋耶。而世之不知者，以为方伎仙术；知者以为高士逸民，则先生用世之意晦矣。予悲时事难调，深吊先生赍志于古，而又悼晚近夭殇子之不遇。先生以至此极也，故为之推论若兹。乃廪延宋公讳名儒者，握符兹邑。乡先生刘讳自化者，转运两浙。吴讳钟英者，参藩三晋。李讳仙品者，整饬荆西。俱注念用，世利人宜，于先生有深契，而陈云洞亦得附，是垂不朽，讵非有天幸哉。是役也，经始万历三十四年春冬，成于三十八年秋冬之际。其年冬至日，秒良翰始为记其事。而书此记者，则张自强也。

光绪七年，知县程侯维雍倡捐重修。

刘公庙 在接蜀门西二十五里。祀唐县令刘仁师，始建见《吕志》，今废。

宋寇莱公祠 在县西小王村，一名竹林寺。明嘉靖辛丑，陕西巡抚赵廷瑞礼聘三原马豀田、本邑吕泾野两先生，修《陕西通志》，开馆于此，回变毁。

元杨文康公祠 在儒学西偏，国朝康熙十年，知县许琬创建，训导郭三俟撰记。

记曰：杨文康公，名恭懿，字元甫，当元代籍于陵之南原，即今张乔里也，潜确自贞，因受知数诏，乃释跣。历有建明至诏太史院，定辛巳历，为数术家宗主。迄皇庆元年，□谥盖重辛巳历也。里中旧有祠宇，庚桑数楹，早为兵焚所厄。幸我许侯于兹为政九阅年，所尚论凭吊之余，系诸怀者有日矣。辛亥，青阳侯□宫墙隙地三横五纵各丈许，幕尉王君质经营，庠员孔之允敦工，以禄为资，里闾毫发无与焉。肇于如月，既梅月而初成，约略厥事，庸明终始，凿凿宜昭示矣。

余惟士君子所建明于天壤，间有显烁易见者，有精微未易见者，虽精微而未易见。天下后世阴食厥功，为时所以定岁、所以成也。《易》曰：神而明之，存乎其人。□□□经嗜古，淹贯天人，凡七政六□四分，洞若指掌，皆本"皇极经世"，斯天之道昭昭矣。究以平秩自任，节义考之出处，经济觇之风裁，今缙绅士大夫口碑，厥概并采之邑乘，知文康所以重于世，与世所以重文康者，可知粤稽帝尧，咨命羲和，平秩四序，当时作讹成易，允厘咸熙，世享其利，而莫知谁为之者。三代治历，祇与天□□越，汉之太初，唐之大衍，宋之元嘉，暨后来四十余家，每以数鸣。自文康辛巳历出，即璿玑玉衡，测景分气，不是过焉。非天下之至精，其孰能与，于斯建之世而不朽，侯之后而不惑，一切诸家俱废，以平秩自任也固宜然。则天道明而人事叙，人事叙而治化彰，世享其利而莫知谁为之者，宁独羲和哉。

《祭法》曰：祀以崇功。《白虎通》曰：社以报功。文康功于天之道，仅存荒丘断铭，呜呼！可许侯缁衣之好，无美弗彰，于是心焉企之。慨然曰：如文康公者几乎？弗祠余甚悼之，于是榱干薄栌，甍甓丹臒，□用并工匠，细需尽办于俸余。爰筑基、营宇、构庭，一面櫩三，两阅月而竣，取祀乡先生于社之义也。于戏，佐钦若敬授之治，固无垠以祠传，文康之心□有垠乎？且□宫墙东文简祠。文简阐明圣学，聿宏开继，祠既宜然。文康治历明时，行之亘今而无弊，西峙亦宜然改观。大成庙暨文简祠，继建文康祠者，两贤先后媲美，附圣庙以萃贤也。故曰：当世知己易，旷世知己难。四百年奇而燕秦无凤戚，何旷世相感如是哉！昔以鲁齐许公衡也，售今以许侯祠，志同道合，乃尔即千载下自有传□。畴云精微未易见与文康世陵也，仍祠于陵，以枢天下耳目。爰勒贞珉，不至湮没失传。后之君子溯源竟委，当心许侯今日之心，后之视今亦犹今之视昔，其在□乎。

许侯名琬，字延修，燕之高阳人。康熙辛亥。

回变，光绪五年，知县陈西庚重修。

按谿田《通志》：县南三里三阳寺□有公祠，泾野有题，所谓"熏风晓过寺前村"者也。今无可考。

明吕文简公祠　在文庙东南面。嘉靖三十七年，署知县封日创建。隆庆四年，知县陈柱重修，邑人刘世昌撰记。

记曰：公旧有祠，在邑迎翠门左。创之者小溪李尹，纪之者谿田马公。嘉靖戊午，济津封君以兴平二尹来署邑篆，缘士民恳请报允当路，卜学左隙地复建今祠，为厅三楹，南面大门一楹，直达东西，通衢规度已具，因代未竟。阅隆庆己巳冬，广宁陈公柱奉命宰邑，下车初祗谒公像，慨制未备，勃然兴怀。即商同学谕中州吴君大伦，西蜀蒲君国柱，幕僚阳□马君习诗，遂恢拓而润色之。不宏不隘，不侈不约，焕然鼎新，足壮远观。适值核籍，牲帛粢盛，获登薄正，栖神有地，供神有具，礼所谓有其举之，莫敢废也者非耶。乃属昌为记，慨自道学弗明，议论偏驳，无补圣门者，腼颜祀典，弊也久矣。孰意泾峨之阳，钟灵毓秀，笃生巨儒。如我文简公，学绍周程，道接孔孟。以践履为实地，以诚敬为入门，礼以禔身，简时宰之迕而弗计。义以揆事，欲权竖之馈而罔顾。功著经幄，业在史局，成约以身范围，在部惟清惟寅。孝弟通乎神明，忠信施及蛮貊，博综六籍，羽翼圣经，诚昭代真儒，后学准绳。谿田公谓其纯如鲁斋，而传旧之功则多，贞如文清，而知新之业则广。盖其学诣周之精，几邵之大，得程张之正，与晦庵朱子相媲美者，信不诬矣。嗣今上龙飞，褒录耆旧。贻赠锡谥，恩赉优渥。士民欢慰，草木生色。公之蕴抱虽未丕舒生前，犹幸获荣身后，行且铭鼎彝，祀孔庙，吾邑秩祀，谁云侈乎？矧德孚人心，随在尸祝，有若留都之鹫峰祠，山右之解梁祠，会省之正学祠，兹犹其生长宦游地耳。若夫辙迹未履，东京有□州祠，西蜀有梵山祠，滇南有名公状元祠，是岂可以强致也哉。盖道化神于感通，懿德本之人心，殆秉彝之自然耳。《祭法》曰：法施于民则祀之。公随试辄有表树，谓非法施于民而应祀者乎？昌又闻昔先王造士，奠先师于学，祀先贤于东序，祭乡先生于社，所以昭崇报而风厉寓焉。惟是崇构俨设，典刑攸在，过者趋，瞻者敬，好德之衷，匹夫犹然。况我学问之士，出入揖让，弦歌讲肆于斯，必将油然兴，恍然悟。深思山川灵淑，今昔不殊，彼我丈夫，有为若是，迈往前修，精思力企，尚友于公，用底大成。兹固建祀之义，昌之所以自励，而因以勖诸同志者也。

国朝乾隆四十年，抚军毕公沅题请奉旨，地方官春秋致祭并修葺，撰楹联悬于正厅。回变后，祀废祠荒。同治十年，公裔孙述文等补修。光绪七年，知县程侯维雍允邑人士请，复春秋秩祀，牲醴如初。

刺史公祠 在草市街。祀县人合州知州王邦翰始建，无考。

国朝四公祠 在县治西南面。《樊志》：康熙间，县人公建。祀知县张都、朱伟、刘海岳、朱一蜚。今废。

遗爱祠 在县治西南面。《樊志》：雍正间，阖邑士民为知县李登第、史彬、胡昌期、王綦溥、吴绍龙建，今废。

寺观

兴国寺 在西街。

慧济寺 在接蜀门西北何村。

竹林寺 见前《马志》①。在许村，邻于寇莱公竹林，故名。《马豀田志》：内有宋常安民碑刻，今无存。

隆昌寺 在毘沙里。

昭慧院 在迎翠门东南陈杨村。

庄严寺 在县西许村。

洪教院 在县西南七留村。

清真寺 在渭河南渭桥里。

崇兴寺 在县西新家庄。

---

① 《马志》：明嘉靖由三原马理、高陵吕柟共同编纂《陕西通志》。后因吕柟病辞，由马理完成全稿，故名。

大悲寺 在县西南高村。

崇皇寺 在县西南申村。

白马寺 在通远门东北仁寿屯。

习静寺 在李赵村。

清真观 在迎翠门东南吴村，白云洞在观内。

昭慧宫 在东察院左。

普济寺 在通远门西北，寺南有洪福寺。

又元观 在城隍庙西，《贾志》作"祐元"。

已上①建修详《泾野志》，回乱俱废。

附：古寺观

庆安尼寺 宋敏求《长安志》：在县西南十里。

正道院 宋敏求《长安志》：在县北十三里。

法隆院 宋敏求《长安志》：在县南十五里。

今皆不可考。

田赋志② *户口物产附*

任土作贡由来远矣，惟正之供输，将宜踊跃弗后，顾缕米之税课有常，而户口之登耗无定，天地盈虚，与时消息，有莫或为之者。我朝惠鲜疴瘝，取民有制，父老嬉游田间，不知有追呼事。军兴以来，田园荒芜不齐，生齿赢缩不一，即物产丰歉，亦今昔异形焉。劳来还定，安集以休养而生息之，野人亟望于君子者也。述田赋土产志第四。

田赋　民田　地粮 原额折正。一等地，二千八百一十五顷八十六亩八分。顺治七、八年，并康熙八年，及乾隆五年，二十年节次题免，冲崩无存地四十五顷二十一亩四分，及粮未豁免之。河崩无主地一十一顷八十

---

① 已上，同今"以上"。后同。

② 田赋志：目录上做"户租志"，不知何故，二者未能统一。

六亩八分，实熟地二千七百五十九顷三十七亩九分三厘有奇。

每亩科本色粮二合八勺一抄六撮八圭六粟五粒。科折色粮五升五合四勺五抄九撮五圭五粒。每石征银一两二钱二分一厘三毫三丝七忽六微。

实征本色起运粮一百一十八石九升四勺一抄五撮七粟七粒。

遵照康熙年间，易知由单内载每亩科本色起运粮四勺二抄七撮九圭六粟。

实征存留永丰仓粮四百八十七石一斗七升一合四勺有奇。实征官学仓粮一百七十二石一升八合二勺有奇。实征折色粮一万五千三百三石三斗八升四合八勺六抄有奇。折征银一万八千八百四十三两六钱三分三厘有奇。

易知由单内载每亩折征银六分八厘二毫八丝九忽三微九纤一尘二渺。

《刘志》：实熟地二千七百八十三顷二十一亩九分三厘零。征本色粮七百八十三石九斗九升五合五勺零，征折色银一万九千六两四钱三分五厘零，征起运本色粮一百二十二石六斗八升三合二勺。存留本色粮六百七十九石七斗三升六合三勺零。

县册一民额征永丰仓京斗米七百一十七石一斗七升五合零。

按田赋之在胜国者，地分夏秋赋，判农桑征于地者，有本折征于民者，有银、力二差外，有马草、绢布、站支、匠价、药价、课程钞。国朝则壤成赋，除去夏秋诸名目，地有等，赋有额，课程有度，支销有章，以及粮载丁而无复征调之烦，赋无加而益见滋生之盛，异数良法，非但超唐轶汉，直以甄殷陶周也。兹谨遵《钦定户部则例》及部颁《赋役全书》，胪其大凡，俾土著食毛之伦，知所恪守焉。

丁粮

原额人丁三门九则不等，共折下下人丁二万一千六百五十九丁。每丁征银一钱二分二厘九毫六丝七忽三微。除优免，实行差丁及溢额丁共二万二千六十四丁，实征银二千七百三十五两二钱一分三厘有奇。雍正五年，奉文以粮载丁，摊入地粮内征收。自康熙五十五年至乾隆三十六年，共编审出二百丁。钦遵康熙五十二年三月十八日诏，后遇编审之期，但据康熙五十年丁册，永不加赋。《刘志》：永不加赋，四十九丁。

均徭

原额实征银二千三百二十六两六钱七分有奇。系按前项，一等地每亩征银一分二厘六丝三忽零。

遇闰，加征实银三百六十七两五钱六分有奇。征停免银二百八十八两七钱一分有奇。《刘志》：均徭，除豁免外，实征银三千三百五十七两四钱四分二厘零。

匠价

征银一十六两三钱三分五厘。遇闰加银一两三钱六分一厘有奇。

军籍丁粮

征银一千二百二十两三钱二厘有奇。又溢额丁银一百八十三两九分九厘有奇。

以上地丁，并均徭匠价，共实征银二万六千四百三十二两八钱六分九厘有奇。《刘志》：额外停免并军籍粮银七百七两六钱三分零。

起运银

共二万三千四百六十六两五钱八厘有奇。遇闰实起运银二万三千六百五十四两九钱一分。《刘志》：起运银二万三千四百八十五两二钱四分九厘零。

起运粮

见上。

存留银

现行征收册存留解司，并俸工等项共银三千八十五两八钱二分有奇。遇闰加银一百八十五两九分有奇。

额留俸工银一千一十二两八分三厘有奇。杂支各项银九十二两五钱三分八厘有奇。驿站支解各项银一千九百六十五两三钱五分有奇。孤贫银一十五两八钱四分有奇。《刘志》：存留银三千二百八十四两九钱二分三厘八毫。

存留支款

一 俸工项下：

知县，俸薪银四十五两，均摊银二十两五钱四分有奇，即留抵各员役俸工。

典史一员，俸薪银三十一两五钱二分。

教谕、训导二员，各俸薪银三十一两五钱二分。

知县衙门

门子二名，每名岁支工食银六两，遇闰加银一两。

皂隶、仵作一十六名，每名岁支工食银六两，遇闰加银八两。

马快八名，每名岁支工食草料银一十六两八钱，遇闰加银一十一两二钱。

民壮二十二名，每名岁支工食银六两，遇闰加银一十一两。

看监禁卒八名，每名岁支工食银六两外，每名加银二两，遇闰加银四两。

轿伞扇夫七名，每名岁支工食银六两，遇闰加银三两五钱。

库子四名，每名岁支工食银六两，遇闰加银二两。

斗级四名，每名岁支工食银六两，遇闰加银二两。

钟鼓夫五名，每名岁支工食银四两，遇闰加银一两六钱。

渭桥等渡水夫四十一名，每名岁支工食银二两四钱，遇闰加银八两二钱。

各铺司兵一十二名，每名岁支工食银四两外，加增银一十四两九钱四分四厘有奇；遇闰加银四两八钱，外加增银一两二钱四分有奇。

典史衙门

门子一名，岁支工食银六两，遇闰加银五两。皂隶四名，每名岁支工食银六两，遇闰加银二两。马夫一名，岁支工食银六两，遇闰加银五两。

教谕、训导衙门

斋夫三名，每名岁支工食银一十二两，遇闰加银三两。

膳夫二名，每名岁支工食银六两六钱六分有奇，遇闰加银一两一钱一分有奇。系廪生支领。

门斗二名，每名岁支工食银七两二钱，遇闰加银一两二钱。

廪生二十名，每名岁支月粮银三两二钱，遇闰加银五两三钱三分有奇。

以上俸工项下，除廪生、膳夫二款照常支发外，其余官役俸工，于道光二十三年奉文，均以二两平支放，每两减平银六分，其减平银两每年批解部库交纳。

一 杂支项下：

春秋二季，致祭文庙并各坛祀，及无祀鬼魂品物等项，共银七十四两一分四厘。

祭旗纛并犒赏民壮，银四两。

乡饮，银六两。

布政司纸札，银四两三钱七分。

修补祭器，银五两。

以上乡饮、纸札二款，于道光二十三年奉文裁汰，其银两每年批解部库交纳。

一 孤贫项下：

孤老三十二名，口每名岁支月粮麦三石六斗，除荒共实粮一百一十三石三斗六升六合六勺有奇外，加增拨补粮一石八斗三升三合三勺有奇。遇闰加增粮九石六斗。

孤贫布花银，岁支实银一十五两八钱四分有奇。

一 驿站项下：

原额在号马四十四、马夫二十名，岁支工料银一千三百六十八两，修理支直银五十五两。于康熙三十六年奉拨协定安马十四、夫五名，工料银三百五十二两解驿道。又雍正七年，拨协甘肃马二十四、夫十名，工料银两按季解司库。于雍正九年奉文补买马十匹，添夫五名，扣留拨协甘肃夫马工料银。又雍正十年奉拨协神木安站马二匹、夫一名，工料银七十两四钱解驿道。实在号马一十八匹，草料银四百三十两六分有奇。马夫九名，工食银九十七两二钱。修理银一十八两。支直银一十五两。《陕甘资政录》：号马、扛夫共银三百六十两六钱，现行册籍县额设递马九匹，夫四名半，扛夫十二名，留支银四百六十一两四钱。遇闰留支银四百九十七两八钱五分。

屯卫田

《樊志》：顺治十六年，裁卫归县。本县接收西安各卫原额中、前、后卫官军旱地三百二十九顷七十三亩七分五厘，内杆荒军旱地五十六亩五分。

实熟征军下旱地三百一十三顷四十九亩九分五厘。每亩科本色豌豆一升八合，粟米二升二合，折色粮二升，折布银四厘二毫，丁条银一厘七毫，马银一厘，草银一厘八毫。

实熟征官下旱地一十五顷六十七亩三分三厘。每亩科本色豌豆二升四合，粟米三升六合，折色粮二升，折布银四厘二毫，丁条银一厘七毫，马银一厘，草银二厘四毫。

二项共实征夏粮市斗豌豆五百七十四石九斗一升四合四勺有奇。共实征秋粮粟米七百一十三石一斗二升二合一勺有奇。雍正九年奉文归县征解粮道。又每石耗粮七升五合，耗粮每石折征银一两，脚价每百里银五分五厘。高陵至省七十里，每石脚价银三分八厘五毫，共该脚费银四十九两五钱八分九厘四毫零，余银四十七两一分三厘三毫零，解交粮道。

共实征折色布银一百三十一两九钱五分二厘四毫零。实征丁条银五十五两九钱五分九厘三毫零。实征草银六十两一钱九分一厘四毫零。实征马银三十二两九钱一分有奇。《陕甘资政录》通计：实熟地二百九十顷一十三亩九分三厘六毫，额征本色粮一千一百八十八石四斗三升二合，丁条、马草等项银三百一十五两六钱一分有奇。《刘志》：除荒实熟地三百二十九顷一十七亩二分五厘，征本色粮一千三百四十八石三升六合六勺，折色粮折布银一百三十八两二钱五分二厘四毫五丝，丁条、马草银一百四十九两六分八厘二丝三忽。

现行征收册额，征市斗豌豆五百一十二石七斗二升八合三勺，市斗粟米六百三十六石四斗五升四合四勺，俱本色解粮道。额征丁条等项银三百一十两六钱六分有奇，遇闰加银五钱二分，解交布政司。

屯丁粮

《樊志》：原额三门九则不等，共折下下丁二千三百七十丁。每丁征银七分二厘。共银一百七十两六钱四分，实征解长银五两。雍正五年，奉文以粮载丁，又加征银六十四两六钱四分有奇。以上共征银五百二十一两三钱六厘有奇，遇闰增银七两四钱七分有奇。

《刘志》：原额屯丁数符，起运本色粮一千二百八十八石三升六合六勺，起运银五百二十一两三钱六厘五毫一丝七忽零。暂留屯丁兑食粮六十石，暂留屯丁兑食银六两三钱。

更名田

《樊志》：共地四百四十八顷三十三亩六分八厘八毫一丝。内一等旱地四顷三十一亩八分八厘七毫九丝五忽。每亩科小麦五升，粟米五升。二等银、粮兼征旱地三百二十五顷一十四亩三分二厘八毫二丝。每亩征小麦三升一合一勺，粟米三升一合一勺，折色银一分五厘三毫。三等旱地一百二十六亩七分八厘一毫九丝五忽。每亩征小麦二升九合二勺，粟米二升九合二勺。河崩旱地一十六顷八十亩六分九厘。每亩征小麦一升，粟米一升。共征市斗小麦一千三百四十七石六斗三升四合九勺零。共征市斗粟米一千三百四十七石六斗三升四合九勺。雍正九年，奉文归县征解粮道。又每石耗粮七升五合，共该耗粮二百二石一斗四升五合二勺零。每石折征银一两，共折征银二百二两一钱四分五厘二毫零。脚价每石每百里银五分五厘。高陵至省七十里，每石脚费银三分八厘五毫，共该脚费银一百三两七钱六分七厘八毫零。余银九十八两三钱七分七厘三毫五丝零，解粮道。征折色银四百九十七两四钱六分九厘二毫二丝零，解司库。每银一两，征耗银七分五厘。共征耗银三十七两三钱一分一厘有奇，解粮道。共征均丁银四百八十八两九钱三分有奇，遇闰增征银一十五两二钱一分有奇，解司库。《陕甘资政录》通计：实熟地四百三十七顷四亩三分三厘八毫有奇，额征本色粮二千六百二十七石五斗三升二合，均折银六百二十九两八钱三分。《刘志》：废秦藩，更名旱地并河崩旱地各等，共实熟地四百四十八顷三十三亩六分八厘，实征本色粮二千六百九十五石二斗六升九合八勺零。折色银四百九十七两四钱六分零。均丁银数符赋役全书。起运本色粮二千六百九十五石二斗六升九合八勺零。起运银九百八十六两四钱零。现行征收册额征市斗小麦、粟米各一千三百一十三石七斗六升六合四勺，解粮道。征均丁银一百三十六两三钱五分二厘，遇闰加征银一两二钱八分。额征折色银四百九十三两三钱五分九厘，解布政司。

按民屯更名各田，共计三千五百三十七顷四十五亩二分六厘有奇。光绪六年征收册，抛荒实种地二千九百六十七顷五十五亩九分有奇。七年征收册，抛荒实种地三千一百七十二顷四十六亩一分有奇。叛产原额，共地三百九顷六十八亩八分有奇。除领契管业并河崩地外，实地二百四十五顷六十五亩九分有奇。

学田

原额三等，共地一顷一十一亩七分三厘，内上等地七亩一分三厘。每亩征小麦一斗四升，粟谷一斗四升。中等地二十一亩五分。每亩征小麦一斗三升，粟谷一斗三升。下等地八十三亩。每亩征小麦一斗，粟谷一斗一升三合七勺零。共征小麦一十二石一斗三合二勺，粟谷一十三石三升三合三勺有奇。《刘志》：共租二十五石一斗三升六合六勺。

耗羡

雍正四年，奉文民屯地丁并课程、匠价银两，每两俱征收耗羡银二钱。乾隆元年，奉旨加二耗，内裁减五分，止照一钱五分之数征收，惟更名折色银每两七分五厘加耗。

恭读《户部则例》耗羡定额，陕西省各府、州、县，每两收耗银一钱五分，按本县纳赋责之里甲，每里十甲，每甲一长，名曰里长。按户轮流充当，向系自封投柜，每完正银一两，外纳加耗银市平三钱有奇。市平比库平每百两小一两五钱许。外又纳短少钱一百八十文。按时价每两易钱一千五六百不等。短少名目相沿已久，不知起自何时。合加三加耗，每正银一两。民间实纳市平银一两四钱有奇，而里局车马之供亿，又红单、黑单诸名色，皆于亩乎摊派。通计每亩每年又需银二分有奇。里民其苦矣乎。同治八年，署抚刘公奏请酌减，平余各州县普减三成。时知县事者为洪敬夫，止于短少名目中减去钱二十文，而于加三成耗外又多收一分。统计减去平余银不及三厘，积重之难返有如此哉。现行里甲完赋，仍照此数。

一额外

课程银二十六两二钱八分，系铺户出办，遇闰加银二两一钱九分。

畜税银二十三两九钱四分。系买骡马出办，原无定额，尽收尽解。

牙税银二十二两八钱七分。共牙人七十六户，每户纳税银四钱至三钱、一钱，参差不齐，系按年收报。

当税银二十五两。系典铺出办，每座每年当税银五两。按现止一座。

地税银六十八两四钱九分。系买房地业主出办，原无定额，尽收尽解。按以上无加耗。

盐课

《樊志》：原额盐引二千张，加增引一千七十三张。嗣因地狭人稀，食盐不尽，累商累民，知县朱侯一蜇于雍正七年详请具题。九年，奉文减去一千三百一十八道。每年额引一名，纳银一百一十五两一钱六分。共额引一千七百五十五道，额银一千六百八十四两八钱二分有奇，赴运司交纳。《户部则例》：河东盐价，高陵每斗银二钱四分。乾隆间，盐课归地丁。每正银一两，摊征银九分九厘二毫。后又归商民，不纳课，近听民贩，先课后盐。

茶

《樊志》：原额大引商人五名，行引一百四十五道。小引商人二名，行引十道。每引额茶一百斤，外加脚资。附茶一十四斤，每五斤一封。每引以十封赴兰州行司交纳，作为课税。余茶听商分卖引张投县，批解甘抚衙门缴销。其裁去商额未详何时，现多买食湖茶。

户口

《府志》：乾隆四十三年，口男女五万三千二百八十八，户无考。里局碑记，道光三年，口男女七万有奇，户无考。《县册》：咸丰十一年，户万有二百二十七，口男女五万四千有九，视前则增七百二十一，视后则减一万五千九百九十一。同治三年，户六千一百九十有九，视旧则减四千二十八；口男女三万二千一百九十有二，视旧则减二万一千八百十有七。光绪六年，户五千九百六十四，视旧则减二百三十五；口男女二万九千一百八十七，视旧则减三千有五。

物产

详《吕志》，今志其小异者，县壤地褊小，土性高燥，无异产。飞如鸠鸽鹊鸦，潜如鲤鳝鲦鳉，木如槐椿榆柳，草如蒿蓬苜蓿，果如枣杏榴桃，花如葵芍菊槿，药如远志甘遂，蔬如葱茄蒜韭，皆邻境所同。《周礼·职方》：雍州谷宜黍稷，今县则五种咸宜，而麦尤良，稷糜荞豆之属，岁皆种，然不多也。地不宜桑，故无蚕。赖以织绩者，唯棉花，高昌国之所谓

"白叠"。香山诗之所谓"衣被苍生",别有花者也。树艺之序,耕获之宜,则谷雨种棉,七八月撷之。夏至种稷。稷即穄,实为黄米。谚谓之谷八九月熟焉。中伏种荞,末伏种菜籽,收在牟麦之前。叶可菹,人多蓄之以御冬,籽可为油,根有时以甘,有时以苦,均可和米食。或以味,视年之上下。其《汉书》助人食之芜菁,与秋社种麦,已早则旺,已迟则少枝。来麦生种,牟麦扁豌,生已九秋矣。麦秋之候视芒种,芒种视闰之有无,有闰则割尽黄云,无闰则粮尚栖;亩丰歉则视地及雨露之养,雨多则卤地有秋,雨少则沙壤有秋。泾渭之浃,宜种豌及各豆,他谷失时则种黍,穄圆重而黑,身高大类芦,耗地力,偶一种之。然是数谷者多相妨,不全获。麦立夏而华,华惧雨,而无雨则豌华枯,稷立秋而胎又惧旱,而多雨则荞华虢,此亦农之憾于天地者。县之田,北高而南下,下者犹资井养,高者全仰天泽。盖有掘井九仞而不及泉者,即强溉亦性阴而苗不茁,地无他货殖,一切取给于灾亩。谷贱时斗米百余钱,贵时则价相倍蓰。道光丙午、丁未间,谷虽贵,斗不逾七百。光绪三年,斗谷价至三千有奇。次年,小稔又至百余钱。于是罄数亩之入,始克完正赋之一,夏秋俱有,秋尚不至,病一半稔而民有饥色矣。是故农益困,田益累,有不取租而甘以与人者,是必减科派,集流亡,劝开垦,广储蓄,合十五里之聚,而制以三十年之通,庶富之象其复见于今日者乎。

高陵县续志卷之二终

高陵县续志卷之三

知县程维雍重修　　邑人白遇道编纂

礼仪抄略　风俗附

礼让行而风俗美。生逢盛世，山陬海澨，讵有殊异。皞熙既久，百姓日用不知，富者习于骄侈，贫者愚于效人。冠昏丧祭，但沿习尚。至朝庙、饮射诸仪节，纠国典攸关。即士人有终身由之，而不知其道者，甚非所以尽慎而表俗也。谨遵《钦定会典通礼》，敬录其达于士庶者，俾乡曲咸知遵守焉。述礼仪抄略第五。

元旦、长至、万寿圣节朝贺礼

《会典》：岁遇三大节，在外直省文武官均设香案，朝服望阙行礼。《通礼》：州、县不附府者，均以正贰教职各一人，纠仪学；弟子员各二人，通赞、引班在城文武官，于公所按班行礼，如省会仪。豫于公所正中设万寿龙亭，南向设香案于亭南。其日五鼓，守土官率属毕会公所。质明，引班引入，至丹墀内东西序立，通赞赞："齐班——"，引班分引至拜位前立；赞："进——"，少进；赞："跪——叩——兴——"，行三跪九叩礼。毕，引退。县俗：先期习仪于西寺，至日五鼓，各官齐至公所拜牌，礼生。通赞、引班班齐，乐作，各官行三跪九叩首礼，均如礼。

迎《诏》礼

《通礼》：诏书所经府、州、县五里之内，文武官朝服跪迎，军民伏道右候过。省会有司，豫于公廨，设屏南向，屏前设诏案。又前设香案，案东设台，阶下为拜位，文东武西。重、行、异等绅士班于文官之末，军民集于武官之末，皆北面。诏及郊，具龙亭、旗仗出迎，文武大僚率所属朝服出迎，道右跪候。过，兴。先至公廨门外序立，绅士、耆老、军民毕会。诏至门，跪迎如初礼，使者奉诏书陈于案，退立案东，引礼生引群官就位，众行三跪九叩礼。使者奉诏授宣诏官，宣诏官跪接，登台宣读。讫，众听赞，复行三跪九叩礼。退，镌誊黄颁所属。至日宣布，军民均与省会仪同。县俗：知县率属暨绅民迎于迎翠门外，具阙亭、彩仗、鼓乐。导入，跪叩、宣布，均如仪。

鞭春礼

《通礼》：先立春日，县于东郊造芒神土牛。春在十二月望后，芒神执策当牛肩；在正月朔后，当牛腹；在正月望后，当牛膝。示民农事早晚。届日，设案于芒神春牛前，陈香烛、果酒，正官率在城文官朝服毕诣东郊。立春时至，行礼：正官一人在前，余官以序列行就拜位，赞："跪——叩——兴——"，众行一跪三叩礼。正官酹酒三爵，复行三叩礼，众随行礼。兴，乃昇芒神、土牛，鼓乐前导，各官后从，迎入城，置于公所。《会典》：各官执采仗环立牛旁，赞："击——"，鼓工擂鼓；赞"鞭春——"，各官环击土牛三，以示劝耕之义。县俗：先期县官率属迎于距河门外，工具剧戏迎人皆簪花，俟官鞭牛后，以次承击至碎。

护日食礼

《通礼》：县官依时救护于公署。设香案于露台上，炉、檠具，早晚随日所向。正官一人，领班、教职二人纠仪学，弟子员二人，通赞二人，引班阴阳官一人。报"时至——"时正官上香，伐鼓。初亏，众行三跪九叩礼；至复圆，如初礼。县俗：官救护于署，行礼如礼，乡里家皆击金鼓以救。月食救护与救护日食同。

祭先师礼

《会典》：直省、府、州、县，岁以春秋仲月上丁祭先师于頖宫，以正印官将事佐贰分献。监理以师儒，赞、引执事以生员。中和《韶乐》《羽籥》之舞，及牲牷、登、铏、簠、簋、笾、豆、尊、爵之数。将事之仪，均如大学丁祭礼。案典仪：先祭一日，乐舞设于大成殿外，阶上分左右悬。至日五更，正献官入庙，至更衣所少憩。赞引生请行礼，正献官出，次盥洗，赞引生导正献官由旁阶自殿左门入，至拜位前北向立；赞礼生引分献官至阶下左右序立，典仪生赞，乐舞生登歌，执事官各共乃职。文舞六佾进，赞引生唱："就位——"，正献官就拜位立，乃迎神。司香生奉香盘进，司乐生赞奉迎神，奏《昭平》之章。赞引生唱："就上香位——"，导正献官诣先师案前，司香生进香；赞引生唱："上香——"，正献官立上炷香，次、三上瓣香；唱"复位——"，正献官复位。唱"跪——拜——兴——"，正献官行三跪九叩礼，奠帛，行初献礼。司帛生奉篚，司爵生奉爵进，奏《宣平》之章，舞《羽籥》之舞。司帛生诣先师位前，跪献三叩，司爵生诣先师位前，立献奠正，中皆退。分献官各诣四配、十二哲、两庑先贤、先儒位前上香，奠献如仪。司祝至祝案前跪，三叩，奉祝版跪案左，乐暂止。正献官跪，分献官皆跪，司祝读祝毕，诣先师位前跪安于案，三叩。退，乐作，正献官行三拜礼。兴，行亚献礼，奏《秩平》之章，舞同初献。司爵生诣先师位前，献爵奠于左，仪如初献。行终献礼，奏《叙平》之章，舞同亚献。司爵生旨先师位前，献爵，奠于右，仪如亚献。分献官以次毕献，均如初，乐止《文德》之舞。退，乃撤馔，奏《懿平》之章。撤馔毕，送神，奏《德平》之章，正献官行三跪九叩礼，有司奉祝，次帛、次馔、次香，送燎所。正献官转立拜位旁，西向，候祝、帛过，复位。乐作，祝、帛燎半，唱"礼成——"，导正献官由殿左门出，先是正献官至更衣所。时赞礼生引崇圣祠承祭官入祠左门，盥洗毕，引诣殿阶下正中，典仪、赞、执事生各共乃职。赞引生赞"就位——"，引承祭官就拜位立，乃迎神。司香奉香盘进，赞引生赞"就上香位——"，引承祭官升东阶由殿左门入，诣肇圣王香案前立。司香跪奉香，赞引生唱"跪——"承祭官跪，一叩；赞"上香——"，承祭官上炷香，次、三上瓣香，一叩。兴，以次诣裕圣王、诒圣王、昌圣王、启圣王位前上香，仪同。唱"复位——"，引承祭官退至殿左门立。赞引唱，承祭官诣四配位、两庑从祀位前上香，如仪，复位。赞引"跪——叩——兴——"，承祭官行三跪九叩礼毕，奠帛，行初献礼；执事生各奉篚、执爵进，承祭官受篚，拱举奠于案；司爵跪奉爵，承祭官受爵，拱举奠于正中，一叩，兴，以次奠献毕，司祝至祝案前，三叩；奉祝版跪案左，承祭官诣读祝位跪，司祝读祝毕，诣正中神位前跪安于案，三叩。退，承祭官行三叩礼毕，仍由殿左门出，复位。四配、两庑奠帛献爵各如仪，复位。次亚献，奠爵于左；次终献，奠爵于右。四配、两庑毕献，仪均与初献同。撤馔送神，承祭官行三跪九叩礼，执事生奉祝，次帛、次馔、次香，送燎所，承祭官避立西旁，东面候祝帛过，复位。引诣望燎位望燎，引承祭官退。

祭品

先师位前：帛一、牛一、羊一、豕一、登一、铏二，簠、簋各二，笾、豆各十，尊一、爵三、炉一、镫二；四配：各帛一、羊一、豕一、铏二，簠、簋各二，笾、豆各八，爵三、炉一、镫二，东西各尊一；十二哲：各帛一、铏一，簠、簋各一，笾、豆各四，爵三、东西各羊一、豕一、尊一、炉一、镫二；两庑二共一案，每位爵一，每案簠、簋各一，笾、豆各四，东西各羊三，豕三。统设香案二，每案帛一、尊一、爵三、炉一、镫二；牲载于俎帛，四配异筐，十二哲东西共筐，尊实酒疏，布幂勺具；崇圣祠正位前：各帛一、羊一、豕一、铏二，簠、簋各八，笾、豆各八，爵三、尊一、炉一、镫二；配位：各帛一，簠、簋各一，笾、豆各四，爵三；东西：各羊一、豕一、尊一、炉一、镫二；两庑东二案，西一案，均簠、簋各一，笾、豆各四，每位爵一；东西：各帛一、羊一、豕一、尊一、炉一、镫二；俎筐幂勺具。登实太羹，铏实和羹，簠实稻粱，簋实黍稷，笾实形盐、藁、鱼、枣、栗、榛、菱、芡、鹿脯、白饼、黑饼；豆实韭菹醓醢、菁菹鹿醢、芹菹兔醢、笋菹鱼醢，脾析、豚拍。四配，崇圣祠正位，笾实无白饼、黑饼，豆实无脾析、豚拍。十二哲无太羹。圣庙两庑，崇圣祠配位、两庑无太羹、和羹，笾实无藁、鱼、榛、菱、芡，豆实无韭菹醓醢、笋菹鱼醢。

乐舞会典

先师庙中设中和《韶乐》。直省先师庙中编钟十有六，在东；编磬十有六，在西，皆悬以虡业。东应鼓一、柷一、麾一，西敔一；东西分列：琴六、瑟四、箫六、笛六、篪四、排箫二、埙二、笙六、博拊二、旌二、羽籥三十有六。

祭文

惟先师德隆千圣，道冠百王。揭日月以常行，自生民所未有；属文教昌明之会，正礼和乐节之时。辟雍钟鼓，成恪荐于馨香；泮水胶庠，益致严于笾豆。兹当春秋仲，祗率彝章，肃展微忱，聿将祀典。尚飨。

孔子三代五王祭文

惟王奕叶钟祥，光开圣绪，盛德之后，积久弥昌。凡声教所覃敷，率循源而溯本。宜肃明禋之奠，用申守土之忱。兹届春秋仲，聿修祀事。尚飨。县俗：届期致祭知县，将事佐二，分献生员、执事，皆如礼。唯乱后祭器、乐器，尚未能备。

祭社稷坛礼

《会典》：每岁春秋仲月上戊日祭。《礼部则例》：一凡直省、府、州、县，各择爽垲之地建社稷坛，均北向。岁以春秋仲月上戊日为民祈报，皆正印官将事，以各学教官纠仪，生员充礼生。仪注。

直省祭社稷坛，豫陈祭品：每神位前各帛一、铏二、簠三、簋四、豆四、爵二、篚三；共羊一、豕一、尊一。祭日，鸡初鸣，承祭官以下咸朝服齐集。黎明，赞、引礼生二人引承祭官诣盥洗所盥洗，通赞礼生、赞执事各司其事。赞引者引承祭官至阶前拜位立，引班礼生二人分引陪祭官，文东武西，各就拜位序立，乃迎神。赞引者引承祭官诣香案前，三上香，复位，行三跪九叩礼，陪祭官皆随行礼。奠帛，初献爵，司帛奉篚进跪，奠篚；司爵奉爵进，献爵，奠正中，皆退。司祝礼生至祝案前跪，承祭官暨陪祭各官皆跪，司祝读祝。毕，诣神位前跪安于案，叩如初。退，承祭官暨陪祭各官行三叩礼。亚献爵，奠于左；终献爵，奠于右，均仪如初献爵。乃彻馔送神，承祭官行三跪九叩礼，陪祭各官皆随行礼，司祝奉祝，司帛奉帛，送瘗所。承祭官转立拜位西旁，东面候祝、帛过，复位，引至望瘗位望瘗，赞引告"礼成——"，引退，众皆退。

祭文

惟神品物资生，烝民乃粒。养育之功，司土是赖。惟兹春秋仲，式陈明荐。尚飨。

祭县风云雷雨山川城隍礼

同坛为三位，设木主。中题曰：风云雷雨之神；左题曰：本县山川之神；右题曰：本县城隍之神。《会典》：岁以春秋仲月诹吉致祭，余仪与祭社稷同。

祭先农坛礼

《通礼》：直省、府、州、县，岁以仲春亥日致祭，礼如祭社稷，牲帛、器数、行礼、仪节，与省会同。先二日，主祭、陪祭、执事各官致斋公所，扫除坛壝内外。祭日，鸡初鸣，执事人入，设先农神案于坛正中，南向，陈铏一、簠二、簋二，笾、豆各四；案前设俎，陈羊一、豕一；又前设香案一，陈祝文、香盘、炉、镫；左设一案，东向，陈帛一、尊一、爵三，陈福酒、胙肉于尊爵之次；设洗于阶下之东。质明，引班引陪祭官入，引赞引主祭官入，赞："就位——"，引主祭官至阶下盥手，就拜位立；陪祭官按班，就东西拜位立，均北面迎神，上香，读祝，行三献礼。祝词曰：唯神肇兴稼穑，立我烝民。颂思文之德，克配彼天；念率育之功，陈常时夏。兹当东作，咸服先畴。洪惟九五之尊，岁举三推之典，恭膺守土，敢忘劳民。谨奉彝章，聿修祀事，惟愿五风十雨，嘉祥恒沐神庥。庶几九穗双歧，上瑞频书大有。尚飨。祭毕，率属行耕耤礼。

《礼部则例》：直省耕耤，雍正四年，议准奉天、直隶各省，于该地方择地为耤田，以雍正五年为始，每岁仲春，府尹、督抚及府、州、县、卫、所等官，率所属耆老、农夫行耕耤礼，该督抚将设立耤田亩数，报明户部、礼部存案。五年，议准直省各择东郊官地洁净丰腴者立为耤田；如无官地，动支帑银置买民田，以四亩九分为耤田。每岁耕耤之日祭先农礼。毕，各官咸易蟒袍补服，州、县正印官秉耒，佐贰执青箱播种。如无属员，即选择耆老执青箱播种。耕时，用耆老一人牵牛，农夫二人扶犁，悉照九卿之例九推九返，农夫终亩。耕毕，各率耆老农夫望阙行三跪九叩礼。其农具用赤色牛，用黑色箱，用青色所盛籽种，各从其土之宜。即着守坛农夫灌溉，由地方官不时劝课，将每年所收米谷及用过粢盛数目造册，报布政使司送户部覆实。至各省耕耤日期，每岁十一月颁《时宪书》，后交钦天监择日由部奏请钦定通行。直省督抚转饬所属同日举行，永著为令。

祭县厉礼

《会典》：直省、府、州、县，岁清明节、七月望、十月朔日，祭厉坛于城北郊。前期，守土官饬所司具香烛、公服诣城隍庙，以登厉告本境城隍之神。黎明，礼生奉请城隍神位入坛，引守土官公服诣神位前跪，兴，如仪。退，礼生仍奉城隍神位还庙，各退。

祭文昌庙礼　　仪注

春秋仲月，诹吉致祭前殿：帛一、牛一、羊一、豕一、登一、铏二、簠二、簋二、笾十、豆十、尊一、爵三、炉一、镫二，和声署设乐；后殿祭，追封三代公，三案各帛一、羊一、豕一、刑二、簠、簋各二、笾、豆各八、尊一、爵三、炉一、镫二。祭日，前后殿主祭官咸朝服诣庙，赞引太常、赞礼生各二人，引由殿左门入诣前后殿，各升阶至殿门外就拜位前，北面立，典仪生、赞、执事官各供乃职。赞引生赞"就位——"，主祭官就拜位，乃迎神。赞引生引主祭官自殿左门入诣香案前，上炷香，次、三上瓣香，赞："复位——跪——叩——兴——"，主祭官行三跪九叩礼。后殿，赞引生引后殿主祭官诣三案，上香，行二跪六叩礼，奠帛。初献爵，司帛生奉筐，司爵生奉爵，进至神位前，司帛生跪，奠帛，三叩；司爵生立，献爵，奠正中，皆退。司祝至祝案前跪，三叩，奉祝版跪案左，主祭官跪，司祝读祝。毕，奉祝版诣神位前跪安于案，叩如初。退，主祭官行三叩礼，后殿执事生奠帛，献爵，司祝生读祝，各如仪。亚献，司爵生献爵，奠于左；终献，司爵生献爵，奠于右。后殿以次毕献，均如初。送神，主祭官行三跪九叩礼，后殿主祭官行二跪六叩礼，有司奉祝，次帛、次馔、次香，恭送燎所。立①祭官避立拜位旁东面，候祝、帛过，复位。引主祭官望燎，告"礼成——"，引退。后殿主祭官望燎，引退如仪。

祭文

惟神神功赫奕，圣德昭明；位分天象，职司台衡；朱衣赤舄，耀于七星；赞元开化，启秀育英；普天钦仰，斯文丕兴。今届仲春秋，虔荐豆登。尚飨。

---

① 原版为"立"，应为"主"。

祭关帝庙礼

《会典》：直省、府、州、县，春、秋二仲及仲夏中旬三日均祀关帝，与祭京师关帝庙仪同。仪注。凡祀关帝之礼，岁以春秋仲月诹吉遣官祭关帝于地安门之西，关帝庙前殿、后殿神位均南向。前殿：帛一、牛一、羊一、豕一、登一、铏二、簠二、簋二、笾十、豆十、尊一、爵三、炉一、镫二，和声署设乐。后殿祭，追封三代公，三案各帛一、羊一、豕一、铏二、簠、簋各二，笾、豆各八，尊一、爵三、炉一、镫二。祭日，前后殿主祭官咸朝服诣庙，赞引太常、赞礼生各二人引由庙左门入，分诣前后殿，各升阶至殿门外就拜位前北面立，典仪生、赞执事官，各供乃职。赞引生赞"就位——"，主祭官就拜位，乃迎神。司香生奉香盘进，赞引生引主祭官由殿左门入诣香案前，赞："上香——"，司香生跪奉香，主祭官上炷香，次三上瓣香，赞："复位——"，引主祭官复位，赞："跪——叩——兴——"，主祭官行三跪九叩礼。后殿，赞引生引后殿主祭官诣三案前上香，行二跪六叩礼，奠帛。初献爵，司帛生奉篚，司爵生奉爵，进至神位前，司帛生跪，奠帛，三叩；司爵生立，献爵，奠正中，皆退。司祝至祝案前跪，三叩，奉祝版跪案左，主祭官跪，司祝读祝。毕，奉祝版诣神位前跪安于案，叩如初。退，主祭官行三叩礼。后殿执事生奠帛，献爵，司祝生读祝，各如仪。亚献，司爵生献爵，奠于左。终献，司爵生献爵，奠于右。后殿以次毕，献均如初。送神，主祭官行三跪九叩礼，后殿主祭官行二跪六叩礼，有司奉祝，次帛、次馔、次香，恭送燎所，主祭官避立拜位旁东面，候祝、帛过，复位。引主祭官望燎，告"礼成——"，引退。后殿主祭官望燎，引退，如仪。《通礼》：直省、府、州、县致祭，前殿主祭以地方正官一人，后殿以丞史执事以礼生。

祭文

惟帝浩气凌云，丹心贯日。扶正统而彰信义，威震九州；完大节以笃忠贞，名高三国。神明如在，遍祠宇于寰区；灵应丕昭，荐馨香于历代。屡征异迹，显佑群生。恭值良辰，遵行祀典。筵陈笾豆，几奠牲醪。尚飨。

关帝先代三公祭文

惟公世泽贻麻，灵源积庆。德能昌后，笃生神武之英；善则归亲，宜享尊崇之报。列上公之封爵，锡命优隆；合三世以肇禋，典章明备。恭逢诹吉，祇事荐馨。尚飨。

祭忠孝、节义、名宦、乡贤等祠礼

《会典》及礼部则例：凡直省、府、州、县文庙，左右建忠义孝弟祠，以祀本地忠臣、义士、孝子、悌弟、顺孙；建节孝祠，以祀节孝妇女；名宦祠，以祀仕于其土有功德者；乡贤祠，以祀本地德行著闻之士。地方官岁以春秋致祭。仪注。

每岁春秋释奠礼。毕，教谕一员公服诣祠致祭。是日清晨，庙户启祠门，拂拭神案，执事者陈羊一、豕一、笾四、豆四、炉一、镫二，陈祝文于案左，陈壶一、爵三、帛一、香盘于案右，引、赞二人引主祭官入诣案前北面立，礼生自右奉香盘，主祭官三上香。讫，引赞赞"跪——叩——兴——"，主祭官三叩兴，礼生自右授帛，主祭官受帛拱举仍授，礼生献于案上，礼生酌酒实爵，自右跪授爵，主祭官受爵拱举，仍授礼生献于案上。礼生酌酒实爵，自右跪授爵，主祭官受爵拱举仍授礼生，兴献于正中。读祝者奉祝文跪案左，引赞赞"跪——"，主祭官跪。读祝毕，以祝文复于案。退，主祭官俯伏，兴。执事者酌酒献于左，又酌酒献于右。退，引赞赞"跪——叩——兴——"，主祭官三叩，兴。执事者以祝、帛送燎，引赞引主祭官出，执事者退。

忠义、孝弟祠祭文

惟灵（秉）〔禀〕赋贞纯，躬行笃实。忠诚奋发，贯金石而不渝；义问宣昭，表乡间而共式。祇事懋彝伦之大，性挚蒿莪；克恭念天显之亲，情殷棣萼。模楷咸推，夫懿德纶恩，特阐其幽光。祠宇惟隆，岁时式祀。用陈簠簋，来格几筵。尚飨。

节孝祠祭文

惟灵纯心皎洁，令德柔嘉。矢志完贞，全闺中之亮节；竭诚致敬，彰（壸）〔壸〕内之芳型。茹冰檗而弥坚，清操自励；奉盘匜而非懈，笃孝传徽。

乡饮酒礼

《会典》：岁以孟春望日、孟冬朔日举行。县以知县为主人，择乡里年高有德者一人为宾，次介宾、次三宾、次众宾。教官为司正，赞礼执事。以生员先一日设次于庠之讲堂，设律令案于堂东，司正率诸生习仪，设乐于西阶下，云璈一、方响一、琴二、瑟二、箫四、笛四、笙四、手鼓一、拍板一。正月以太簇为宫，十月以应钟为宫。

至日，主人以下均诣学速，宾介既至，考钟伐鼓，主人出迎于庠门外。宾介东面，主人西面；主人揖，宾介入，众宾从入，三揖至于阶，三让乃升。主人东阶上北面再拜，宾介西阶上北面答；再拜，主人揖，宾介就位，三宾、众宾咸就位。宾席西北，南向；介西南，东向；主人东南，西向；三宾、众宾在宾席之西，东向。坐定，赞者赞，司正扬觯。以下行礼均唱赞。司正由西阶升，《通礼》作东阶，诣堂中北面立，宾、主以下皆立。司正揖，众皆揖，司爵酌酒于觯，授司正扬觯，语曰："恭维朝廷，率由旧章，敦崇礼教，举行乡饮，非为饮食。凡我长幼，各相劝勉，为臣尽忠，为子尽孝，长幼有序，兄友弟恭，内睦家族，外和乡里，无或废坠，以忝所生。"语毕，乃毕饮以觯授。司爵揖，宾、主以下皆揖，司正退，众皆坐。执事者举律令案于堂中，读律令者诣案北面立，宾、主以下皆立，揖如前。主人起献宾席前北面立，司爵酌酒授主人，主人受爵诣宾位，司馔举馔案于宾前，主人奠爵于席，降。宾避席，立于主人之左。再拜，宾答。再拜，退复位。宾起酢主人席前东面立，司爵酌酒授宾，宾受爵诣主人位，馔案从宾奠爵于席。再拜，主人答。再拜，宾复位。主人起献介，介酢主人，均如前仪。司爵酌酒献三宾、众宾、偏宾，主以下酒三行；司馔供羹，司爵以次酌酒，司馔供羹者三。毕，彻馔案，宾、主以下皆起，主人就东阶，宾介就西阶，均再拜。宾介降级出，主人送于门外，如初迎仪。《通礼》律令：凡乡饮酒，序长幼，论贤良，高年有德者居上，其次序齿列坐。有过犯者不得干与，违者罪以违制，失仪则扬觯者以礼责之。《通礼》：宾、主献酬讫，复位皆坐，酒数行工。升，歌《周诗·鹿鸣》之章；卒歌笙奏。

高宗纯皇帝御制《补南陔诗》，辞曰："我逝南陔，言陟其岵。昔我行役，瞻望有父。欲养无由，风木何补？我逝南陔，言陟其屺。今我行役，瞻望有母。母也倚庐，归则宁止。南陔有笋，箨实包之。屡屡孩提，孰噢咻之。慎尔温清，洁尔旨肴。今尔不养，日月其慆。"间歌《周诗·鱼丽》之章，笙奏。

御制《补由庚诗》，辞曰："王庚便便，东西朔南。六符调燮，入风节宣。王庚容容，朔南西东。维敬与勤，百王道同。王庚廓廓，东西南朔。先忧而忧，后乐而乐。王庚恢恢，南朔东西。皇极孰建，惟德之依。"乃合乐，歌《周诗·关雎》之章。卒，歌工告备出。

士庶人冠礼

前三日告于祠堂。凡告酒果盥洗出，主四拜，有告辞。戒宾择贤而有礼者一人。前期宿，宾陈设。衣履三称设房中，东领北上尊设服。北无房，帷房于厅事之东北，冠设西阶下，西南，北上，洗设东阶下，少东南。祝醮字各辞俱设尊，几栉俱设衣桌旁，冠筵设堂东少北，宾筵设堂西，主筵设堂东。为位：主人立东阶下西面，傧立门外西向，将冠者适房中南面，司洗立洗东西面，司冠立冠南东面，司尊立尊东，祝立司尊南，司服立服南。迎宾：宾立门西，赞次其右，少退，傧告至，主人出迎，傧从再拜宾，宾答揖。赞赞报："揖让——"，导宾分庭而行，当曲庭中至阶皆揖让。升堂，各就位。赞："盥洗——"，由西阶升立房中西向，傧由西阶升，设冠席于东序立，赞北将冠者出房，南面。宾揖，将冠者即席始加。将冠者西向跪，赞为栉缠，宾降，主人亦降；宾盥，主人揖；宾升进冠，宾降一等，受冠正容，诣将冠者前。祝立宾左读祝，宾跪，加冠；兴，复位；揖。冠者适房易服出，正容南面。再加、三加：惟受冠降二等、三等，不盥，余如前仪。乃醮：傧者改席于堂中少西南向，宾揖冠者即席。赞："进酒——"，宾取酒诣席前北面，祝宾左读祝，冠者再拜，升席受盏，宾复位答再拜。冠者席前跪祭酒，兴就席；末跪啐酒，兴，降席右授赞盏，南向再拜，宾答再拜，拜赞者亦答拜。字于西阶东。宾降阶，主人亦降，冠者南面，祝宾左读祝，冠者宾南北面再拜，宾不拜。县俗：婚前夕，父酌子，子跪受，名曰"冠巾"。或即古冠之遗，然亦有力者行之。宾出，就次冠者见于祠堂，拜父母及诸尊长。出，见乡先生主人礼，宾卒礼。按诸辞皆见《家礼》，或别用显易之语，寓勉励之意亦可。县俗：见庙拜父母，皆如礼。

谨按《通礼》，冠礼不载，兹从贺复斋先生《三原新志》中所注《朱子家礼仪节》抄存于此。有志复古者，仿而行之，礼之始得天下，其有成人乎？

士庶人昏礼

《通礼》：身及主昏者，无期以上服，皆可行。纳采：诹日具书媒氏，告于女家主人，使子弟一人为介，奉书如女氏。女氏主人出迎宾，揖让入门升堂，宾东面致辞，奉书，主人西面受书，再拜。宾避拜，请退俟命。主人使子弟待宾以书告于寝，如常告仪，具复书出授宾，宾受书。主人礼宾，毕，宾揖辞出，主人送之如初。介还复命，主人拜受书礼，介以家人礼。庶人书昏者生年月日授媒氏如女家，女氏主人受书，告寝如仪。书女生年月日授媒氏，道远具馔，近则否。媒氏复命，主人礼之。县俗：发媒似之盖先通言至是，主人告于寝，具书宴媒，往女家用羊、酒致辞。女主人亦告庙，复书有答，书各具男女名字、生年月日。纳币：诹吉具书，备礼物、章服一称。八品以下官如其品，士视九品。布帛合五两，容饰八事，食品六器。庶人服一称，用帛无章布五两，容饰六事或四事，食品四器。媒氏告于女家，主人遣使奉书物行礼，女家受礼告寝，复书礼宾，宾复主人，均如纳采。庶人授媒氏奉如女家，女氏主人受礼告寝，飨媒氏，媒复命，如纳采。县俗：第一成礼，似之加金币，有用羊、豕者，主人党亦往，同女主人谒其庙而后宴。先期昏者宴亲戚。是日，女氏宴亲戚。昏有日，主人备鹅酒。庶人备鹜。书昏期于柬，使媒氏奉如女家，告女氏主人，报柬授媒氏复。县俗：请期时行纳征日，第二成礼加服物、冠花、钗钏，女主人酬以女针黹。是日，并具柬问客。昏前一日，女家使人以衾具张陈婿室。县俗：主人遣使往女家取衾具，自张陈。至日，婿家筵于室中位，东西面别以案陈合卺器。剖匏为二。设醮爵于堂东。初昏，婿摄公服俟于堂下，婿马一乘二烛前，马妇舆一乘，襜盖前饰采绢二。庶人婿盛服，妇舆襜盖无饰。俟于门外，主人盛服，醮子于堂东，命之迎。县俗：迎在午前。婿出，乘马如女家，雁及妇舆徙。其日，女氏主人告于寝。毕，主人位内堂东，主妇位西，父醮女如婿仪。婿至女家门外，主人出迎，婿执雁从入。主人东阶上西面，婿西阶上北面，奠雁再拜，主人不答拜。姆加女幪盖首出，婿揖之降，主人不降送。姆导女升舆，女家亦以二烛前舆，婿乘马先俟于门，妇至降舆，婿导入室。媵布婿席于东，御布妇席于西，婿妇交拜。讫，姆脱妇幦，婿揖，妇即席，婿东妇西坐，行合卺礼。县俗：是日，宴男女宾，主人告庙，醮子命辞。女主人告庙，醮女戒辞。婿奠雁授绥，导妇入房，交拜、合卺，皆如礼。厥明，妇夙兴，俟见。舅位堂东，姑位堂西，妇以贽见于舅姑，再拜。舅姑受贽，妇具酒馔，行盥馈礼。妇奉馔，舅姑卒食一（醋）〔酳〕；妇再拜，送酒，舅姑卒饮共飨，妇于阼阶及飨。妇送者，男于外、女于内，酬以布帛。三日，妇见祖祢于寝，主人在东，昏者从；主妇在西，妇从。参神再拜，主人升诣香案前上香奠酒，告。毕，退立于东，妇进当中闿再拜，兴，复位。主人复位，及主妇以下皆再拜，兴，礼毕。县俗：妇下车即拜神主，改妆即拜舅姑。其明日，妇执枣栗见舅、腵脩见姑，舅姑礼妇皆如典。三日，妇家备盛馔馌，妇行盥馈礼。庙见之明日，婿以贽见妇之父母。县俗：亦谒其庙。奠贽，再拜，主人答拜。见主妇，婿拜于寝门外，主妇答拜于门内。出，主人醴婿以一献之礼。县俗：昏之翌日，妇即归宁。三日，婿往见妇之父母，执贽再拜，谓之"会面"。妇翁设筵醴婿。毕，揖辞还，妇之父母暨戚党送妇归。主人复宴之。

列圣大丧

《通礼》：诏至直省分驻之道、府、州、县，率所属丞倅、掾吏、绅士、耆老，素服跪迎于治所开读，均易丧服，北面行礼，朝夕哭临三日。丧服二十七日，不薙发、止昏嫁百日，遏音乐期年。军民男去冠饰，女去首饰，素服二十七日，止昏嫁一月，遏音乐百日。

列后丧礼

《通礼》：诰下之日，直省文武官率属素服郊迎，入公庙奉安。毕，易制服，均朝夕哭临三日。二十七日释服，不薙发、遏音乐、止昏嫁各百日。军民男去冠饰，女去首饰，素服七日，遏音乐、止昏嫁二十七日。

士庶人丧礼

《通礼》：士丧礼，初终，袭敛疾革，书遗言。既终，子号哭擗踊，去冠披发，徒跣。诸妇人、女子去笄。期功以下丈夫素冠，妇人去首饰，皆素服立，丧主、主妇护丧。赞、祝诸执事人治棺及凡丧具，护丧者使人讣于有司及戚友。庶人不讣有司。执事者帷寝设浴床于尸床前，袭床在浴床西，东陈沐浴巾栉含具。含用金、银屑三。庶人以银屑三。袭事陈其旁，常服一称，冠及礼服各以其等，带、靴皆备。庶人陈衣、冠、带、舄。侍者迁尸浴床南首，诸子哭踊，妇人出。女丧，则男出。乃去尸衣，覆以殓衾，侍者奉汤及巾栉入，沐浴丧主。及诸子止哭，视执事者结袭衣，纵置于床南。领举尸易床，撤浴床、浴具、理巾栉，及余水于屏处，乃去衾。袭常服、礼服，加面巾，即床前为位，立魂帛，设奠，陈生前所食脯醢、酒果，用吉器。丧主以下为位序哭。丧主及诸子坐于床东，奠北。同姓丈夫以服为序坐，诸子后西面；主妇及诸妇、女子坐于床西；同姓妇女以服为序坐，诸妇后，婢妾又在其后东面，均南上。尊行丈夫坐东北壁下西上，尊行妇女坐西北壁下东上。异姓丈夫坐于帏外之东西上，异姓妇女坐于帏外之西东上。若内丧，则同姓丈夫皆坐帏外之东，异姓丈夫皆坐帏外之西。执事者奉含具前，丧主起，盥亲含尸。讫，哭，复位。越日，小殓。执事者帷堂陈殓床于堂东，加殓衣，复一、襌一、复衾一、紟绞皆备。庶人加殓衣、复衾一，皆以绢。殓毕，迁尸于堂，丧主及诸子麻括发，加首绖、腰绖皆以麻，妇麻髽，余同。三日大殓，执事者以棺入，承以两凳，棺内奠七星板，藉茵褥，施绵衾，垂其裔于四外。届时，奉尸入棺，实生时所落齿发、卷衣以塞空处。丧主以下凭棺哭踊，尽哀乃盖棺加锭，施漆。比葬月，再漆。庶人比葬一漆。撤殓床，迁柩其处，柩东设灵床，施帏帐、枕衾、衣冠、带履之属，设靧盆、帨巾，皆如生时。柩前设灵座，奉魂帛，几筵供器具，以绛帛为铭旌，长五尺，题曰"某官封"。未仕则否"显考某府君之柩"。八品、七品、九品及有顶（带）〔戴〕者五尺，庶人无。妇则书"显妣某氏"。依灵座之右设殓奠，内外序哭，如仪。及夜，奉魂帛复床，诸子次于中门之外寝苫枕块，不脱绖带；诸妇、女子次中门之内，帷幔枕衾皆布素，哀至则哭，昼夜无时。县俗：临危，侍者濡巾拭面即袭，死后掘坑，抗衾多废。遇夏，卒日即殓，绞衾括发凭尸哭擗，皆如礼。成服，朝夕奠。是日，成服轻重以亲疏为等厥明，丧主以下夙兴，侍者设靧水、栉具于灵床侧，五服之人各服其服就位。侍者收靧栉具，奉魂帛出就灵座，设奠、焚香、斟酒，丧主以下哭叩尽哀。及夕，如朝奠，侍者诣灵床，舒枕衾，奉魂帛于床上，众哭，尽哀乃止。夕奠皆同。朔望，则具殷馔于朝奠，行之亲宾吊奠如礼。官员、亲宾闻讣，吊于丧家，未殓，至者入门易素服，以赠赗、仪物授司书。入，临尸哭，尽哀遂吊丧主持哭，丧主以下哭稽颡无词。成服以后，至者各以其服吊，具酒果、香烛，厚则加赀，则皆书于状。先使从者持状通名司书籍记，以礼物入陈灵前，丧主以主就位哭，宾入诣灵前举哀。哀止，跪，焚香酹酒再拜。丧主出帷，稽颡哭谢，宾答拜，慰唁出。丧主哭，入。司宾延客待茶。宾退，送于门外。县俗：寒素之家，多于第四日成服。五服之人，均诣灵前哭叩尽哀，丧主、主妇朝夕哭奠，均如礼。乡族均于是日来吊，妇人亦来吊，主、妇皆举哀。至首期或葬期，备香楮、酒果，若蒸食之属。扶丧、奔丧，士卒于其职，八品、九品，品以下同。或在职遭丧者，扶榇还家，闻丧、奔丧，皆如品官之礼。初丧、成服，朝夕奠，皆如前仪。扶榇还家，备行轝仪，从各视其品，告启期于戚友。前一日，行启奠礼，丧主以下哭，祝诣灵前跪，告曰："今择某日奉灵柩适故乡，敬告。"丧主以下稽颡哭，尽哀止。厥明，迁奠，告迁于柩前，礼亦如之。彻祝，纳魂帛于椟，役人举轝入，迁柩就轝，主人以下辍哭。祝载出大门，加帏盖发，引仪从在前，铭旌、魂帛从，丧主以下哭杖随柩。及郊，亲戚、僚友、祖者向柩，设祖奠，役人停轝；宾向柩，再拜，主人稽颡哭谢。宾退，敛仪从遂行。主人乘素车，途次止宿，奉魂帛、铭旌于灵柩前。凡柩暂停同，水行则设奠，陆行则上食。及朝启行，亦如之。至家前一日，遣仆戒家人豫于十里外，张幕具奠以待。至日，五服之人各服其服以迎柩。至，暂驻幕内，设奠，祝焚香、酹酒告曰："灵辀远归将至家，亲属来迎，敢告。"众序哭，再拜，柩行，咸徒步哭从。至家，安灵床于殡所，男女各就位哭，设奠，祝告曰："灵辀远归至家，敢告。"众哭拜如初。受吊，朝夕奠，如常仪。官员在外闻丧三年者，讣至，哭，对使者问故，又哭，尽哀。易服，讣于有司，遂奔丧，戴星而行，见星而止。途中哀至则哭，哭避市邑。将至家，望其境、其城、其乡，皆哭。至家，哭入门，升自西阶，凭棺西面哭踊，妇人东面哭踊。无算少顷，尊卑相向哭，细问病终之故；复哭，乃披发徒跣，妇人否。翌日，成服括发，妇人髽，皆加麻绖。丧期以闻讣之日始，余如在家之仪；期以下闻讣者，易服为位而哭。若奔丧，则至家成服。若官员在职，非本生父母，父母丧，虽期犹从政，不奔丧；闻讣易素服为位而哭，各持其服于私家，入公门治事仍常服。期服者一年不与祭祀之事。服满日，于私家为位哭，除之。启殡至丧，三月而葬。庶人逾月。县俗：贫窭之家多于首七、夏月，有于成服日者。富者或于百日、期年。营葬地坟茔，周三十步封，高六尺。庶人周十八步，封四尺。墓门石碣，员①首方趺，勒曰："某官某之墓"，无官则书"庶士某之墓"；妇则称"某封氏"，无封称"某氏"。刻圹志。用石二、一书，如碑、碣一，详记姓、讳、字，州、邑、里、居，服官、迁次及其生卒年月日时，葬处，坐向，所遗子女。石字内向，以铁合而束之。庶人无碣，有志。作神主，以栗及楗制柩，橧下为方床，上编竹格为盖，四出檐垂流苏绢、荒绢，帷无翣，引布二、灵车一、明器炉、烛、楘皆具。庶人备灵车、柩橧各一，别制布衾衣，柩不施帷盖。择日开兆，丧主率诸子适兆所，以亲宾一人告土神。告者吉服，上香、酹酒、读祝，行礼如仪。遂开圹，使子弟一人留视之。葬有期，豫以启期告于戚友。发引前一日，五服之人各服其服就位。朝奠，告迁柩于殡前，丧主以下再拜，哭尽哀。役夫入，迁柩，祝奉魂帛前仍设座于柩前，奉魂帛辞于祖祢，复于灵座。及夕，祖奠如朝奠仪，丧主以下再拜，哭尽哀；亲宾致奠行礼，如成服致奠仪。县俗：葬之前，五服之人各以其服祖奠柩前，有力者延生员行礼致祭，亲宾致奠，皆如仪。质明，五服之人毕会，执事者陈明器于大门外，纳灵车于门内之右，举橧入，设于厅事正中。丧主辍哭，视载牢实，设遣奠如祖奠仪。役人举橧，祝奉魂帛就灵车，奉木版楗设魂帛后，柩出大门，施帷盖，属、引遂发橧从。外亲分执引布在前，丧主以下绖杖衰服，男在柩旁步从，女在柩后舆从，哭不绝声。及墓，执事者豫张灵帷于墓右，置几筵，设题主案于右，设荐柩席于圹前，铺陈圹中之事；设妇女行帷于羡道之右，灵车至帷外止，祝奉魂帛于几上，奉主楗置魂帛侧。柩车至，脱载下于藉席，祝取铭旌纵加柩上，丧主及诸子凭棺

---

① 员：通"圆"。

哭，妇人哭羡道西。届时，男女以次哭叩辞诀亲宾送者，再拜辞归。丧主及诸子哭谢，遂窆。丧主辍哭，视执事者整铭旌、藏志石、明器。复土，丧主以下哭尽哀，执事者陈馔墓左，祭土神如开兆仪。丧主以下退，就灵帷之左序立，祝复魂帛于厢，启椟出木版卧置案上，宗亲善书者一人题主。县俗：祀土题主，均请有官者。祝奉木主于几上，焚香、奠酒、读告辞：形归窀穸，神返堂室。神主既成，伏惟精灵。舍旧从新，是凭是依。丧主以下哭尽哀，祝焚告辞，奉魂帛埋于墓侧。奉主纳椟置灵车而返，在途不驱，丧主以下哭，从如来仪。反哭至祔灵车至家祀，奉木主设几上，乃修虞事。执事者具馔品数，各以其等，主人以下就位哭，主妇荐羹饭，主人献爵、读祝、行礼，如时荐仪。毕，主人奉主纳椟彻，哭止，众退。百日卒哭，仪同虞祭。厥明，执事者具馔于寝室，如常荐礼。设亡者案于祖考神案东南，启室陈神主，主人率众先哭于几筵前，奉亡者之主入寝，诸子以下哭从。及寝门，止哭，陈主于东南案上，众序立，焚香、进馔、读告辞：惟某年月日，孝曾孙某，谨以洁牲、粢盛、醴斋适于显曾祖考府君，跻祔孙某官府君某，尚飨。次读祝于亡者位前，曰："孝子某，谨以洁牲、庶馐、粢盛，哀荐祔事于显考府君，适于显曾祖某官府君，尚飨。"行礼如常荐仪。祝焚告文，奉神主复室。彻，主人奉亡者之主复寝，哭随至几筵前，纳椟，讫，众退。祥禫：期而小祥。于忌日行事，丧主以下及期亲就内、外位哭尽哀，焚香、进馔酒、读祝，行礼仪与卒哭同。再期而大祥。先忌一日，设案于寝堂东西各一，主人率诸子诣寝堂，启室以递迁、改题之事告于祖，陈设、读祝、行礼，如时荐仪。乃以纸裹应祧神主陈于西案，奉曾祖以下神主卧置东案，使子弟善书者一人改题，讫，复于室，递迁其位虚室中下级以俟，阖门出。质明，主人以下就几筵前序哭，行礼如初期仪。奉亡者之主跻于寝室，再拜，阖门，彻灵座。县俗：改题、递迁多废，升祔在三年。罢朝夕奠，彻几筵，断杖弃之屏处。县俗：断杖以葬日植于封上。奉祧主于墓，祭而埋于侧二十七月。既，周设几筵于厅事正中，主人以下如寝堂、启室，奉新祔神主陈于厅事几上，祗荐禫事。主人及诸子位东壁下举哀，妇女哀于房中，焚香、荐馔、读祝。祝词：禫制有期，追远无及。谨以庶馐，祗荐禫事。如仪。毕，奉主复于寝室，诸子素服。终月，始复常服。

忌日奠

岁逢忌日前期斋，厥明，主人及子弟素服如寝堂、启室出专荐之主于案，焚香、荐酒馔、读祝，行礼如时节荐新之仪。拜扫。岁寒食节或霜降节日，主人夙兴，率子弟素服具酒馔诣墓拜扫。既至，芟除荆草，设馔于墓前，主人以下序立，焚香，再拜。别陈馔于墓左祀土神，行礼如仪。庶人丧礼，初、终、袭敛、成服，朝夕奠。在外闻讣，奔丧反哭，虞祔大祥禫祭。忌日奠，拜扫，均同庶士仪。

昔孔子言："礼之本曰丧，与其易也。"宁戚又曰："葬之以礼。"孟子曰："不得、不可以为悦。"合观之，可以知孝矣。县俗朴厚，仪节疏略，葬速葬缓，从宜从俗，均不大戾于礼。唯葬日用乐三周，演剧、盛馔、燕①戚友，则为害义悖礼之甚。习俗移人，贤者不免有不如是，即以为俭。其亲者不知，附身附棺，必诚必信，勿之有悔。此送死之大节外，此皆为观美。况服内遏音乐，国有定制，闻乐不乐，食旨不甘，圣有明训。而顾辍哭听乐，拔来报往，羹醢絮嘂，亲宾喧聒，哀戚之心庸有几乎？安得特立独行之夫从而转移之也。

士庶人祭礼

《通礼》：庶士家祭之礼，于寝堂之北为龛，以版别为四室，奉高曾祖祢，皆以妣配。昭左穆右，妣以适配。南向前设香案，总一服亲，男女成人无后者，按辈行书纸位，祔食，男东女西相向事。至，则陈，已事，焚之不立版。岁以春、夏、秋、冬节日出主而荐粢盛二盘，肉食、果蔬之属四器。庶人荐果蔬新物，每案不过四器。羹二、饭二。前期，主人及与祭者咸致斋荐之。前夕，主妇盛服治馔于房中。其日夙兴，主人吉服率子弟设香案于南，燃烛，置祭文于堂北，设供案二，昭东穆西，均以妣配位，均南向；设祔案于两序下各一，男东女西，东西向。主人以下盥，奉木主设于案，设祔位于两序案。讫，主人东阶下立，众各以行辈东西序立，主人诣香案而上香。毕，率在位者一跪三叩，兴；主妇率诸妇出房中，荐匕

---

① 燕：今同"宴"。

箸、醢酱，跪叩如仪退。县俗：妇人不与祭。子弟奉壶，主人诣神案，以次酌酒荐熟。讫，皆就案前跪叩，兴，子弟荐衬。毕，主人跪，在位者皆跪，祝进至香案之右读祭文：气序流易，时维四仲，追感岁时，不胜永慕。谨以庶品、粢盛、醴斋致荐，岁事以某亲某氏等祔食。尚飨。讫，兴，退，主人以下叩；兴，再献，主妇荐羹饭；三献，主妇荐饵饼、时蔬，主人酌酒跪叩，均如初仪。毕，主人率族姓一跪三叩，兴，祝取祭文及祔食纸位焚于庭。众出，主人纳木主彻退，日中而馂。春一举布席于堂东西北，上陈倚琖、匙、箸，如其人数，传祭食于宴，器热酒馔。族姓至，主人肃入序位，以行辈、年齿为等旅揖。即席进酒馔，酬酢如礼。每进食，子弟间行酒三巡，长幼献酬交错，饮无算爵。汤饭毕，长者离席告退，主人送于门外，诸子弟皆随以出。彻，仆人馂余食皆尽。月朔望日，主人及家众夙兴启寝室、燃烛诣香案前，依行辈序立，主人上香、献茶，复位，率众一跪三叩；兴，彻茶，阖室众退。若家有吉事，主人盥洗启室、燃烛、焚香，以其事告，行礼如朔望仪。庶人设龛，奉四世神位，主人率众行礼，主妇治馔荐羹。日中，众馂。朔望供茶，行礼，告事，均与庶士仪同。县俗：士庶寝荐，在除夕、寒食、十月朔日、长至日，礼极简略。

士相见礼

《会典》：宾造主人门，主人出迎于大门外，揖宾；宾入及门及阶，皆揖如初。宾西，主人东升。宾再拜，主人答再拜。兴，主人趋正宾坐，宾辞，固请卒正坐；左还宾正，主人坐亦如之。执事者进茶，宾受茶，揖。辞退揖，主人送宾及阶、及门；宾揖辞，主人皆答揖，遂送宾于大门外，揖，如初迎仪。

受业弟子见师长礼

《通礼》：初见师未出，先入设席正位俟于堂下。师出召见，乃奉贽入，奠贽于席北面，再拜。师起答揖，兴。谨问起居，命之坐，乃侍坐，有问则起而对辞。出，三揖，师不送。常见侍坐，请业则起、请益则起；师有教，立听，命坐，乃坐。师问，更端仍起而对。朝入一揖，暮出一揖。与同学弟子，均以齿序。

卑幼见尊长礼

《通礼》：卑幼见有服尊亲之礼，及门通名，俟外；次尊长召入见，升阶北面再拜，尊长西面答揖。命坐，视尊长坐次侍坐于侧。茶至，揖，叙语毕，禀辞三揖，凡揖尊长皆答。出，尊长不送。若尊长来见，卑幼迎送于大门外，行礼坐次如前仪。

县俗

见《吕志》。地本神皋旧区，又久沐浴厚泽，愈敦古处士习，悃愊无华，带经而锄，廉隅砥砺，不入公门。间有健讼者，群不齿之，农习动务本业，早作晏息，课税早完，产畔不争，工器不苦窳，商业无茶盐。女重节孝，知廉耻，虽终窭具贫，织耕兼操，不裙不出。里门丧，具称家，祭祀以时。昏姻[①]论门第，不言货财，宴客陶器，簋不逾四。男不出赘，女不鬻媵，独者不畜义儿，妇女不游观赛会，不持斋焚香。少年子弟无声色狗马之好，无摴蒲曲蘖之嗜。路遇尊长若友朋，必下马拱候，盖寖寖乎文武之遗风焉。遭乱以来，渐以浇漓，务本者多逐末，崇俭者乃趋靡，习勤者每偷惰，谨饬者或放荡夸诞，而罔知忌惮。以今所见闻，视廿年前实有大异不同者，虽风气与时转移，而不能无江河之惧。既敝而欲还其初，非数十年生聚教训，未易言也。他如城乡有华朴之分，南北有文质之异，而岁时伏腊交际，往来仪节，均无大悬殊。至旧志所志，如除夕祀先，正旦合族拜神主，元宵送灯墓田，寒食先祭新坟，七夕乞巧，重九献糕、送糕；十月一日荐馄饨、送纸寒衣，冬至黄昏焚纸钱，腊八日煮粥献先，二十三日夜祀送灶神。诸月令土风，迄今皆相沿不改。

高陵县续志卷之三终

---

① 昏姻：即婚姻。

高陵县续志卷之四

知县程维雍重修　　邑人白遇道编纂

官师传

"官师"之名，始见《夏书》，以治以教，百世无改。周以后两汉最近古，而《班书》《范史》、循吏、酷吏并列传，法戒深矣。召伯去而甘棠勿拜，子产死而谁嗣兴歌？民情大可见，唯人自为之耳。果有遗爱在民，则百世下犹尸祝焉。流风善政，讵镌一时口碑耶？其或在位无赫赫名，去后人亦不思，君子耻之矣。若夫无治教责，而克慎"乃司，祗率厥常，则不可得而没者，亦恶得以不志也"。述官师传第六。

高陵历代职官，详于旧志。我朝因明之臧损其繁冗，设知县一员、典史一员、儒学教谕一员、训导一员，阴阳、医学、训术、训科各一员。顺治十五年，奉裁教谕一员。康熙二十一年，复设。明人伦，振士习，于是乎赖，诚重之也，即其职可知矣。自秦汉以来，官师来者綦多，载在旧志者不复及。今本《吕昀续志》断自明嘉靖十九年，《樊景颜志》断至本朝雍正十年，以后按年续入，据事实书其政绩，不可得而详者，亦备纪其姓氏以备考。

明

徐效贤　字宗义，四川江津人。由举人嘉靖十九年以蒲城教谕升知县事。正直无私，冰檗自持，果于任事，吏民不敢欺。公出，自带钱米，不扰里甲一菜。每出入乘马，前导不过数人而已。未久，以忧去。

耿臣 字大卿，山东胶州人。嘉靖二十年任典史，端正守职，廉洁持己，一毫不苟取于人。是时，县令江津徐君将欲大有为也，君奉之唯谨。未几，以忧去。后升任山西某州吏目。至今邑人称之曰"居官有廉耻，无如耿君也"。

高公武 四川内江人。由举人嘉靖二十二年任知县事。清介忠实，慈祥人也。致仕回籍。

于学 字道南，直隶元城人。以拔贡嘉靖二十六年任知县事。风裁凛然，剖决如流，民畏服之，但心颇刻耳。卒于官。

李翰 字宪夫，山西汾州人。由举人嘉靖三十一年知县事。存心平易，事体练达。乙卯，关中地震，墙屋倾坏，压死人民甚多，盗蜂起，翰立法甚严，间惩其渠魁一二，盗顿息，民赖以安。设法茸公署、仓库，民不扰而诸工就绪。未几，升庆阳府同知去。

鄢桂枝 字汝一，四川大足人。由举人嘉靖二十年任教谕。平易端谨，后官至知州。

杨文泰 字时亨，河南嵩县人。由监生以山西解州训导升任教谕。

张恪 字尚恭，山西蒲州人。由监生任训导。

吕宪 字廷章，河南温县人。由监生任训导。

郑辂 山西汾州人。由岁贡任教谕。正大质实，以重听致仕。

时措之 字仲宜，湖广钧州人。以岁贡任教谕。心地平易，取予不苟。

赵希仲 字子懿，山东濮州人。由举人嘉靖四十一年任知县事。事体严明，衙门清肃，吏不敢欺，民不敢犯。盖有才而有为者也。惜其后操守不终，左迁秦府判官。

傅起岩 字道济，山东肥城人。由举人以内邱知县调知县事。孝友天赋，慈爱性成。念母在家，每欲归养，上司弗之许也。使客过县，除本分供给外不过奉承，里甲称便焉。但宽厚太过，不能锄强抑暴，致良善之气未得少伸。然安静无扰，人多归之。有去思碑。

王世康 直隶清苑县人。由举人任教谕。寻升扶风知县。以严明称。

陈柱 直隶保安州人。由监生隆庆二年任知县事。谦谨慈祥人也。丁内艰去。

王湘 四川富顺人。由进士万历元年任知县事。令行禁止，人不敢干以私，盖有守有为者也。但性喜营造，过于刻期。为人所诬，致使大才不获尽用，知者抱不平焉。

吴大伦 河南武陟县人。由岁贡隆庆某年任教谕。简默端正，卓有义气，不言人过，束脩一无计较。贫士之礼，却而不受，尝斋诏河西斗级萧某受人一马鞍，君访知即笞而逐之。后升颍州学正。

向玳 字廷玉，四川大宁人。以岁贡任教谕，端谨守礼。

蒲国柱 四川岳池县人。由岁贡隆庆间任训导。心地光明，又善诗文，升庆王府教授。已上《吕昀志》。

刘宪 字伯正，山东益都人。由举人万历二年任知县事。念县冲疲，申请当道挈回本县，协济咸阳渭水驿马驴牛站四十头匹。民力少苏，乡民桑泽民等百十余人竖审编"驿传碑"，记其德。邑人刘自化撰记。

记曰：高陵，古周秦地。唐会昌中，析清平乡于三原而县始小。元时犹有神皋驿，迨我明兴，改大路于临潼，遂析东南数里以益之而县愈小矣。编氓一十五里，地方褊狭，差赋繁重，民比他县独贫。当时以路僻，乃将粮石坐金渭水驿马驴牛站九十余匹。比时官使不由本县经过，民不甚苦也。嘉靖年来，过客避会城参谒挂号之烦，东自渭南、临潼，西自咸阳、泾阳及三边往来者，俱径抵高陵。夫诸县皆巨邑而且有驿递，泾阳虽无驿递，而土广民殷。高陵介于其间，迎送奔驰之劳，夫马下程中火铺陈之费，视大邑不减其粮，差头役又供它邑，此所以民日滋贫而力不能支也。累经具奏行议设立驿递，上司因题请增补之难，本县当事者又多因循推延，近年乡民张相等又具奏下，事竟未果。万历甲戌秋，前川父母刘侯下车之初，心存民瘼，志在节财，诸政俱举，百度维新，乃轸念里甲之苦，恳请大府崔公、张公，贰府史公，协心转呈。贰府沈公、通府石公、节推吴公，皆赞襄其事；于是少参郭公、宪副郝公、大参王公，咸嘉所举；左辖刘公、右辖袁公、宪使刘公、宪副张公、宪佥谢公，相与经画议呈抚院部公，按院任公，皆允所请，准将本县原金咸阳渭水驿马五匹、驴十头、牛三十七只挈回本县征银共一千五百四十七两，募马四十匹，每匹准银三十二两，共一千二百八十两；又募夫三十名，每名给银七两三钱，共银二百一十六两；其余牛四十只，尚留渭水驿走递，即今每年省银数千两。高陵之民，至是少苏矣。易日通其变，使民不倦。夏后殷周三代之圣王也，而其为治不过损益而已。损益者，通变之谓也。然则诸公可谓尽通变宜民之道，而刘侯之兴利除弊，变因循就，功效何其果欤。于戏，高陵小邑也，得贤令为难，幸而得贤令焉，而兴事尤难，幸而事兴焉，而得后人不废坏之尤难也。今县民既幸而得其所难，得而又幸得兴其所尤难，皆欣跃无憾也。唯其欲后人不废坏之，未敢必也，故乡民、桑泽民等属予记之，将以纪其成，抑亦深有所望也。侯名宪，青之益都人。起家乡进士，"前川"其号云。学谕吉州刘如阜，司训金县赵国赞，县幕成廷核，亦与谋画，乐观厥成焉。嗣因夫马价不敷，工食无应募者，本县量令里甲每马帮银十余两，募马与里甲马骡相兼走递。万历四年，例该五甲见年召募，概县里长李登吉等告称，见年召募帮价又编马骡似难并力，宪即请于当道，准将四十匹马内量减八匹，止留三十二匹，即以所减之数帮三十二匹，每马八两，并前银共四十两。人愿召募，诚可久矣。此又侯通变宜民之道也。

王曰可 字与之，山西怀仁人。由恩贡万历七年任知县事。创修城隍庙寝廊，历任五载。升河南府通判。

沈琦 字仲玉，江南吴江人。万历间以进士任知县事。有惠政，寻调三原。升礼部主事，祀三原名宦。

彭应参 号鲁轩，河南光山人。由进士万历十五年任知县事。下车检往牒，有额站未全掣回。县苦偏累，力请于上台规复之，自为审编《驿传后记》。

记曰：万历十五年，岁在戊子，余奉命承吏高陵，以四月廿日抵任视事。关中连岁大祲，是年尤甚。邑当孔道东西，轮蹄上下若鱼鳞。余检往牒，县有额站四千二百四十六两零，先掣一千九百八十三两，召募马四十匹工食各四十二两，夫二十名各十两二钱，余站仍解驿递。高陵冲倍驿递，顾工食视驿递才十分之四，召募称苦矣。遂于里甲见年加马二十匹，直视召募者等骡二十头，各三十五两；夫一百一十四名，亦与召募同。两者兼役，遇贵客则鼓吹旗帜答应等项。里长另立乡头名色，排年支日，临时雇觅脚力，而衙门吏胥，遂得因缘为奸利动，称请假票取折干，负锄之民弃田园，妻子守候城郭中，屏息听差里书额，日需酒肉有司随时责买办。二百年来，相习为规，牢不可破。余疾首而痛曰：邑小若弹丸，民贫若悬罄矣。尚可拘挛为乎？因力请于抚台王公，按台姚公，欲尽掣征解站二千二百六十两，以若干补召募，以若干减里甲，罢乡头脚力诸不经费。两台是其议，下所司亟行，详具申文中，时有以驿站赢缩关通省，不欲辄更事。几寝，会蒲州郭公来守西安，余以本末执牒历数于前，郭公怃然曰：环西安，孰非吾赤子乎？富而僻者逸如彼，贫而冲者劳如世。絜矩之谓何，乃议留站价一千四两，原召募马增十金，加募骡十头，头四十金；夫三十名，亦如前夫值减；见年骡十头减，夫亦如新加之数。上其事于内乡许公、襄城姚公，转详两台俱报，可檄下县，十七年如议行之。夫里甲之夫无议也。马二十四、骡十头计，需费共一千二百两，论差遣马骡无繁简，乃工价即有低昂，殊于人情不惬。余视原值改编马三十四，马各四十两，会马夫赵合祖、里长吴涵等，各投牒援左右，州县驿递例分力供事。余曰：听尔便也。遂关查各州县与各驿递事，规以召募马骡充驿递，专供往来员役吏书包坐，答应门厨驿传太仆循环原差马上公文。而见年之马供贵人旗帜鼓吹，县令往来出入巡捕，文学占役、吏胥公差、公文间长差，又两者通融；罢里甲乡头脚力，诸名色户人城中无所事，事尽遣归农，不令日夕守。侯官司无买办，里书无供给，而吏书安所缘为奸利，议既定，行之。已半载，不苦偏累，皆曰：此可以示民守矣。乙丑六月，余奉钦召将赴都门，邑人恐其事久而浸没也，命余纪其本末。余曰：用法存乎其人。矧余力薄不能尽所请，副百姓望，且此仅救时之一班耳。他缺漏固昭昭也，若之何以纪为？所恃圣明御宇英贤、汇征王国继事者充，余力之不逮，尽还其故物，勒缩于召募里甲之间，俾夫马无凋瘵，而间阎永息肩。鉴余缺漏，次第举行之，邑人其有大造乎。用是勒之贞石，以示来者。万历十七年七月朔日，彭应参记。莅任二年，剔积弊，举善政，德洽人心，寻以卓异召入都，民立去思碑。邑人吕昀撰记。

记曰：高陵邑小而路冲，事烦而费冗，民不堪命，数十年矣。自万历丁亥，邑侯鲁轩彭公莅政高陵，甫二载，政治卓异，遂蒙钦召焉。攀辕卧辙，不能留也，既去任矣，邑之士民相与议曰：侯之在县也，有德于吾民也甚厚。盍树之碑以颂侯德，以系我《甘棠》之思乎。盖侯以仁爱之心，敷为节爱之政者，班班可纪，虽更仆未易数也。如律己廉洁，剖断公明，革积年之皂快而门禁清，察奸弊之吏书而法纪肃，薄书亲自裁决，听讼务从公平。岁饥请赈而全活者甚众，路冲掣站而困疲者始苏，惩恶少而逋宿寇，一邑安堵；禁习顽而缉群小，四境乐业。处事平易可亲，至莅事则严。舞文者不得置其喙，接事虚怀可近；恒心坚如石，嘱托者不得干以私。去老人之虚设，革里长之供饭。禁渠斗盗卖之水利，除里书常例之酒钱。清查河滩匿粮之田地，定审户则累年之弊黜。睹学堂之颓陋而焕然一新，念先贤之寂寥而重建二祠。诸士快睹四野颂兴，至如命医施药而恩济生民。置漏泽园而惠及枯骨，与凡布之章程、载之令甲者，皆不足以尽侯之善政也。指日为台谏、为宰辅，又以凤抱德义佐明主，则天下皆受其福泽矣。将来勒之贞珉，列之鼎彝，千载之芳名不朽也。岂但高陵之民思之乎。公名应参，河南光山人。万历庚辰进士。先任肥乡，政绩宣赫，累利荐章。今任高陵，政声益著，不能尽述焉。鲁轩，其别号云，万历十七年岁次己丑孟秋之吉。

李恂 山西霍州人。先任宝鸡县教谕，聘典云南文衡，后补中府教授，旋升凤翔府教授，后为河南主考，升任高陵县知县。学术有本，志行不群，为邃庵杨公所推重。为县有声，上台有"操守有为，清慎孝友"之奖。

张凤习 河南杞县人。万历间以进士知县事。时诏遣中使绝地脉算缗钱，参随者络绎于途，人不息肩，马无完脊。曲沃李侯以救弊调富平，弗竟。公适来问疾苦、核往事，与新史王谋曰：娑子杌腹重负戴而且责以施舍乎，其畴堪之且坐视倒悬而弗解，谓民牧何？乃白诸当路百计，转移留协济他县金还，而分济本邑马四十四，增银三百二十两，骡十头，增银四十两。劳者渐息，仆者渐起，民德之升治中。

李承颜 不知何许人。万历间任知县。二十八年，与泾阳知县王之钥、三原知县张应征同谋复铁洞，伐石增堤，疏渠五里许。《泾渠职官纪事表》

补

霍锵 字觐仪，山西马邑人。万历间任教谕，有去思碑。

韩思爱 相州人。由举人万历四十一年知县事。不畏权要,丰采懔然,建城隍庙木坊。

宋名儒 河南延津人。万历间任知县事,复增站价事。张侯善规于前,公善随于后,是以有成功。三十五年,邑人竖碑纪其事,秒良翰撰记。

记曰:高陵弹丸邑耳,壤独小而户口少。然旧称僻,不置驿递,故国初犹藉力协济他郡县云。洎后乘轺车者避入,省调王取道泾、渭阳,缘是毂相袭也,蹄相接也。兹土反以僻成冲,而夫马疲于奔命,烦费荐滋,里甲萧条,日复一日。所赖彭侯掣协济河西站价马,召募规谢,侯画条鞭与民更始,民困稍稍苏焉。浸淫及今,十数年来,天子遣中使绝地脉算缗钱,参随者旁午络绎于途,人不息肩,马无完脊,则有破家折产以供负债,而离桑梓去者,盖靡不歌芑楚矣。曲沃李侯救弊,调富平弗竟。张侯适来,莅兹问疾苦核往事。与新史王侯谋曰:窭子桎服重负戴而且责以施舍乎?其畴堪之且坐视倒悬而弗解,谓民牧何?乃白诸当路百计转移,留协济金还,而分济本邑马一百六十蹄,增银三百二十两;骡四十蹄,增银四十两。劳者渐息,仆者渐起。迨今宋侯以仁明武调停核稽,酌轻重远近而定差役,豪强不得以力挪移,总智不得以计宛转,而劳逸益调于适矣。福星所指,一路帖然,况值税使已罢之际,不益有大幸哉。向非张侯善规于前,宋公善随于后,王侯始终赞襄,蕞尔小邑,安能少缓须臾,蒙今休乎。假令后来者体苦心踵若规,计尽还其协济者,兹邑当永永无困惫虞矣。凡功在于民与事,可传于后者,法皆得书。邑人思三侯之德,而图垂不朽于余,余故撮其始末纪之,以当稗史,俟观风者采焉。张侯,讳凤习,河南杞县人。升治中。宋侯,讳名儒,河南延津人,即今令。王侯以典史升永新主簿,蜀中东乡人也,讳宾。万历三十五年岁次丁未孟冬吉日。三十七年改建名宦乡贤祠于文庙南,分东西向。后调宜君县,严驭吏而民乐其宽。

王宾 四川东乡人。万历间任典史、县增站价事,前后两邑侯张规宋随,宾始终赞襄其间,克底于成,民深德之。后升永新主簿,有去思碑。

赵天赐 字受之,山西孝义人。泰昌元年以举人知县事。多惠政,有文采,修渠之功尤著。

聂溶 字若狄,河南洛阳人。以举人天启二年由郃阳县调知县事。先是万历丙申岁，西安开局织造，下属邑征丝而县实无业贩丝者，劾输与他邑等。后罢局，民仍服此役，诸凡币属取之丝户，侯廉知其事，革去行户且削案牍。民感其德，立遗爱碑。

葛爔 瀛海人。天启六年知县事。县不产褐，不知谁为厉阶立有褐行，官司每年取偿，胥役借以需索，苦累不堪。侯莅任，哀民困，请于上台革之，自为《禁革碑记》。

记曰：昔王者制贡，不取有于无，不责多于寡，量地因财，一顺乎土之所出，情之所便，而后问之民，民无不乐输焉。制定而法行天下，所以有安堵无怨读也。执是以理，何论天下，何论一邑，而不可为民造命者乎。予所治高陵，本弹丸地，列诸大邑之中，供亿之烦扰相与颉颃，且迩来兵饷烦兴，加派无已，民不堪命久矣。乃行役之累又迭出踵至，长此者独不能兴一利除一害，与民休息，亦甚非朝廷爱养元元之意也。予莅是邑，日问疾苦于父老及诸乡绅辈，各有陈说，独所谓褐行者，则漫无影响悬空病民者也。夫褐之产在临巩，去高陵千余里，陵之人不理一毛，不设一机，而父无征贩贸易之店，乃取褐者动曰：姑绒供应无从，系累倍至，且官司之取偿有限，而胥吏之需索无穷，为害多年，控吁无自。盖因当时织造开局，加派陵人，而诸台使遂以陵之取为临巩□□耳。予闻之每创于心，无几而讼至矣。予更集若人问厥苦，又集诸士大夫相与扼腕以计，而讼者且从抚院哓哓以来。予深幸势极必返，剥复自相循环，而为民请命，其在予乎。遂详其事以上闻，辄得抚院永为革除之禁；更详其事，以通之盐、按、茶三台，无不欣然准从。夫以数十年膏肓莫药之病，一旦豁见天日，岂予一念为民之苦，见孚于诸台耶？抑陵之人当阳九之极，而或得一旦之休息耶？此自诸台之仁、陵人之福，予何敢尸厥功。然而始终其事者，实予也。事既成，当奉诸台意勒碑垂后，而予敢僭一言，期与石俱不朽者。愿后之君子，不复以高陵当临巩也，幸甚。天启六年岁次丙寅三月吉旦，知县事葛爔撰。

刘恕 直隶邢台人。崇（贞）〔祯〕三年以贡士任知县事。重修明伦堂棂星门。

喻大壮 号象二，四川内江人。崇（贞）〔祯〕间以举人知县事。祥慈廉洁,至今人称"喻青天"云,有遗爱碑。

  陈道蕴 广东封川人,以举人知县事。流寇猖獗,守城有方。

  周眷新 贵州毕节人。以举人知县事。升知乾州,有遗爱〔碑〕。

  侯贞度 伏陆人。崇(贞)〔祯〕十一年任训导,葺序两庑神位,有记。

  自吕幼开《续志》后,共得刘宪已下十九人,其事迹全无,仅有任年可考,暨并无任年、籍贯可考者六十六人,袭列于左。

知县

则:温九叙,山西介休岁贡,由凤翔府经历升任。

曹衡,四川遂宁举人。嘉靖三十年由渭南教谕升任。

王尧弼,河南洛阳举人。嘉靖三十九年任,以才力不及调山东冠县。

谢廷策、董三边、许符、刘元化。

参佐

则:白瑄,正统六年任县丞。

韩嵩,正统六年任典史。

刘荣,天顺初任典史。

李玉,河南宝丰县人。

李秀,山西泽州人。(宏)〔弘〕治四年任典史。

李淳,嘉靖年间任典史。

马习诗,山东章丘人。隆庆元年任典史。

苏问之,直隶高阳人。

王拯,山西阳曲人。

王希贤,山西垣曲人。隆庆五年任典史。

成廷效,直隶泾县人。万历二年任典史。

姜瑚,山东蓬莱人。万历八年任典史。

李子琢,山东人。

徐诏、刘邦直、陈奇谋、赵国华。

贺芳,北直邯郸人。万历二十七年任典史。

王应宣。

汪联奎，淳安人。

陈邱山，泰昌元年任典史。

董进奇，天启七年任典史。

教谕

则：元

张希颜，大德七年任。

明

孙伯亨，县人，由举人晋府伴读，升任本县学。

龚俨，四川太平岁贡。嘉靖某年任。

石锦堂，四川大足举人。嘉靖二十年任。

阎栋。

马学诗，山西人。岁贡。

张茂华，曲沃人。

毛舜卿，四川纳溪人。岁贡。

刘九思，山西武乡人。岁贡。

刘如阜，山西吉州岁贡。隆庆四年任训导，万历间升任。

刘重光，万历间任。

刘绍先，万历十一年任。

阮良谟，湖广邵陵人。万历二十七年任。

王以庚，大梁人。天启七年任。

胡从化，万历间任。

周楫，汉中人。

李从正、黄美中、方养成。

训导

则：张德懋，山东乐安岁贡。

杨维贤，河南杞县岁贡。

王锡之，四川清神岁贡。

陆平，河南洛阳岁贡。

吉昌。

罗绯，四川宜宾人。行检不修，未久去任。

陈嘉谟，四川资阳岁贡。

郗应魁，山西襄垣人。万历二十七年任。

赵国瓒，陕西金县岁贡，万历二年任。

樊之屏，万历间任。

李承间，万历间任。

李实，万历间任。

李蓁，陕西陇西人。

雷自兴，陕西岷州人。

王三顾，崇（贞）〔祯〕三年任。

高第、龙希契、李树绩。

国朝

杨春芳　顺天人。顺治二年任知县事，寻升去。

仇文彬　顺治七年任知县。

李登第　奉天人。顺治七年任知县。新建城隍庙东西墙垣。

尉缭　顺治七年任训导。

杨彪　顺治七年任典史。

王元捷　山东人。顺治十年知县事。重修大成殿。

邵伯荫　字子南，闽县人。顺治壬辰进士，十六年授县令。尝捧檄清丈田粮，悉蠲浮额，性精察，剔蠹除奸，无所容隐。适渭南、泾阳二令缺，邑民争赴抚军乞邵令摄篆，遂摄渭南县事。又摄篆蓝田，皆有惠政。《刘志》

许琬　字延修，顺天高阳人。由贡士康熙元年任知县事。重修文庙、城隍庙暨诸祠阁。

杨桂芳　固安人。康熙元年任典史。

赵缤　字尔宣，山阴人。任典史，有去思碑。

史缤　字云缃，河南洛阳人。以举人康熙十四年任知县。建城隍庙花园，升内阁中书。

杨之璧　乐陵人。由吏员康熙十□年任典史。酗酒贪贿。

张都　字俞廷，湖广施州卫人。由贡士康熙十八年知县事。次年修学宫时，军需繁兴，公措施有方而民不大扰。二十四年升池州府同知。民建生祠祀之。

刘鼎新　字咸与，凤翔举人。康熙二十二年任教谕，后升镇番卫教授，有去思碑。

朱伟　字人瞻，江南歙县人。由贡士康熙二十四年任知县事。莅任八载，循良著最。公之初莅任也，念地瘠民贫，尽革一切陋规，正供外不取民间丝粟。至公事无以措办，每岁从家乡设措数千金济用，终任致家业消耗殆尽不恤也。其善政之大者，如修洪堰渠以兴水利，发预备仓以活饥民，散牛种以招流亡，修学宫以振文风，严行保甲以靖地方。劝息词讼，以厚风俗，廉慈仁爱，民歌父母。会卓异升云南嵩明知州。康熙五十九年祀名宦祠。

张联甲　麟游人。康熙三十年任训导。

李廷楫　凉州卫人。康熙三十□年任教谕，行检不修，致士子讼诸府。

王綦溥　字博庵，山西襄陵贡生。康熙三十一年任知县，时值岁饥，为民开荒给牛具，盖房屋招辑流亡。后以解马降调，民冤之叩阍，吁留，寻复任。

李懋中　两当人。康熙四十年以贡任训导。

胡昌期　字绍闻，三韩人。康熙四十二年任知县。

吴绍龙　字振公，浙江海宁人。由举人康熙四十九年任知县事。清滩田，理盐法，分汉、回民便之，卒于官。

赵之璜　巩昌陇西人。康熙五十年任教谕。朴实无华，革诸生丁忧陋规，卒于官。

刘海岳　字鼎华，福建晋江人。由举人康熙五十二年任知县事。忠信慈良，秩未满即致仕去。阖邑士民祖送，屑涕为雨，建生祠祀之。

孟颖达　山西文水县人。康熙五十五年由吏员任典史。

熊士伯　字西牧，江西南昌人。由拔贡任南康府教授，康熙五十六年升知县事。开泾渠，清滩田，复茶店，减盐引，亦心乎民者也。又修志书，虽未告成而晚年心血耗费几尽。卒于官。

黄轼　广东人。康熙六十一年以举人知县事，寻改教。

王淑士　神木人。雍正二年由岁贡任训导。

孙诡　字振公，宝鸡人。由举人雍正四年任教谕。

姜祚唐　米脂人。由岁贡雍正五年任训导。

高士鐄　字声远，襄平人。雍正六年由监生任知县事。清廉慈惠，民敬爱之。《府志》：正白旗汉军人。雍正十年任。

朱一蜚　字健中，浙江嘉善人。由贡士雍正七年任知县。廉明和易，未几，调麟游，去之日阖邑祖送。入生祠。

曹文铎　巩昌人。由岁贡雍正七年任训导。

徐灿　兰州人。由岁贡雍正八年任训导。

杜蕡生　四川阆中人。由举人雍正九年任知县。

自国初至雍正十年，得刘春芳以下三十五人，其无事迹可考。暨任年、籍贯莫稽者十有三人，衰录于左。

知县

则：曹峻章，浙江秀水监生。

典史

则：王质，山阴人。

王亮，山东人。

徐启桢，腾骧卫人。

教谕

则：白珩，清涧举人。

卢即兰，丽泽人，顺治间任。

蔡宜中，字君常，宜君人。博学能诗。

训导

则：周殿俊，汉中人。

高希曾，鄜州人。

刘显，府谷人。

多大任，灵台人，顺治间任。

郭三傧，镇番卫人。

彭述古，凤翔人。康熙中由岁贡任。已上《樊志》。

新增

丁应松 字锦抒，浙江嘉善人。由举人雍正九年知县事。为人仁慈，劳心抚字，甫下车询疾苦。县故于每年开征时，各里派银五六两给柜仓，各书之费又相沿。有守城看衙游兵、炮手三十余名，岁需费二百余金，皆取办里甲，公力请于上台，永远革除。县志自前明吕畇修后，物换星移百有余年，公虑文献就湮，延邑学博樊景颜重辑。寻丁内艰将去，邑人士惧失慈母，合词赴台恳留，得允在任终制。值天大旱，步祷烈日中，又为文祷于城隍神。

略云：神奉本朝敕命，恤食一方，凡所以捍灾御患者尽瘁不遑，斯为无忝厥职。今高陵地高土瘠，十室九空，一遇旱灾，逃亡相半，官斯土者日深忧虑。兹夏复旱魃为灾，三月不雨，禾种未布，何以有秋？应松奉天子命来宰是邑，目击情伤，已经两次牒告，拜恳转达天庭早赐甘霖，少苏民困；并步祷骊山为民请命，不意赤口烈风，仍然不雨。窃应松莅任十月，才具平庸，原无善状；或政令乖张，贪污不法，致干天和，降兹灾眚。凡有灾祸，宜罪应松一身，与百姓无辜。况应松与尊神均任此土，谊切同舟，何竟目睹疮痍，恝然不救耶？尊神即不肯为应松计，独不肯为百姓计乎？即不肯为百姓计，宁独不体皇上爱民之心乎？是痛痒无关，巍然高座，徒受士民之瞻仰，享春秋之祭祀，蚩蚩贸贸，不几大旷厥职也欤。即云雨泽降施，尊神不得而主，然天心仁爱，未有怒不可回者。应松于祈祷之法尽矣，呼天不应，莫可如何，虔率僚属并阖邑士庶人等渎告尊神，速将下情再行迫切奏请，三日内立赐时雨，普救生灵，庶不负乎职守，即不负乎皇恩。如终不雨则秋收绝望，阖邑黎民俱属饿殍，不特应松无以措施，腼颜在位，即尊神徒然受享，补救毫无，亦何以对此一方百姓也。激切渎陈，祈恕唐突上告。甘雨立沛，岁则大熟。其他善政甚多，邑人今犹乐道之。

陈师道 浙江海盐人。雍正十二年任知县事。

李元升 《蓝田志》：在任表节孝，举乡饮，修邑志，建仓厫，奉檄代篆高陵，二邑之民争于境上，数日不能去。

乔履信 字实夫，河南偃师人。乾隆元年署知县事。深厚精明，有"神君父母"之称。去之日，邑民涕泣攀辕。历任郿、白水、富平、咸宁等处知县，后用大学士史公保荐，以御史记名暂补礼部主事。卒于官，邑人闻讣，为位吊哭数日。

陆均 江苏吴县举人。乾隆四年任知县。

张应梅 安徽和州附生。乾隆十二年任知县，未久去。

留燧 福建晋江人。由举人乾隆十二年知县事。政（迹）〔绩〕莫详，曾同邑人树明儒吕泾野先生"云槐精舍"故址石，亦知表章先贤者也。

萧大中 广东埔县举人。乾隆十七年知县事。

陈天章 直隶深泽县人。由进士乾隆十八年知县事。

赵友烺 字静轩，安徽泾县举人。乾隆二十四年知县事。创建景槐书院，公暇萃邑人士于中日月省试之，至是文教有起色。有自撰记，见建置。

刘绂 顺天大兴人。乾隆三十一年任知县。

史传远 山西武乡人。辛巳进士，乾隆三十五年知县事。寻调任临潼。

傅钟岳 江西金溪人。由进士乾隆三十六年知县事。

程麟 《府志》：富平人。高陵泛守兵，乾隆三十八年在日旁阵亡。

黄四岳 正红旗汉军，举人。乾隆三十九年知县事。

王杏舒 安徽合肥举人，乾隆四十年知县事，后调三原。

杨仪 直隶新城举人。乾隆四十二年知县事。

华允彝 江苏丹徒人。壬午举人，乾隆四十四年知县事。

吴栻 字韬一，江南歙县举人。乾隆四十五年任知县，创建邑城义学。

龙万育 字燮堂，四川成都人。嘉庆三年知县事。重刻吕泾野先生《高陵志》《四书因问》。其序《因问》略曰：尝论文简公学问经济，直接前圣心传，而以四书为宗主，本传所称"矮屋危坐，大暑不废衣冠者，居处恭也"。少时梦程明道、吕东莱就正所学，私淑艾也。其游成均，同里孙行人卒于京，遗孤不在侧，先生衰绖哭拜，吊者归榇，经纪其丧无所归，曰"于我殡也"。正德戊辰廷对第一，阉瑾以汾榆故致贺，辞不往。阳货欲见孔子，孔子不见也。至其应诏上疏，引胜国废学为戒，同列议其过直，先生曰：吾独不能为贾山乎？非尧舜之道，不敢以陈于王前也。客以千金乞居间，先生笑而却之：焉有君子而可以货取也。世庙时，朝鲜国王奏乞其文为本国式，其尊重若此，吾夫子所称言忠信行笃，敬者何以加兹？盖先生实以圣贤之道，措诸躬行而不唯其言之云尔也。余生也晚，不得先生者而事之。然而官先生之故里，拜其祠、诵其遗编，稍稍窥见四子书大旨，岂可谓非厚幸也乎云云。公政（迹）〔绩〕莫详，然味序言，其亦有志于学者欤。

曹居业 新建人。由优贡嘉庆四年知县事。重葺景槐书院，延蒲城副贡魏蔗门先生主讲席，一时人文鹊起，公有力焉。蔗门名树德，后任教谕，自有传。

黄钊 星沙人。嘉庆七年权知县事。寻调去，十八年复至，修明伦堂。

郭承庥 字受川，未知何处人。嘉庆二十四年任知县，建阖邑公寓，申明旧章勒诸石。

吴鸣捷 字蔗香，安徽歙县人。道光初由进士知县事。著循声，抚军富呢扬阿甚器重之，然政（迹）〔绩〕莫详也。平生好宏奖人才，礼罗所致多知名士。盩厔路闰生先生，德其尤著者。后升知鄜州，权兴安府篆。没之日，箧无余赀。上台为之经纪，始归复于土。孙，效璘，占籍陕西，以辛亥举人官知县。

润之先生 讳德亮，满洲正白旗人。嘉庆己卯进士，道光十三年任知县。博雅能文，以经术胙治，在县十九年一无变更，与民休息，几致无讼。丁未岁洊饥，首捐廉为倡，谕富人量出资助赈，得钱万余缗分济灾黎，多所全活。又以赢余建养济院，置租田，茕独皆得所养，尤具人伦；鉴所识拔，皆以文鸣于时，如临潼杨彦修、长安曹步瀛、本邑于邦彦。其尤著者顾性简傲，故历六考始迁定远同知。去有日，正值春征，里甲众议无以报公，遂统一年钱粮于五月内全完。既卸篆，移居僦舍，四乡父老子弟争置壶浆、酒果、鸡黍之属为先生寿，趾交阈满，先生皆迎见，为进一觞受一果焉。治县久，视县尤家人；既去，于县之人文风俗时时不忘。咸丰九年，遇道肄业会垣时，先生已罢官，年八十余矣。闻其为陵人也，竟杖屦枉过，幸得一亲道范焉。

魏树德 字蔗门，蒲城副贡。道光十四年任教谕，旋举于乡。能文章，尤长骈体，工篆隶书。为人方严植品，润之先生甚敬异之，延主书院讲席。严学规，勤课程，一时负笈者云集，院斋至不能容，学宫、斋舍亦为屡满，多所成就。性淡泊寡营，以老乞休，生徒不能留也。先是为诸生时，父贾死于闽，重茧走万里负骸骨归。吴蔗香明府称为孝子云。

陶宝廉 未详何处人。道光中署知县事，尽心民事。县故有五渠之利，淤湮已久，存者只昌连渠或月一至，又为上游豪强盗去，公下车力与邻封理争，渠又通焉。未几去，渠水无复至者。

汪荆川 字松岩，山东乐陵举人。道光中署县事，后以知府需次河南。

张凤翎 四川人。咸丰二年由拔贡署县事。时书院废弛久，公重葺而颜其旧名。月课，诸生于署扃试，午间授餐加礼，士君知向学矣。平生好古成癖，尝搜秦汉瓦当、诸金石满箧，书法亦浑坚入古。

李正心 字子端，河南卢氏人。己酉拔贡，咸丰三年署县事。

杨先生 讳玉章，字润之，四川成都人。己酉拔贡，咸丰四年署县事。存心仁慈，催科不扰而税无逋负。工长短句，善正隶诸书法。好奖励士类，课必扃试，饫以酒食，卷必手阅，未尝假借。学宫魁楼久圮，移其座而重建之，盖汲汲于培风也。寻补鄠县，移大荔，擢知商州，卒于官。

梁先生 讳书麟，字芝圃，广西新宁人。道光辛卯举人，咸丰八年知县事。秉性敦厚端正，毫无私苟。县故汉回错处，先生一体视之，遇有雀角，据理执法，故人皆输服而回尤戴德。壬戌回乱作，事出仓猝，城不及守。先生知不可为，系印衣带间与家人诀。入室将引决，突有悍贼数人闯入劫之去，置古寺中罗守之。数求死不得，卧起持印至贼窜逸，印故在也。终以失守丽于法，诏遣戍，未行病卒。

孙远荫 汉阴厅人。咸丰中任教谕。回乱作，城不守，居者尽奔命。远荫鸣金街衢，集众守御无一应，痛哭归署，衣冠赴大成殿，题绝命诗柱间，遂自缢。事闻奉旨从优议恤，其家人以登城守陴，中贼矢殒命上报。盖失其实云。

郑继同 直隶广宗县人。同治二年署县事。

徐德良 字韵坡，江西龙南人。由副贡同治三年知县事。有干才，精吏事，长于听断，性刚果敢为，下车力以除暴安良为务。县有异端教，恃其强富横行为害，有讼事辄于官抗，悍然无忌畏。公扑之曰：汝非朝廷赤子乎，固吾治下也。痛惩以法，自是始敛戢焉。五渠堙涸有年，公慨然为民兴利，令渠旁利户农隙各自修浚。又以县去水源远，上流往往拥而专之，积重难返，于交界处所购地，另开新池潴泾水，露宿渠上，躬自督治。无如泾低渠仰，迄无成功，然志在利民，民实怀之。当治渠时，适学使过境，公食以疏食，曰：敝邑弹丸区，甫经兵燹，民力不能支，此不腆乃割俸所为。且县无驿站，既盘飧亦非下官分所供也。其守正不阿多类此。

陆堃 字寿庄，江苏丹徒人。同治五年知县事。练习军事有瞻略，甫莅任，环视城隍，喟然叹曰：不可守也。即召绅民谕以立局，集事备不虞。佥以流亡未复，筹备不易对。公曰：第立局，吾自筹耳。刻期兴工未完缮而捻回交讧，公峙桢干，遮蔽阙漏，密张旗帜其上，洞辟四门纳灾黎，于是远方皆至，肩摩毂击，数日而城中人满粟积。公喜曰：可守矣。分布主客更番守陴，躬率练丁出队追击，获所委弃，尽以赡勇，于是士气奋，人心益定。贼累至，无所觊觎，遽远飏。危城克保，而需费不以累民。未几，瓜代去。

曹琛 安徽太湖副贡，同治六年署县事。

洪敬夫 字直卿，安徽繁昌县人。由举人同治七年知县事。为人戆直坦率，多胸中气，续补城工，修城隍庙、建谯楼、葺书院，定规费，奖节孝，皆其政绩。惟轻听发言，茫无卓见，于抚军湘乡刘公奏减加耗一节，（矇眬）〔蒙聋〕详覆未能裁减，寻亦自悔，谓为一生玷缺也。未满秩，以老乞休去。

李鸣佩 字子绂，山东海丰人。咸丰乙卯举人，同治十一年署县事。清丈地亩、厘剔荒亡，劳有足多者。惜误听细人言，以濒河滩田勒民，升科未及去任，地已冲崩数顷，致令有赋无田，则其结怨于民者。

李绍曾 岐山廪贡，同治六年任教谕。

陈衍昌 字荫楼，广西临桂人。乙丑进士，光绪三年知县事。岁饥，以赈事被劾夺职去。

陈西庚 字星垣，湖北蕲州人。乙丑进士，光绪四年署县事。接办赈恤，力鉴前车，风清弊绝，颇有哀矜之心，又置义冢，收掩瘗骴骼，寻擢宁陕厅同知去。

程维雍 字峻卿，福建归化人。光绪五年任知县事。

雷动之 字雨田，鄜州廪生。光绪三年任教谕。
古延龄 字畴九，宜川廪贡。光绪三年任训导。
蔡文田 字紫崖，湖北安陆人。光绪丙子进士，七年代理知县事。
刘懋荫 字巽林，湖南巴陵人。光绪七年署典史。

自樊子愚修志后，共得丁应松以下四十六人。其事迹无考，暨有籍贯而任年莫能详者四十人，衰序于左。

知县

则祝大澄、曹子升、恒熙。

典史

则陈霞、沈恭慎、徐锦、姜滨、杨名瑞、陈文庆。

缪元丰，安徽芜湖人。

谢元黼，浙江山阴人。同治三年任。

薛金焉，甘肃皋兰人。同治四年任。

夏廷钰，江苏震泽人。

温洛，河南登封人。同治十年任，以不职罢。

教谕

则甘棠荫、郭琰、马达儒、张掖敬大宾、李邦选、周道南、刘士元、吕理民、张希载。

高侃，肤施恩贡。

训导

则王寀、张韶、王居恭、兰春蔚、郭永安、雷逢吉、鱼依澜、张鹏翰、赵成琳、王应魁。

常崇本，米脂廪贡。

李九龄，安康廪贡，同治十三年任。

李鉴，洛川廪贡。

侯度，蒲城廪贡。

高陵县续志卷之四终

高陵县续志卷之五

知县程维雍重修　　邑人白遇道编纂

人物传 上

川岳炳灵，代产贤哲，不择地与时也。周秦上难稽矣。懿夫汉有周文、张叔，唐有于仲谧，元有杨元甫，明有吕泾野，我朝有吴昆毓、李伯贞诸贤，或以长厚端直称，或以博学守道著，或以理学鸣，或以高节孝友见，皆生为邦桢，殁而宜祭于社者。然而进道不一途，与人不求备，则夫岩林隐逸，乡党自好。以"洎见义有勇、乐善不倦之夫。苟不缪戾于圣贤，皆可与忠孝节烈并传也。志景慕阐幽潜，敢阿好云尔乎"。述人物传第七，分上、中、下三篇。

明

郝滋　字洪济，其先安肃人，累世仕宦，自曾祖某徙居高陵。滋性颖异孝友，自幼失恃。入邑庠，勤学不倦。成化辛卯，以《礼经》领乡荐，游太学三年。丁外艰，哀毁逾礼，事继母刘甚孝。（宏）〔弘〕治癸丑，授中牟知县。民尚奔竞，素称难治，下车守廉奉公，擘画区处。不逾年，境内大治。县有水害，岁常淹民田，滋即筑卫民堤，民利之。明年秋，蝱贼害禾，滋祭于汉鲁公祠，次日陡风，虫皆殒。他善政不可胜纪。邑之致政刘怀上政绩三十事，都宪巡按交荐于朝，遣官旌奖。九年秩满，擢湖广均州知府卒。

刘守臣 字克艰，郭下里人。(宏)〔弘〕治甲子举人，性孝友。早丧母，凡遗物终身藏之。授任邱县知县，礼贤惠民，振颓兴滞；惩奸黜浮，令行禁止；不受馈遗，门无苞苴。顽民薛堂怙恶，公谕之堂，即改为良民。以至谕息争讼，表励贞节，士民以勤俭，公慎颂之。擢知临清府，害除利兴，抚按交荐。后值抚按构怨，牵涉罢归。

刘迁 字于乔，县郭下里人。少贫，代兄为更役，宿县中。县令梦白虎卧钟下，晨起求之，得迁。使之业书试艺，奇之，召其兄嘱曰：此必亢而家。未几，补弟子员。嘉靖丙申，举于乡，谒选教谕高平，历升崇府左长史。崇庄王性严急，前此多不相能，闻迁贤，一见即殊礼敬之，称先生而不名。迁随事婉陈，长于讽喻。军校素悍，凌藉平民，有司不能禁，迁辄约制之少敛。嗣王立，倚毗甚切，迁以老求去。成太妃与王辄泣留，左右亦皆泣曰：刘先生去，即吾国坏矣。王久居宫中不任事，迁一切任之。三十年间，内外无闲言。子自化，进士。

马书林 字子约，县庆丰里人，嘉靖己丑进士。初知河南辉县，升南京刑部云南司主事，历升本部广西司郎中，性纯厚笃孝。知辉县时，申减上税之田三百余顷，改泄久潦之陂为田五百余顷，辉民颂德焉。江西富民王冠者，挟重资往来公卿间，纵欲肆恶，买童男女合药。事发，送部批，公问断。王冠求书浼属且馈千金，力却之，即置以法。升河南汝宁知府，申奏问革崇府长史承奉罢职，军校充发边卫者二十余人。自是汝民安矣。调四川保宁府，申减上司丝绫之累。寻就升按察司副使，整饬威茂兵备，未任而卒，人咸惜之。

刘岸 字汝登，县郭下里人，中嘉靖庚子乡试。初授山西翼城县教谕，历任直隶获鹿、河南武安、四川昭化知县，有去思碑。升直隶河间府通判，山西吉州知州，有德政碑。升山东兖州府同知，罢归。巡抚李世达追荐其刚介有为，事集民安，直以不徇请托，致遭萋菲云。以上《吕昀志》。

吕柟 《明史·本传》："字仲木，高陵人，别号泾野，学者称泾野先生。正德三年登进士第一，授修撰。刘瑾以柟同乡欲致之，谢不往。又因西夏事，疏请帝入宫亲政事，潜消祸本。瑾恶其直，欲杀之，引疾去。瑾诛，以荐复官。乾清宫灾，应诏陈六事，其言除义子，遣番僧，取回镇守太监，尤人所不敢言。是年秋，以父病归。都御史盛应期，御史朱节、熊相、曹珪累疏荐。适世宗嗣位，首召柟。上疏劝勤学以为新政之助，略曰：'克己慎独，上对天心；亲贤远谗，下通民志。庶太平之业可致。'大礼议兴与张桂忤，以十三事自陈，中以大礼未定，谄言日进，引为己罪。上怒，下诏狱，谪解州判官，摄行州事。恤茕独、减丁役、劝农桑、兴水利、筑堤、护盐池，行《吕氏乡约》及《文公家礼》，求子夏后，建司马温公祠。四方学者日至，御史为辟解梁书院以居之三年。御史卢焕等累荐，升南京宗人府经历，历官尚宝司卿。吴楚闽越士从者百余人。晋南京太仆寺少卿。太庙灾，乞罢黜不允。选国子监祭酒，晋南京礼部右侍郎，署吏部事。帝将躬祀显陵，累疏劝止不报，值天变，遂乞致仕归。年六十四卒。高陵人为罢市者三日，解梁及四方学者闻之，皆设位持心丧。讣闻，上辍朝一日，赐祭葬。柟受业渭南薛敬之，接河东薛瑄之传，学以穷理，实践为主。官南都与湛若水、邹守益共主讲席，仕三十余年。家无长物，终身未尝有惰容。时天下言：学者不归王守仁，则归湛若水，独守程朱不变者，惟柟与罗钦顺云。所著有《四书因问》《易说翼》《书说》《要诗说序》《春秋说志》《礼问内外篇》《史约》《小学》《释寒暑经图解》《史馆献纳》《宋四子抄释》《南省奏稿》《泾野诗文集》。万历、崇（贞）〔祯〕间，李桢、赵锦、周子义、王士性、蒋德璟先后请从祀孔庙，下部议未及行。隆庆初，赠礼部尚书，谥文简。"

《关学编》：少授尚书于邑人孙昂，有志圣贤之学。大参熊公、李公延教其子馆于开元寺，闻父疾徒步归，二公以夫马追送不及。父愈，构云槐精舍聚徒讲学。（宏）〔弘〕治辛酉，举于乡，明年游成均，与诸同志讲学宝（印）〔邛〕寺。正德戊辰，廷对第一，授修撰。时阉瑾窃政，以枌榆故致贺，柟却之。会西夏构乱，疏请上御经筵、亲政事。不报，乃引去。瑾败，荐起旧职，上疏劝学，上嘉纳。未几，乾清宫灾，应诏陈六事不报，复引疾去。父病，侍汤药，昼夜衣不解带，履恒无声。及卒，哀毁逾礼，既葬庐墓侧，旦夕焚香号泣。释服，复讲学东林书屋，镇守阉廖素张甚，戒使者过高陵勿扰，曰：有吕公在也。世庙即位，诏起原官，上御经筵，柟进讲。值淳皇后忌辰，口奏宜存黪服礼，罢赐酒馔，朝论韪之。甲申，复以十三事上言过切直，谪判解州，会守缺，柟摄事，善政厘然。建解梁书院，选俊秀者歌诗、习小学。朔望令耆德者讲《会典》，行《乡约》。廉孝悌、节义者，表其庐。求子夏后教之。转南吏部郎，迁国子祭酒，以师道自任，取《仪礼》诸篇，令按图习之。登降俯仰，钟鼓管籥，有古辟雍之风。晋南礼部侍郎，署南吏曹掾，疏荐何瑭、穆孔晖、徐阶、唐顺之等二十人入贺。会庙灾，自陈遂致仕归。

《学翼》：柟在南都八年，四方士环趋讲下。是时，海内讲学者各守一先生言，柟独集取周、程、张、朱语为《四子抄释》，令学者力行，曰："必如是，乃为吾实学，无他法门也。"

国朝同治三年，以御史奏请从祀孔庙。部议略云：泾野集关学之大成，出处言动无一不规，卓然冉闵之徒。详核人品学问，与罗钦顺实相伯仲，与阐明圣学、传授道统之例相符。拟如该御史所请，奉旨依议从祀孔庙西庑，在明臣蔡清之次。

吴谠 字仲直，县郭下里人。嘉靖己酉举人，任山西临晋县教谕，教规严整，卒于官。

刘自化 字伯时，迁之子。嘉靖乙丑进士，除户部主事。司崇文门税务，令商各以物自占宽算缗额，司明知草场，却商千金馈。司太仓银库，得前盗臣主名，奏治之。大司徒以漕粮逾期，请择风力官往督之，自化奉文并力抵淮，布宪令所在濡滞，以军法从事。漕艘争先河决中，夜呼巨舰载土塞徐州城，城完，漕粮无恙。除知岳州，临湘故无城，取关市赋成城，民不告劳。平江盗出没，吏莫能讨，自化入境擒渠魁，散其余党。改守登州，亦故无城，城之如临湘。青、登、莱三郡，田逋至二万，上书陈疾苦，司农夺其禄而尽蠲逋税，乃大喜曰：以吾二月俸，省民二万，吾所受赢矣。三郡举首加额。历任山东、浙江都运使，俱以不贪为宝。遭父丧，归遂不出。子复初，进士。

任佩 字伯玉，县人。嘉靖中以明经授兴平司训，从许督学讲学会城书院以忤县令，委盘仓粮欲中伤之。佩素洁，不入暮金，一时畏服，终以不能于令迁肃藩授。藩胤性佻达，佩严其近侍不使私出入，多所匡正。藩校王应龙兄弟以事犯，王怒甚下佩议死，佩封还令旨竟得释。又禁金王亲之骄横，绝李仪宾之贿，属河套弗宁。经略行部谋野，佩捧檄陈言累千言，经略嘉叹，颁布军前。王及嗣王皆继薨，力求当道请休书，上不允更勉留，佩不得已，讬言改选乃归。

李克家 字子肖，县毘沙里人。以选贡任山东汶上县丞。明敏谦谨。

刘守德 字克新，县郭下里人。孝友警敏，善书钟王。以选贡任四川崇宁县知县，令行禁止，有能声。吏部考云：仕学两优，天下守令第一。遂行取户部山东司主事。

任大仰 县毘沙里人，万历间紫阳学贡。时邑受褐行之累，公条陈去之，民祀于毘沙岳庙东（注：或疑为东岳庙）。官至青州府同知。后致仕归。

刘复初 字贻哲，自化子。万历壬午解元，癸未联捷进士，授户部主事。调兵部时有事朝鲜，大司马欲以封贡羁縻之，复初出位力言其不可，已而会议者亦陈封贡不可行，大司马为之屈。出守上党，岁大饥，民多转徙，时苦地差之征，乃会计库藏，余金补之。岁减万余金，又省站银岁千两，以牛种给民。垦田万余亩，积粟至二千石，岁乃饥而不害。寻中他语，降广东市舶提举。粤有税银五十万素不及额，中使持之，复初反复开说：岁止赋十二万，余悉裁之。擢淮安同知，后持宪川。泸川人曾良弼唆士官攻残笻连城，日事兵革所费巨万，朝廷悬赏格以购，复初计擒良弼父子，皆斩之。奢崇明袭土官，叛汉法，与雷安民哄议者欲用兵，复初曰：吾将以一纸书止之。因遣人开谕哄旋止。寻敕驻阳和、顺义，与索囊阴相结七年不贡，数窥边。复初至，筑城堡、练戎马、策励将，勇人可用，遂不敢犯，通贡如故。时以东事调蓟门，议增兵，复初曰：业留巩华，兵独不可留巩华饷乎。故兵虽役而饷不加。内召升太常，未几告归，不复起。

田宏甸 字所治，号若愚，县渭阳里人。生而奇颖，年十五即补邑弟子员，食廪饩。困于场屋者十二次，以明经任平阳司训，端躬迪士，上官深器重之，荐擢四川大宁知县。大宁地僻民贫，会奢酋跳梁。征发时出，宏甸无不立办，所得俸资辄助公费。大宁有盐税，前令往往额外取之，宏甸悉为减去。又每岁例运米他县二百余石，宏甸请折银并其脚力之价解于上，商民胥悦。四年政和民安，升涪州刺史。涪人夙知其贤急迎之，时已积劳尽瘁，未履任卒。大宁民如丧考妣，为位哭之。比归，或抚榇号呼有仆地而后苏者。

李仙品 字云卿，县郭下里人。万历乙未进士。初知长治，旧例于道府县日，送样绸一匹，力请革除，剔旧弊，除俸羡。擢扬州江防，减冒布商人之税，严缉江贼。知承天府，楚府宗藩殴死巡抚，具疏请旨以正典刑，委授监斩，庶民快之。即擢沔阳道，以母忧归。起补川北遵义道，会奢贼猖獗，虐屠重庆，蹂躏成都。奉敕监军，亲冒矢石，身先士卒，追北纳溪，捣穴永宁，翦其贼首奢崇明，全蜀奠安。擢湖广偏沅巡抚，复讨安贼，获胜。寻以告疾还家，路经承天，故老士民沿江涕泣。卒之日，风雨晦暝，人咸异之。崇（贞）〔祯〕五年，钦赐祭葬，敕赠兵部右侍郎。

李乔昆 字孕厚，县郭下里人。天启乙丑进士，筮仕洪洞。洪洞故多李氏，乔昆之远祖在焉，有持家谱干以私者，谢却之。及在真定，中官欲加以属礼，杜门不屈，人称其节。闯寇据关，污以伪司马，拒弗受，望阙北拜而死。

李乔仑 字孕秀，乔昆弟。万历丙午举人，为永平府推官。备陈八苦，请议抵给加派，停买草束转买天津，赈济宽恤；又请安插辽人，用保甲土著之法，皆经济名言。后为御史，敷奏甚多，其最著者，弹劾魏忠贤一疏。疏曰：为大奸盘踞，法纪凌迟，恳祈圣明奋乾断以伸国宪事：臣惟从来宦官之祸人家国者，往往不出一手。内不借之外以为驱驾，则其气焰不张；外不借之内以为线索，则其机窍不灵。而其中非奸恶勾连串合，探听开报，挑怨激怒，则其党与不联而其祸福不验。臣窃观东厂太监魏忠贤，怙宠专权，毒流中外。自堂官杨涟直言极谏，而盈廷相继泣血请剑。恶莫大于人心之共愤，事莫真于通国之可杀，乃转圜无期，谯呵且加。诸臣相顾唏嘘，谓皇上果忘当年夹辅之功臣，拒诸臣逆耳之忠言。天下止知有忠贤，皇上亦止知有忠贤也。乃臣固有以知其心矣！皇上明主也，锄奸除邪美名也。不欲操自言官，而时将出不测之雷霆于风清浪静之日。诸臣亦宜静听天威，无容烦聒矣。独念猛兽之吞噬非不惨也，翦其爪牙则凡兽等耳；鸷鸟之搏攫非不毒也，铩其羽翮则凡鸟等耳。故他人所忧者忠贤，而臣所忧者又在傅应星、傅继教、陈居恭。盖三凶，正其关通内外而张牙横翮之人也。请先言三凶之罪：傅应星者，名为忠贤之甥，实为忠贤之子也。内官有子，从来怪事。忠贤以数百万家资付之足矣；又为之营干中书，未数日而加大理事副，又加仪制司郎。一丁不识，正字何名？应星因而假势招摇，威行辇毂，而其妻又与奉圣夫人客氏之子之妻为兄弟，人益畏之。一时亡识之徒延为上宾，借为脉络，以致取旨如寄，受命如响。而揖门纳款，希冀灵宠者益日夜不休。此应星之不容诛者也。傅继教者，忠贤之理刑，而冒认应星为兄弟也。出身书役，营为小旗；夤缘关说，遂为理刑。忠贤以锻炼托之。或吓贫民以报商，或吓良民以奸细，或吓罪人以立枷，使人倾家鬻子以求免。求免不得者，则立毙之。四年来冤死多命，多出其手。夫一无赖丐子，积家数十万，从何处得来？而声势重大，枝叶繁多；挪升移沉，神鬼不测；报恩修怨，纤毫不差。门悬文武之牌，手握中外之权。此继教之不容诛者也。陈居恭者，拜继教为兄，而结应星为弟者也。起家中官之侄，承荫金吾，已为过分。而闪（灼）〔烁〕阴阳，如鬼如蜮。往为罪抚居间，出狱为公论所摈。既以捏报私书陷害毛士龙，为公论所觉；又以上本位置枢辅，为台省公疏所参。奉旨逐回原籍，近复潜踪入都。忠贤以打点事件托之。今日捏几事，明日捏几事；今日扬言曰某要害某，明日扬言曰某要害某。而参魏大中、汪文言之疏，半月前明出袖中。近又公然大言于阁臣，某人可免，某人难饶。生杀予夺，一手握定，一口咬定。何物猫鼠无忌若此。此又居恭之不容诛者也。此三人者，内窃意旨，外假威灵。通内于外，而皂囊白简，顾盼立就；通外于内，而斜封墨敕，呼吸皆灵。甚而形踪败露，提防人言。又为一操一纵，一霜一露，以显其神通。是使忠贤得罪于皇上，而士大夫得罪于名教者，皆三凶之为也。此其罪尚可逃一日之诛哉！今罪状已明；单疏、公疏纠摘已众，而处分之旨杳如。臣窃惑之。在忠贤左右，近臣犹曰待皇上处分。三人皆市井棍徒，而听其负嵎凭城，径不可问。是朝廷真无法纪，而纶扉真无把柄矣？伏乞皇上先将傅应星、傅继教、陈居恭三犯，速敕法司究问正罪，再检察宪臣诸臣疏显暴恶状。立清肘腋，于以释萧墙之隐忧，而平人心之积愤。不然，批鳞而破柱者，正未有已也。

臣草疏完，见陈居恭有疏参忠贤。此正同官黄尊素所谓同忠贤者，亦参忠贤。然而质之公论，又谓人不患有过而患不改过。若居恭者，勇于改头易面，毕竟良心未昧，自新有机。所宜暂开一面，徐俟将来动定者。统惟圣裁施行，臣无任激切待命之至！

历官参政

李原立 字邃立，县郭下里人，以进士任汜水县知县。路冲民疲，差繁赋重。崇（贞）〔祯〕八年，流寇薄城，邑民凋残，原立加意培养，略有起色。是年秋，流寇老回回复突至，原立躬擐甲胄，亲冒矢石击死贼首，斩获甚众，并获辎重无算，贼遁去。后贼屡至，守御益固无可乘，城获以全。其他招流亡、劝耕桑、兴学校，善政甚多。寻调辉县，军民攀留者数千人。后升镇江知府。丁忧归，值闯乱，遂不复出。

刘铣 县郭下里人。为学生，与弟某同学师友切劘，铣尤苦学励行。县尹闻其贤，聘为塾师。泾野赠诗云：刘氏兄弟企两程，范甯姜被诵三更。云槐精舍久尘土，近有丁丁伐木声。子春生，由岁荐廷试，万历丙戌授代州同知。八年洁己爱民，有廉能声。会与僚长意左，遂归里。

田仲 字伯茂，晏村人。生而孝友，父殁蜀中，事母益谨。入蜀奉父骸骨归葬，盛奁以（嫔）〔殡〕。妹弟穗殁，遗幼孤二，抚之成人。

荣天伦 字望原，县张市里人。亲殁，庐墓三年，有苴杖生叶，驯兔守墓之祥。远近群称为"荣孝子"云。

高陟 字汝明，选之子，岁贡生。母殁，与弟学生阡同庐墓三年。泾野赠诗云：渭坡夫子出双贤，庐墓越今经二年。枕块眠苦天下泪，门墙得士许谁先。阡两让贡于兄，士论高之。巡抚提学扁其门曰"孝友真儒"。

杨宗道 字希贤，县渭桥里人。天资聪敏，读书能识大义，兼明于刑律，以柏台称。辟为富平、澄城功曹，所在廉平信义，人无间言，寻授秦藩长史掾。在官未尝营利，家居乐善怜贫。族人有不善者教育之，贫乏者周给之；贷人以财，人无力偿，终不言。雅敬儒者，时泾野、豀田二先生倡明理学，因吕先生仕朝，命长子守信往从马先生学，后得成立。

杨守信 字大宝，号对川，宗道子。遵父命游马豀田门。中嘉靖壬子乡试，筮仕荣河县教谕，寻升任大宁县知县。以才堪边剧。调繁峙，所至兴利除害，吏畏民怀。繁人立去思碑。

刘连 县人，性慈祥。父母早丧，家贫贩米养兄，凡饮食先荐家祠，次奉两兄，至分爨田产、器物，悉让两兄之子，乡里称之。

桑子达 字兼善，县人。在学时，其弟已析居矣。既而弟死，怜其侄之幼孤也，复与同爨，教谕李称其友弟。申移于提学，既贡而死。

田好 字伯林，晏村人。父贾大梁，有妾生一子流落于外。好适汴遍访得之携归。知县杨扁为"义门"。

田克明 字自新，晏村人，处士德之子也。先贾蜀，闻父讣即哭归，事母不复贾。每语诸弟曰：架上无分尔我衣，枕边休听妇人言。一生孝友，人咸以真广目之。外祖张乏嗣，每清明遣诸子祭墓。泾阳张博诬陷大辟，临潼古世禄折粮系狱累年，克明皆出金脱之。嘉靖戊子大饥，输粟二百斛助赈。壬辰又饥，时朝廷发赈，方伯张公择堪司支放者，以千金授克明，每出资补其耗。后子孙日众，析居时悉以所蓄授叔氏，无毫发私。七十五卒。

田遇春 字汝元，县人。从马对竹先生游。每阅史传嘉言懿行即服膺。书绅亲殁，抚诸弟三十余年，不私毫发，以仁让著。子积文，行亦如其父。

李博 字一吾，县人。性刚介，敦行好施与。尝为大府幕宾，斥请托。岁饥出粟，活数万人不请奖叙。母病，侍汤药两月，衣不解带。丧母，哀毁过礼，三年不出户庭。壮岁失偶，不再娶，君子以为难。

苏林 县东吴里人。永乐间岁饥，同魏景仁各输粟以赈，皆至千余石。县奏于朝，诏立义坊旌之。

田遇霈 字汝浃，晏村人。万历丙戌年大饥，输粟赈乡里，赖以存活者甚多。

王一魁 字兴吾，县郭下里人。少孤，事母能色养。及长，倜傥不群。值明季奇荒，出积粟以救饥，助县官设义冢，又瘗道殣者数千人。流贼薄城，倡义守御，人赖以安。文庙倾圮，出金修葺，当事者屡表其间，举乡饮正宾。子养湖，孙翰翼，入国朝俱登贤书。

李汝齐 东城坊人。邑庠生。万历六年，关中大饥，出粟五十石赈乡里之乏食者。县尹刘宪闻其事，于上官奏建义坊旌之。

刘冕 字宗周，知府守臣之叔，秦府典膳守仁之父也。性慈厚，（宏）〔弘〕治末大饥，散粟赈乏。或曰：图散官邪？冕曰：但不为守粟奴耳。有裴氏子鬻产无售，将饿毙，为遗之粟，不受其产。张某贷金商于外，亏折无以归,母且老,冕贻书令还,亦终不问负。吕某贷资,年饥尽焚其券。他善行甚多,解郭韦之人命,劝郭某之改行,尤啧啧人口者。

桑梓联 县奉正里人。明末,为流寇所执,欲杀之。弟自联求以身代,曰:兄无后,可杀我。梓联曰:吾弟子方幼,杀吾弟是并杀吾侄也,乞杀我。争死者久之,贼义而并释之。

张锐 县人。事亲及二兄能尽孝友。成化末年大饥,锐千里负米奉养。与族人祀先祖,毕必长幼分席会饮,以施劝诫。

张自强 号健吾,县人。邑庠生。善大小楷书,凡邑中祠额碑碣多出手书。

王传 县人。嘉靖间知山西阳城县,廉正有威,僚吏畏之如神明。积谷数万石,凶岁民赖以济。居四载,清操如一日。《山西志辑要》补

李仙风 字龙门,仙品弟。崇(贞)〔祯〕戊辰进士。巡抚河南,值流寇披猖,州邑残毁,甫下车百方招抚。汤阴西山土贼蜂起,躬履行阵剿灭之,城得不陷。《河南通志》补

人物传 中

国朝

吴多瑜 字昆毓,县郭下里人。弱冠从冯恭定公游,得理学之传。性笃孝友,尝辞伯父绝业,为择立后嗣;悯庶弟孱弱,分田独取其瘠者,人咸称之。时值旱荒,周急恤难族党待举火者数十家。三任青毡,升蕲州别驾,即解组归,优游里闬。人尤高其恬退之节。《贾志》

郭万象 字一章,县人。前进士,鄢陵令,调曹县,历升吏部掌铨,政俱有声。本朝为职方车驾员外,擢长沙佥事。长沙凋残,万象拊循有方,半年归业者千余家。清直端凝,勋绩茂著,以疾卒。《贾志》

郭尧京 字平野,县人。前乙卯举人,顺治十年知石城县。残毁之后,刻意兴厘。先是大盗陈其纶与东关盗黄允会各拥众踞寨,邻界罗汉岩剧寇复治乡肆劫。尧京募乡勇,伏险堵截,其纶授首,余贼潜遁,民赖以安。在任八年,升祁州知州。《刘志》补

李涵素 字锦扬，邑庠生，桂柯长子也。髫年聪慧，气度和平，年十四即游泮食饩，治《礼记》，工文章，屡试冠军。学使深器重之。虽家徒壁立，力学制行必以古人为宗。顺治间，以恩贡任山东济南府德州同知。居官廉明慈惠，卒于官。宦囊萧然，同官争助资以（衬）〔槥〕归。

刘本善 字太素，高陵人。顺治辛卯武举，任湖广守备。康熙元年冬，山寇窃发，制府征兵会剿。本善帅兵三百以往，屡捷。明年秋，本善渡河迎寇，遂战殁。七年，录前功加恩赐祭。《刘志》

吴仲光 字次公，多瑜子。少年颖悟，十四入泮，以选贡令棠邑。寓抚字于催科，重建文庙而科第蝉联，亲解圣谕而风俗敦厚，合邑士庶建祠立坊。寻擢宁海州知州，去之日，棠人截镫留鞭者不可数计。抵宁适遇旱，祷雨立应，一切善政无殊于任棠时，宁之人戴德亦如之。子廷桂、廷楷俱庠生。

李遵度 字伯贞，郭下里人。上蔡令谊之子。由生员入太学，性至孝，和平真率，人称为长者。侍父任所，父疾亲尝汤药。比殁扶榇归，在道哭号不绝声，行人亦为泣下。以医术活人，不取资。父谊，进士，同年多有官陕者，绝不往干，曰：贫何病也。教子甚严，待弟甚和，处人甚恕。人有非礼之事，曰：毋令李某知也。或兄弟相争，必劝之和睦。生平喜佩格言，好读杜诗，著作甚富，皆散佚。殁之日，士夫多以诗哭之，乡里亦罔不叹惜焉。

马馷 字元阳，奉正里人。少贫力学，耕田负耒亦不废书，卒为明经。忠厚质实，勤于训迪，及门多知名士。子体仁，登乙未进士；居仁明经。

李原馨 字帝歆，邑庠生。言行不苟，好读书，工楷法。县令数请为乡饮正宾，每劝人端品谊，存良心。著有《人生须知引》。

李冒寰 县永丰里人。孝友夙著。子曰秀亦善事父母，后至孙毓岱中康熙庚午乡试，次孙毓岐成进士，季孙毓衡亦列明经。人咸谓祖父之孝所致云。

史宏镜 字鉴人，县新家庄人。髫年老成，气宇轩昂。为诸生时，每讲谈名理，清机葩发。时祖母邸及母张俱孀居守节，宏镜承欢膝下，曲体其心。乡试屡踬，志未克展。教子以义方，子承玠、翰鼎皆有声庠序。

史翰鼎 字翼圣，宏镜次子，邑庠生。神志端凝，言行以古人自期。遭亲丧，哀毁骨立，尽诚尽礼。博览群书，尤习《家礼》《小学》《古今格言》。有役于家者窃其麦，诸子侦知之，戒勿言曰：此饥迫之也。一日，为堂叔暴殴几毙，将状县，或误书族叔，必易为堂字，堂叔闻之愧悔，亦渐改行。举子雇乳妇某于家，妇多方诱不为动，俄以他事遣之家。称素封以族间贷者甚多，终不责偿，遂中落。

李冲斗 字象元，县诸生。性孝友，早丧母，事继母得其欢心，生死葬祭，悉躬自竭力备之，不待弟之叺也。从程景颐学，博极群书，动法古人，晚年举乡饮正宾，人以为称。

刘馀儁 字子上，东吴里人。幼事亲即尽孝道，亲命业儒，治田归即发愤志学。年十七入庠，寻食饩，小试屡夺标。困于棘闱，以明经终。

李三益 孝义里人。善事亲，年五旬余，犹嬉戏以娱堂上。伯父可楫，贾于贵州病殁，同事樊禄山藁葬于油查关外，时康熙二十一年。三益闻丧痛哭，誓必归榇。比至贵州，遍觅葬处无踪，四望惟黄茅白苇，复归。至五十一年，泣浼樊同往，至亦茫然莫辨，三益椎心泣血，痛不欲生。忽有焚轮风缭绕于前，三益向风止处掘之，葬时碑记出焉，乃扶柩以归。子嘉宾，庠生。

鱼有成 字少泉，庆丰里人。立心宽仁，制行平恕。事继母曲尽菽水之欢。岁荒出谷赈贫，族党、亲戚得以饥而不害，又置义地以掩骼骸之暴露者。县官以其行闻，崇祀乡贤。子飞汉，孙鸾翔，皆以进士起家。

李原茂 字善颐，明进士，原立弟。少时家贫，遵父命服田力穑。暇日牵车服贾，家渐裕。明季岁洊饥，施谷赈贫乏。癸未之变，贼骑突至，城者皆遁，茂捐重资呼众力守，合邑赖以安全。又令厮役假为市井鬻饼之状，许赊取实，置之不问。他如施汤施药，建号房，置学田，诸善行不可枚举。康熙年间，举乡饮正宾。

裴汝清 孝义里人。性孝友，父母昆弟无间言。慷慨好施，与求者皆如其意以去。律身谨饬，终身未见有荡轶事，一时矜式。合学公举于有司，崇祀乡贤。子宪度，由进士历官广东提学。

董凤翀 字君灵，上石里人。力学好古，精究岐黄。吴逆乱，避伏北山，益邃于学。甲寅，痘疫盛行，归里全活甚众。人德之，赠匾曰"董林"。著《痘疹类编》。

梁光熙 字容吾，县人。重义轻财，遇三党婚丧之匮乏者，必量周之。辛未大饥，父族悉按口给粟，他族亦为赈救。里人郭某亏公项麦八十石，光熙代输之，县令朱高其义，给匾曰"磻溪待诏"。后举乡饮宾。

樊宗玺 字印天，孝义里人。少孤，读书识大义，因贫改业，寻为县吏，佣书养母。母殁，愈落魄，而志益慷慨。代赔海二之借金，释刘某之质身，完梁姓损人肢体重狱，垦合户荒田数顷。流亡渐复，人至今德之。子景颜，癸酉拔贡。

何呈美 字瑞石，县安信里人。素业商，轻财好施，有负者悉不问。会庚午、辛未大荒，斗米千钱，人皆乏食，呈美慨出银粟济之。知县朱匾其门曰"任恤可风"。

吴荫光 字永吉，郭下里人。秉性忠厚，与人无争，唯知劝人为善。邑人咸称为长者，举乡饮介宾。

吴禔 字帝锡，邑庠生。少聪颖，食贫攻苦，年三十始入庠。平生孝于亲，信于友，或以横逆加不与校，授徒不计脩脯。卒之日，门人执绋助赙以葬。子丕振，庠生。

墨兴世 号隆庵，县西吴里人。性豪爽，代完合邑草豆尾欠银数十两，人免拖累。又捐四百余金，重葺县城内外祠庙。康熙六十年歉收，慨推解以济族间之乏食者。子琨，贡生。

陈玺璋 郭下里人。有膂力，善骑射，中康熙丁卯科武举。生平倜傥豪爽，族里有忿争，据理排解，俾离者完聚之。岁荒，有樊姓者鬻子于市，尔璋如数与之。养其子于家三年，比岁稔还之。子清兰、熙兰，俱庠生。

安邦礼 渭阳里人。性耿介，泾阳生员王谦德仆窃百金逃礼家，即遣子访还其主。谦德谢以金，固却不受。知县李奖之曰"临财不苟"。

高昱 号光宇。事继母甚孝，性疏财，助人婚丧。遇岁歉，三党有乏食者，量周之。屡举乡饮正宾。子真儒，丁酉举人。

吴子恭 字敬夫，郭下里人。康熙六十年岁饥，出粟周急亲族赖以存活，代完贫族租赋数十金。邑人陈姓欠粮欲鬻子，子恭代为输纳，令其完聚。合学延为耆宾。

张云鹏 上石里人，监生。康熙三十年，输粟百有二十石助赈。郭姓之父旅死于楚，与之金归其榇。道有殣，悉殓瘗之。子浚，邑庠生。已上《樊志》

新增

刘镇邦 字永清，郭下里人。前丙子籍贵州卫举人。本江西南昌人，依知县周某幕来县，遂为县人。值岁大饥，倾囊二百金赈救灾黎。谒选知浙江乐清县，下车值天久不雨，即斋宿步祷，遂沛甘霖，一时有"甘雨随车"之颂，阖境士夫竞为诗歌纪之。

刘余儆 字子元，东吴里人。品行高洁，天才超轶，复然物表。少负才名，试辄冠军。以多疾，遂绝意科举。精于医，常于二三年前切脉，预决人生死无爽者。妙悟夙契，自出性灵。尝按诸葛武侯木牛流马法缩小为之，成能于几案上自行，人皆叹其奇绝。尝云："古今无不可解会之事，无不可明白之书。今人学识不及古人，遂并古人之事与书而疑之，可乎？"又云："学者看圣贤书，先要存圣贤心，然后知圣贤说话，皆切己家常之谈，自尔洞然。今人只向纸上索解，多扞格不通，忘其本源故也。"时虽老师宿儒、注疏贯串者，每与谈冰解的破，无不洒然称快。作诗文不起草，字学亦有功，人求者磨墨伸纸，悬腕挥毫，幅尽书止。读之天然成章，〔祠〕〔词〕意俱足。居恒喜曲成后进，人以制艺执贽门下，成就甚多。有一阅文即决其穷通寿夭者，闻者初以为未然，后竟悉如其言。作诗冲口而出，天趣洋溢。著有《滋园集》，已散佚。传者只《折梅》洎《苏亭杂咏》二绝句。《折梅》诗云：狂来不避东风寒，手把梅花马上看。一路逢人应笑我，不知春色在眉端。《苏亭》诗云：为爱荷花出北城，偕朋随意逐波行。点头唤得渔船坐，自把竹竿学钓翁。其风致可想。子玥，字九润，宏才博览，有声庠序间。

鱼飞汉 字仲升，有成子。顺治丙戌拔贡，举乡试，中丁亥进士。初授河南洧川县知县，卓异，内升兵部主事，历官吏、兵、工三科给谏。传闻其立朝謇谔，不为婘婴，然事不能详也。奏议亦散佚，传者唯《请朝审祥刑》《洎复新丰原站》两疏。

《祥刑疏》曰：题为朝审伊迩，人命攸关，敬献刍荛，仰佐圣慈好生事。窃惟王者仁政虽多端，大要皆出于不忍人之一念，为生全兆姓之本。故下车泣囚，解网示仁，诚古圣王之芳轨也。今我皇上于一切大案、大狱，敕下三法司再三核议，唯恐稍失出入，有伤天地之和允矣，祥刑之至仁矣！目今朝审期逼，臣敬陈管见，用佐如天之德。谨列四款为皇上陈之：

一刻招宜详也。人命所系至重，今原招既不全刻，则中间推问翻驳之情，必不能悉。臣请每案将原招断语，并刑部看断定案之语，一并刻入便于参详，而原详随带审所，以备查阅。庶会审各官得以细加参详，而犯罪之真情无遗议矣。

一供招宜确也。每见刑部复奏重犯本章，有在外供招而部审未招者，有部审供招而在外未招者。此等疑案，虽类多奸人之巧卸，亦不无严刑之逼迫。如骤正典刑，固恐盛世有冤民；若概行宽减，又恐饰辨多漏网。会审各官务将内外、前后口供招详，慎加察核，必求情真罪当，庶刑不滥而罪人心服矣。

一题奏宜早也。朝审之后即宜拟奏上闻，恭请钦定，乃可仰副钦恤详刑之至意。臣忆数年前，曾有一日而三复奏者，皆由奏请不早，故致临时忙迫耳。则预请裁定，急当请敕申饬者也。

一淹禁宜清也。凡题明钦案，或驳或结，因有定限，无敢逾越。尚有琐屑小事，不经题明者，枝蔓相牵，动经月余。既无限期，又难遽释。念此隆冬，届期保无饥寒毙命者乎。此类人犯，其罪较钦犯为轻，其苦较钦犯为倍。所当敕下法司速为结案，不得浊行淹禁者也。或正犯未到而久羁干连之人，或质对无从而致成疑似之案，俱当请旨就其见在者结案发落。是亦清狱祥刑之一道也。

如果可采，伏祈敕部施行。

《复站疏》曰：题为驿站，实民命所关。驿路有一定之规，谨陈避重投轻之弊，以救时艰，以广皇仁事。今天下之最苦者，诚莫甚于驿站，在诸臣条议连章累牍，可谓详且尽矣。皇上洞悉民艰，叠蒙严纶下颁，无不胥歌苏生之泽矣。然犹有患在一隅，目击轻重不均者，宁忍缄默而置之弗言乎。

臣秦人也，谨以闻见，最切如渭南、临潼、高陵三处驿站，偏苦之弊，为皇上详陈之。夫三县地界相连，为三边兵马及赍奏差役往来必由之路。但高陵居临潼西北，中隔一河，相去四十余里；渭南居临潼之东，相去六十余里，则是渭南往来必越临潼境界，相去不下百十余里。前代将临潼之驿，建于临潼之东十五里地，名新丰驿。盖以道路适均便于接替，不知历几百年于兹矣。查万历年间，往来官员避省城之参谒，乐下县之需索，每每有由渭南不到新丰径往高陵者，往返二百余里，遂致夫毙马疲。彼时抚按司道等官伤心惨目，再为确议，严行禁饬，令往来过客定由新丰通衢，永断渭南小路，立碑路口示万难更易，至今石碑昭昭可据。不意明末之乱，临潼县遂因其便已顿变成规，辄将驿官、驿马撤回本县，致令往来差使直行渭、高两县，往还二百余里相为传递，而中途竟缺一站矣。目今渭、高两县夫马之死伤者，不知凡几；百姓之偏累者，髓尽血枯。嗟此穷黎，其逃亡流离之状，真有郑图难绘者，皆临潼之挪移驿站有以贻之。切思渭南地界西不过三十余里，高陵地界东不过十余里，中间尽属临潼。无论旧驿不复有道里太远之苦，至其间以两县不能统辖之民旷远竟日，每至解送钱粮，往往失事反不责居中之临潼，而责遥远之渭、高。此尤官民之受累无穷者也。

总之，新丰驿为从来厘定之旧驿，今竟撤至临潼县内，明属奸避，贻累邻封，深为偏苦。若夫夫马之额，钱粮之数，驿丞之设，视昔原无增减，但一复新丰之旧制，而三县之差，均渭、高之害息矣。伏乞皇上垂察偏苦之弊，敕部详阅石刻碑文，仍复新丰驿，令往来官吏不许越新丰一站，竟至渭、高，则夫马庶永免徇毙逃亡之患矣。

疏上俱蒙嘉纳，饬部议行，享用方殷。遽以亲老乞身不复出。邑人吴用光有《饯送诗》：臣心远逐白云飞，脱却朝衣换彩衣。谏草方随新火尽，驿书已向故园归。交多祖道驰歧路，酒载皇华醉晓晖。只为曜灵催景短，怜君暂与九重违。子鸾翔，登康熙乙丑进士，督学江西。亦以清直著，继其家声。

  马体仁 骥子，字瑶庵。康熙己未进士，以知县用。缘父衰病假归，奉侍几廿年。父殁除服，始谒选知直隶定兴县。县密迩畿辅，地瘠事殷，甫下车询民疾苦，善政以次举行。如请蠲赈、均徭役、息讼讦、禁侈汰、修庙学、讲圣谕、劝农田、饬旗卒、修桥梁，期年，县大冶。会仁庙南巡，过泳阳桥，采舆论大加褒嘉，饬左右录名，抚军于公调权新城，如治定兴时弊剔利兴。寻以上考征擢刑部主事。去之日，父老攀辕亦如去定兴时。至部，遂精爱书，所谳决必据律，然悉聪明致忠爱，一时廷尉称平，大司寇倚重之，令摄晋、楚、江、浙四司兼理二载。措理裕如，每秋审重案，尚书公必以公从，曰：马公不误我也。会值计典，主部者将以上考荐，遽感微疾不起，未竟其用，士论惜之。

赵曰睿 字敬思，号陶斋，姜李村人。康熙戊戌进士，授四川资阳知县，人皆称为资阳公。卓异内征户部主事，未赴。罣吏议其为资阳也。相传善政最多，然言者不能详也。平生蓄道德、能文章，著述盈箧，逸不存。存者惟杂著十余篇，多琅琅可诵。邑明经刘先生余儆重其文，谓与古为近云。见缀录。

陈大纲 字福臣，郭下里人。由乾隆己酉拔贡举京兆，中嘉庆辛未进士。历任湖南桑植、湘阴、巴陵知县，事迹亦莫详也。题岳阳楼联云："四面湖山归眼底，万家忧乐在心头。"兵后剥落，胡文忠公林翼见之，重加髹饰，兼题跋语，谓其"居官忠清，爱民如子，具范文正先忧后乐之心，气概不止县令而已"云。犹子家骧，字西池，道光丁酉拔贡，师事蓥屋路闰生先生，为制艺有声。

陈廷佐 字亮工，郭下里人。生有至性，处家以孝友闻；读书警敏，弱冠为诸生。嘉庆辛酉，督学陆公按试，阅其文奇赏之，拔贡成均。家贫授徒，教人以居敬为主，举止端严，望者咸生畏。历权华州、商南、西乡、城固、南郑等处学官，最后司教淳化。所至以振兴文教为急，勤训课士，子执经请业者日踵相接，诲之无倦色。性坚毅耐苦，尤慷慨。署城固学时，首割俸倡修明（偷）〔伦〕堂。在淳化襄理城工，任劳怨而公正无私，淳化人自今歌思之。

樊克铭 《府志》：县人。督标右营马兵，乾隆十二年从征金川，阵亡。

永瑞彪 《府志》：县人。旧县关营守兵，乾隆三十七年从征金川，阵亡。

杨橹 字湘侯，小赵村人，诸生。为人浑厚精明，俶傥有奇气。少习举子业，屡踬棘闱。同治纪元，避回纥走富平。时知县事者为江龙门开方，练勇守御，久耳橹名，喜其至，致入幕委以团务。橹昕夜简练，数出击贼，有擒斩，江深倚之。会同事郭某带队巡哨遇伏，困重围，橹闻驰援，哄斗移时。贼麇集如蚁，悉力向之，橹勇伤亡几尽，身被数十创，遂殁于阵。同治二年正月初四日事。事闻，奉旨荫一子云骑尉、恩骑尉，世袭罔替。

卢万银 顺城堡农人也。父殁，三年不薙发，不入内室，不茹酒肉。既葬，日负担土筑墓三年无间，累如小山。路旁过者咸指目之曰：孝子父墓云。回乱，哭伏墓侧不去，遂遇害。

李生华 小寨村人。事继母以孝闻。回乱，母笃老，家贫无力避地，贼至杀其母，以身殉。

陈启唐 县学生。回乱，父母春秋高，不愿离乡井，启唐奉避窟室中同瘗死。同时有**商彦**者，亦不舍母去，罹于害。

高德照 安信里人。性戆直有胆气。回乱初起扰至村，德照持耰锄与斗不胜，归缒母于眢井，负父于野外沟中。令侄只身逃，侄欲与偕。曰：弃父母而去不忍也，汝逃，存宗祀足矣。寻奉父母至上院堡，随团众登陴抵御，堡陷，手刃数贼，力竭死之。

常廷橒 字荫轩，孝义里人。状貌丰伟，性刚方不阿，乡邻有急难必赴之。中岁善骑射，工技击，所授徒均步伐练习有法度。回乱作，东乡民团公推为长，廷橒慨然出粟捐缗为经费，以事出仓猝未及集，贼已披猖，发愤卒。

回变初作，士民集团抵御，力竭阵亡者：候选训导王恩第，生员高月桂、王鸣盛、张铭盘，武举李定国，武生李定邦，寿官史光林，民人刘全秀、刘尔谅、任贵、李觉、任乐、刘恒吉、刘恒顺、刘洪、刘金元、刘金康、刘恒隆、吴榜、张岭、张峩、张岑、张韶、张殿魁、张巍、张仁、张智、张元清、张元泰、张元有、张泰来、张贵清、张成德、周全、周德、吴春彦、吴景彦、吴快、吴学仁、吴学儒、吴江、吴海、吴孝、吴学义、吴学礼、吴学信、吴韶、吴明通、吴柱枝、梁克俭、梁克让、梁尚柱、梁尚有、梁尚清、郭清泰、任信智、李生义、韩春华、高桂馨、韩七、高志正、高德清、常箴、王楷明、常成顺、王福德、常代伸、文忠文、王元、王魁、常加贵、药养修、常绩、常秉乾、李凤岐、侯曰相、侯曰来、樊应选、李永贵、樊志和、杨步升、赵继敏、赵学善、赵相玉、赵金元、赵永金、赵永凝、赵继常、赵清明、赵殿元、赵学义、赵筱扬、赵万龄、赵俦、赵升元、赵裕、赵福受、赵学道、赵经合、赵怀成、赵穿、赵春元、赵金源、赵万宝、赵万才、赵天才、李敬、李枝、赵士继、邓世杰、程世金、毛大才、毛大善、邓云、马迅、马泰、马彦盛、马彦庆、马戚、郝殿杰、郝殿元、张元昌、张生春、王遇昌、王遇禄、屈永禄、屈永泰、屈永兴、屈永顺、王海、屈彦曾、屈德怀、屈景太、屈彦清、罗谟、罗久长、王□、宋世秀、张龙章、王庆、崔发魁、郭天发、郭朗志、郭永禄、郭明义、郭修声、郭万发、郭文卫、郭高、郭广、郭文英、郭天杰、郭修福、郭天俊、郭天经、郭天铭、郭天惠、郭天龄、郭凤、郭天道、郭安、郭天益、郭克乐、郭永名、郭长、郭文朗、郭荣、郭都、郭天瀛、郭天凝、郭淑中、郭玛、郭知孝、郭天谅、吴应魁、郭天云、郭五湖、郭寿福、郭秋重、郭俊、郭忠、郭恂、郭禄午、郭璩、何福成、廉隅、廉隆、梁升阶、梁成善、梁兴祖、邢作相、邢作贵、邢作楫、邢作树、邢成先、邢作铭、王礼、邢詹思、邢作霄、王天才、王德、王七、王八儿、王太元、王兴礼、王兴邦、王兴才、瞿顺、瞿才、瞿双成、瞿由户、王根成、戴永贵、赵步霄、赵根柱、赵玛、邢廷辉、邢廷英、邢廷瑞、惠景兰、惠廷兰、惠金钟、惠景、李新泰、李新和、李蔚、张兴、田八十、张玉、田二、张呆、田茂、张士俦、田德、张兆福、田士、张兆禄、田居仁、田居义、田居信、田芳、田居宽、张永廉、安有、王福重、屈谓和、田自信、田生春、萧忠、萧祥生、萧桂生、萧登魁、萧登缘、萧遇缘、萧天眷、萧雨潦、崔步宽、王彦平、文景福、党进康、张廷宾、张禧、张曰仁、尚景才、张树萱、尚章贯、尚和、吴三献、吴随、吴新桂、马福魁、马寿魁、马永禧、马永义、马老八、马老九、马老十、雷九娃、马武奎、马文奎、马朝、马全、马生金、马老二、韩永、韩皋龄、韩春、郝全、郝双、郝德有、郝禧、黄金钰、马乐、黄覆、文焕、王三阳、文孝、王乘、王肃、王德成、王德法、王公法、王左、王贵、王世宣、王世忠、王世臣、王世德、王思、王泰兴、王泰发、王恭思、王文有、王文学、王三畏、王详、王景修、王景成、王士艮、王益新、王玉成、王英、王泰恭、王三贵、王三金、雷振林、王锁儿、王歪儿、贾彦英、贾振江、孙义、刘存礼、刘连美、刘悦、周忠、吴振兴、刘长贵、赵强、王麻紫、齐和、孔世保、赵禄、齐骊和、孔泽、赵根师、孔福广、王图之、赵常、赵忠、赵乃、吴绍永、赵荣贵、赵寿、赵新春、刘福贵、孔四保、吴振有、赵兴、吴德、吴江、吴寅、贾万有、吴金龙、赵可喜、赵大图、吴赫、王保、赵伍戚、赵策、王元、赵师、赵德、齐鸣金、齐玉、刘福贵、齐有、张来、刘天锡、齐怀保、张襄、刘盛、齐生有、张随、张兴仁、雷文和、楚步海、赵禄度、赵世兴、赵祥、赵思忠、赵思齐、赵本之、赵柏构、齐生才、齐明诚、齐七轨、齐贰猷、齐美猷、齐怀仁、齐好学、齐举、齐源、刘福履、刘福贞、刘天和、刘福兴、刘仁、齐三丰、齐三雷、齐明科、赵述元、赵纪、赵渠、赵思清、赵守成、王邦虎、王邦英、杨裕材、王朝林、王世德、贺兴贵、贺俊、贺金牛、王振邦、王金榜、王隆芝、崔发桂、雷文英、王牛龄、张得泰、王端阳、王毓节、杨五世、杨州、雷文兴、王牛棰、齐怀兴、王喜宗、赵步林、赵柱、赵经、王会宗、王时、赵贵、崔友、王世清、赵发枝、赵永、王瞻法、王典有、王经、雷元升、王朝玉、王邦本、雷平、雷步金、雷光第、雷明法、雷攸泰、雷吉昌、雷吉履、雷吉庆、雷金朱、雷步青、雷银珠、雷大文、雷吉祥、雷文达、雷广秀、雷金川、雷觉诚、雷柳、雷遂、雷大桂、雷顺、雷寅、雷兴武、雷富、雷煌、雷怀法、雷大杰、雷旦、雷筍盛、雷根戚、雷成、雷闻道、雷龄、白图法、雷茂全、雷胜、雷文焕、雷茂成、雷骊、雷玉鼎、雷淑芝、雷篆盛、雷永盛、雷护、雷根盛、雷文学、雷步宪、雷克明、雷克越、雷周、雷步诚、雷文秀、雷安泰、雷□、雷茂林、雷茂顺、雷法绩、雷文贤、雷文清、雷艮、雷文杰、雷茂礼、雷茂祥、雷陶纪、雷大根、雷清、雷景、雷文理、雷涵、雷学诗、雷福盛、雷雨枝、雷文兴、雷庆、雷群、雷步龙、雷茂怀、雷文虎、雷茂才、雷天舍、雷旋、雷根荫、雷大艮、雷步文、雷六三、雷世泰、雷步洁、雷登云、雷丁、赵福盛、赵麻紫、赵福广、赵福禄、赵廷锡、赵名声、赵成兴、赵成纪、赵成树、赵瑞林、赵明禧、赵廷臣、赵廷义、赵明柱、赵廷枢、赵思、赵择五、赵海、赵楚、赵余、赵德、赵顺、赵茂德、赵茂恭、赵茂勉、赵王来、赵镇、赵信、赵同观、赵昌、赵维法、赵维贞、赵维周、赵廷祜、赵廷学、赵廷戀、赵廷华、赵早计、赵七娃、赵维顺、赵维有、赵维礼、赵廷相、赵明盛、赵廷举、赵廷瀚、赵廷辉、赵廷贤、赵年、赵酉、赵辛、赵留、赵常、赵留保、赵久长、赵六三、王铨、赵文、赵览、赵廷禄、赵万成、赵万有、赵得福、赵得禄、崇生才、崇生标、陈天佑、袁义、袁芒、李贵、周忠、严永寿、雷振林、雷振江、郭英、高恒珍、赵清元、赵清和、赵清隆、廉奉才、廉庸、廉隅、何登桂、何智、何顺、廉汝霖、高得夏、何洁、何廉、何万有、何景广、何智成、何贵德、赵士信、赵思魁、赵思元、赵思忠、赵珪志、张生荣、张祥云、张大顺、刘廷柱、刘廷玉、侯得金、黄玉贵、卜三英、卜三七、赵有成、赵元、赵有贵、赵崇、赵有安、楚万才、李万金、李万银、李顺、李居宽、李居恭、李就、李生辉、李双清、李银正、李锡正、李妙愿、李实图、李生枝、王春元、王应元、王大林、吕万林、吕荣合、李春富、李大有、屈明、郑裕德、李文宣、王永成、王久、王实、李菱、李芙、李蔚、张吉成、张万友、楚生发、席成贵、席成礼、席成智、席祥瑞、张惠、张元金、张元银、于邦椿、于邦栋、于邦奇、于泾阳、于邦廉、姚建顺、姚和兰、姚和清、于邦洪、于顺德、于顺经、徐福、于邦辅、孔兴礼、孔兴智、赵曰畏、陈德福、陈春、陈得元、陈继舜、陈元喜、陈思明、赵日光、赵景美、张致和、张致唐、张致清、张致光、陈元义、陈思成、李有才、韩作德、郑步全、李根合、李文长、吕万宗、侯秀文、侯秀盛、侯秀林、侯秀荣、侯天锡、侯天珍、侯天顺、侯悦相、侯悦同、孙士正、杨树隆、李重、李改名、李万有、李春秀、李春玉、李春芳、李荣、程秀玉、郑积彪。

九年回逆，禹得彦等股窜扰，士民集团御贼力竭阵亡者则：成应和、刘天德、成永升、成忠、刘奇、张秀随、黄老一、曹兴成、马有才、张恺、吴涝儿、成克宽、乔珍、程三、杨生润、杜起朗、杜世贵、李遂顺、窦士纯、雷吉娃、刘秉顺、任彦良、李金顺、李登甲、杜成、杜思纯、张锡荣、韩得禄、丁彦顺、梁邦顺、李登喜、赵联第、商吉来、李金顺、商文安、李纯、焦世艾、梁邦兴、李见寿、李思成、黄大年、朱家祥、刘来、刘所、田汪、王福、董铁儿、田老一。

其于乱之初生，守陴被害、巷战殉身者：生员贾连发、郈郊生、郭发明、赵清瑞。民人张福、张毓兰、张中、张吉、王学孔、纪大寅、纪九常、张叙、杨六、杨得安、杨志吉、杨干、杨生枝、杨春、杨德、樊兆麟、董万奎、雷春、樊庐、雷天禄、王长寿、孙兰、孙增福、李藩、文怀仁、王锡、李长春、贾学敬、贾成、柏文登、柏兴玉、贾维、贾茂、贾恢盛、张大贵、贾生林、贾生辉、贾生成、张怀义、张怀信、张鹏翔、张七、张自正、高德昭、高继英、张必贤、侯辅邦、吴林、吴材、陈思海、张克爱、张车、侯朝桢、侯秀德、侯经邦、侯正邦、侯秀和、杨生春、杨世春、杨文炳、吕万杰、李恒奎、李芳、李端阳、惠清、卜三俊、杨世林、陈柳、陈冬至、何时、何景振、何卓子、何万雨、雒万成、高得秋、高思恭、何树林、何景魁、何全友、赵友顺、赵悦有、安永茂、安永贵、安福才、李尚义、贺有、李赫铨、李居明、李称心、李生华、李秉孝、白世有、王兴元、王怀元、王辅平、王友平、王泰平、王平、吕万春、吕荣和、张年、李春贵、李永丰、张永康、陈思恭、雷振禄、于邦忠、张王齐、于邦信、于卞之、赵安、孔兴仁、陈礼、张祥云、赵曰章、陈义、陈廷杰、陈元平、陈新重、郭天眷、郭克忠、陈发科、郑玉龙、李永成、李大才、郑步武、杨丕学、杨恒心、马述德。

其被执不屈，骂贼而死者：郝尚林、石学仁、石学智、党发林、王直、王朝宗、雷文德、赵让、雷荫仁、黄邦杰、孙介、孙茹英。以上申节义局县册

集团守城力竭，授命者又有：生员张乘槎、王启泰、高桂、李辉、赵廷瑞、傅君彩、费永寿。武生黄家俊、李森、萧鸿儒。民人王述圣、黄三成、袁兴、张常、张学礼、牟廷发、马读子、魏行甲、任重禄、王万龄、杜孝、陈思敏、赵明升、雷与武、雷步金、王正、屈必伸、马佩玉、张思孝、曹中廉、曹中义、冯长代、赵徙义、董三德、董明德、吴蕴柱、王彦章、郝克敏、胡克俭、冯宗彦、胡先春、蒙训、李昌吉、郭天顺、高自安、白秀珍、裴见机、药仲恒、药养志、白席珍、杜天禧、刘阳娃、韩春、惠

兴川、任廷槐、韩七、高桂馨、王基、孙邦清、陈福德、吕莲生、任济昌、张满成、康玉发、荣明德、任重福、陈光间、马渭南、马河南、马致信、马大梁、马三成、马忠、王春茂、马大卞、李永镇、马金相、王良贵、王养贤、马金市、马金和、段玉才、马金年、马大用、马达信、马金笇、马柏树、马安泰、马景泰、马金隆、马崇、马大金、马恒泰、马笃禧、马崇禧、马有信、杨献、杨开泰、杨学贤、杨丙寅、李景泰、李景槐、蔡学仁、蔡学义、冯居诚、冯居德、焦生金、焦生贵、焦生春、李春芳、李春苻、李春英、李积龙、李积虎、李顺元、李凤德、李凤道、穆起凤、穆起鹏、王学良、王学俭、王万金、王万银、邓兰芳、李驹之、邓景太、王平兴、李太、李德、郭镇清、郭天锡、张可德、邓得杰、吕学复、任金定、任立功、任成周、任成重、任成和、任成第、任成桢、任成会、任成寅、任信智、任成福、任成丁、任成有、任信昌、任信兴、任成和、任成广、任成凝、任功福、任成永、刘兴、刘全智、刘全燕、刘全英、刘恩、刘三有、刘三乐、刘莱有、刘林、刘全秀、刘曰谅、刘曰铭、刘三光、刘洽、刘安、孙世隆、刘恭、刘让、刘俭、刘矜钰、刘镇江、刘德堃、刘昌、刘全江、陈君举、刘德聪、刘虎、刘八、刘七十、赵贵锡、赵统基、赵成清、赵统利、赵立德、赵增元、赵增华、赵增科、刘振玉、刘闻礼、刘午山、常成、孙月华、孙弥、赵述先、赵志春、陈廷忠、陈廷明、陈思杰、萧明顺、郑溥德、阮涵金、郑心孔、郑资孔、常仲华、郑世杰、李谊、王谨常、王泰、郑溥升、郑得法、郑应忠、郑金全、郑金寿、郑金科、郑嘉忠、郑全忠、郑覆重、郑全有、郑万礼、郑习孔、郑学孔、郑礼孔、朱孔耀、朱孔德、马禧、马斀、白庆寿、许春义、许春盛、马德有、马德才、许殿元、许昱、马怀德、马奎、马蚪、郇登考、谭演浒、白庆福、王大训、茹镇清、茹镇河、马太平、白庆元、刘宗尧、陈荫魁、王大铭、王曼、刘全信、刘苑、刘琦、刘全有、雷召和、刘庄向、刘宗茂、刘孟熊、张金、惠世顺、王构、惠六、张永凝、孙述、刘遏、王福德、王瀛、王登举、徐廷秀、贾春林、王金思、王芳禧、王同师、王祥、王芳全、王文、王天赐、王三、王拴、王方泰、雷健、王琐、雷友、雷元茂、徐敬林、冯彦平、徐九、王樯、王源、王将、齐德俊、程来、姚宽、党禧、王占魁、吕学文、徐敬业、蔡文魁、王世兰、梁宗德、梁东凤、吕成仁、张仲坤、刘山、刘金、刘江、于邦才、于淑山、张兴顺、张万顺、张正顺、魏天德、王茂林、王茂才、杨显、张孝养、张生金、王长根、王玉德、薛顺、薛耀、马崇兴、马金柱、郇兴春、薛遇老、王福德、马金鼎、马玉柱、马彩成、马延丁、马林有、马考义、马元亨、马利贞、马林治、马老举、马随举、马环、郇功治、郇兴魁、郇兴沧、郇恭让、郇恭俭、郇戴注、郇悯注、郇定注、郇随注、郇兴源、郇兴科、郇兴玉、郇恭义、郇恭恕、郇兴泰、郇应春、郇大林、张廷彦、张廷生、张圣诰、郇大丰、张圣训、张德义、张闻道、张闻光、张全智、张全廉、张全信、张全义、张步霄、张鉴、张长寿、张大寿、张二寿、杜树德、薛廷相、刘辅桂、张天才、张三省、张廷献、张进福、张明堂、张兰、张振基、张继祥、张舍、张希圣、李金科、张得隆、张才、张升、张玉、王麟、聂学德、聂学武、聂学英、张裕、王抱、王道、王克信、王克容、王克诚、雷嘉常、陈车户、雷张来、雷光祖、孟弁、田自秀、吕居仁、刘冬至、吕生芸、王呼莱、姚心贵、费永孝、费永成、费永福、王应春、王应吉、王玉、吕学寿、孙永泰、孙凤鸣、孙文举、孙永发、孙永懋、孙随鹤、梁应元、孙永康、孙保、孙增、楚伯益、楚伯雄、楚学远、赵宏柱、惠景元、惠金钟、王桂、王栋、王德、王兴礼、王科、秦全盛、王都、王天才、王根诚、刑邦、璩材、刑贵先、王云、王茂盛、史悦义、张奉举、赵耀龙、王义、王顺、史发科、赵汉寅、于纪、楚永贵、楚宝善、于增奇、张学茂、张来观、孙邦清、张凤清、楚天眷、张志兴、王永顺、张昌、张天益、王冀、来茹法、张举、王随、张龙、张瑞、崇春禧、尚全、杨构、王锡奇、王留诚、商同安、李彦、商志俭、商志元、商毓福、商志敬、商晏、商清、商德、文莱子、郭巨春、樊成、王景隆、李芳、李芝、朱喜玉、樊伦、朱定、杨承锡、杨承禄、张栋、张谭、高文奎、张天赐、同世德、邓世杰、杨永清、杨永义、王金秀、陈和、宁三元、宁晓心、党得春、张玺、李桂、马育、马奉祥、郭廷秀、马贯龄、郝永德、马德、郭长、马清、王金、马三长、吕法、郝元、郭节、苏昌、郭经飑、刘裕实、同福诚、安友、王福重、苏节、刘孝、郭润、路得凝、路步青、邸复、王裕麟、魏景贤、陈君清、陈彦昌、李元、郭安、郭恒礼、郭恒盛、李秀吉、李余、郭恒美、刘高、李克英、张自强、文回、马思成、贾廷廉、张宣、张冠、文瞭、王永清、魏源、王永贵、魏继成、王福兴、王逢林、王谊、王九全、李有才、王从德、王令子、王元贵、王元章、王楷、王宁騧、孙兰、王长寿、孙荟、李莲芳、王缪、李定基、李定鼎、李定世、李天福、李新、李自刚、李兴德、李兴旸、李存、房峻、李平、李英、李登科、雷金斗、刘三定、白玉成、白天福、白玉生、白长经、白明奎、高辅桂、高有、萧禄元、王凤舞、高应嵩、高广龄、萧鸿德、吴永泰、吴絮年、吴永顺、萧鸿云、乔启顺、萧尔钦、吴永发、乔奉仁、乔登和、吴永和、邢尔明、吴永元、王凤祥、霍涵有、霍永禄、萧鸿义、程世才、王玺、王湖、刘瞭、万饶和。

　　有又被贼裹胁，大骂而死者：附贡鱼铨堂，生员胡保经、孙学礼、张炜、马献图、胡镇疆。武生郭文辉、刘敬。民人王探科、桑彦武、马振江、金生发、任卞、杨盛、郭茂清、李振义、惠玉、吴登贵、杨步升、王万云、王万绪、雷文贤、赵廷臣、陈正封、王凤柱、张思杰、崔步田、董三德、张景孝、杨发祥、杨生华、孙毅、刘诚忠、李文德、董芳籽、董科、高自安、樊致和、郭定祥、程起刚、王阶、陈廉、商邦安、雷见禧、雷见材、雷见用、雷有、雷年齐、雷玉秀、雷见顺、雷相德、雷遇治、王道、王葆、周遇清、程元、程德和、尚清、董创基、程箴、程俭、和秉信、刘秉寅、吕思贵、刘德成、刘种、程玉、刘朝、刘奇麟、刘秉详、刘莱、王翰霄、程玉彩、王懋圣、王懋功、王作德、杨发、杨光春、孙增寿、孙增福、杨春荣、惠登兴、李敬、靳廷魁、李智、李仁、李振元、刘许汉、李法、李礼、李义、李阳、李镇、刘杰、惠永魁、李林、雷福盛、雷福正、雷秉公、李福德、李学易、雷兰、雷中潮、王明禧、雷彩槃、王奉天、张元昌、张朝基、张朝芝。

　　以上临阵捐躯，自王恩第以下被执不辱，自郝尚林以下盛已其素行不可得悉，而一节自堪千古。使其执干戈，卫社稷，知其必无苟免也。昔班固赞马迁，谓其是非颇谬于圣人，范蔚宗论班固，谓其排死节否正直，不叙杀身成仁之为美。以二人之才识，而其书之可议，犹如此则死节之宜重，而是非之必衷诸圣人也，讵不要欤。予辑志善善从长，矧兹大节昭彰，舆论悉协而令其湮没矣乎。或者犹以多为嫌是，又不论是非而与于排死节之甚者也。予故恨搜访之未能无遗，而第即可据者哀存斯传，俾忠魂克慰。而此外之殉父兄、志沟壑，名湮没而无考者，亦不啻赫赫然具在也。后死者可以观已。

党思睿 崖子村人。生有异禀，童时即不屑章句学，闻王澧川先生倡明关学，徒步从之游。日手濂、洛诸儒先书诵惟不释，有所得即体而行之，澧川尝称其今人古心云。性至孝，父病痈，口吮脓溃；事母能养志。母氏孟，喜其知学好道，啜菽饮水亦安之。亲殁，丧葬一遵《朱子家礼》，筑室于场三年，琴瑟不御，荤酒不入口。家人见其柴瘠，劝令少抑哀思，则应曰：吾忍以老病废礼哉。乾隆十六年，以纯孝旌。

刘全信 字允之，东吴里人。善事亲。继母雒得弱疾，医者束手，全信祷于天，刲股肉和药以进，竟得愈。当割时不觉苦，寻平复如常，家人奇沉疴之起，侦得其故，全信终未尝对外人言也。家素丰财，性慷慨好施，嘉庆庚寅岁饥，出粟周邻里多所全活。道光二十五年，以孝子旌。

樊景善 冶铁为生，家赤贫，终年鼓铸所获辄甘旨奉母。偶与人口角，闻母呼即止。

孙绍先 王化村人，增生。工制举业，道光辛卯荐不售，舍去。授徒于乡，严课程不计脩脯，遇孤贫一毫无所取。性纯孝。母氏双目瞽兼有贞疾，馆谷地距家五六里，晨昏定省，仆仆往来无风雨寒暑间。比殁，擗踊尽礼，墓上松楸皆所手植。

曹三江 性至孝，贫无以养。道光丙午、丁未间岁荐饥，罄产供母食，遂无立锥地，奉母寓竹林寺中。回乱，制小车坐母其上，往来推挽避地，时年已六十余矣。

常辅世 字印川，孝义里人。优增生，至性过人。父目疾，舐之三年得全愈。母病狂易，日侍侧不少离，每夜焚香露祷，愿以身代处。兄弟怡怡然，一生规行矩步，未尝失足于人。少聪颖，缘贫年十四始入塾，旋为诸生。道光甲午、己亥闱艺均备中，以额满。遗著有《三乐斋孝行说》二册，《纲鉴说约》二册，兵燹后散佚。

常雨化 字时若，任从弟，廪生。有至性，早丧母，事父依依膝下不暂离，珍粮必亲供，溺器必自涤。比殁，哀毁居倚庐，不易缞麻者三年。事兄友恭备至，终身无间言。

王维贤 崖王村农人也。善事亲，家不中赀，生平艺黍牵车，菽水饮啜，常得亲心欢，乡里称之。

吴登科 字中选，郭下里人。诸生，能文，屡踬棘闱，以年例贡成均。家贫授徒里塾，好宏奖，勤讲习，不责束脩。尝慨诗教之衰，仿梅圣俞法白课徒一诗，久之皆工韵语。所居负郭距城市尺咫，然不栉沐不一往也。生平绳趋矩步，人未尝见有佚行，生徒济济，一时推人师焉。

程先生讳凌云 三渡村①人。性和易而有守，家故贫从不乞假人。少习举子业，不趋时，终身不博一衿，意泊如也。善训蒙，专一均平，不较脩脯，童子从者岁常四五十人。

张先生讳一书 字心田，张家堡人。幼孤贫，好读书，弱冠有声庠序。顾数奇终不第，教学于泾、原诸大家，执义不苟，有不合决然去。富室父若子有泣留者，有一家而再至、三至者。尝曰：今人易言训蒙，不知蒙泉育德，圣功所在，须宽严并用，方为养正蒙。初爻言利，用刑人所以示严；即继曰：用脱桎梏，所以示宽。今之教者，非击蒙即困蒙，背圣误人无惑乎，文教之衰也。吾平生训蒙，窃于蒙卦取法。又曰：古者民生于三事之如一，故于师服心丧三年诚重之也。倘训蒙而不实事求是，愧师名多矣。遇道从游最久，习闻绪论如此。晚年患目眚，逃于禅，日焚香静坐，十年后目竟重明。尝云圣人云"居处恭"，又曰"居敬"，又曰"操则存"。吾今方知入道，工夫下手处皆在静存也。性方严和易，与程先生同，然两先生皆无子，咸以为天道难知云。

常任 字俊卿，孝义里人。岁贡生，好读书，工制艺，屡荐不遇。咸丰辛亥，文已入彀发刻，旋以次场抱病不入闱，又黜落，一时以为文章憎命云。性敦厚，好周恤，尝备棺木济贫无以殓者。道光中岁饥，称贷赈乡邻，又慨出数百缗送公局助赈，当事者深敬异之。著有《学庸附解省幼塾钞》若干卷藏于家。

---

① 三渡村：今药惠程家村。

刘秉廉 东吴里人，增生。家贫嗜学，肄业宏道书院，文名噪甚。从学者踵接，量其材力均有成就，为茂才者数十人。尝谓平生教学无他长，惟不肯误人子弟。

刘际昌 县人，优廪生。绩学植品，家贫授徒，从游者甚众。训安佩钦、王家宾等十六人均为名诸生，俱绳趋矩步，洗尽刁健之习。惜年未四十赍志卒。

王者香 字兰亭，通远坊人，增生。为人沉静，不苟訾笑，丰裁峻整，乡人无少长敬惮之。读书明大义，不为章句学；授徒严学规，勤日课，及门者皆有成就。居家敦孝弟，处友重信义，乡少年有不守规矩者，为反复劝导，闻而改悔者亦多。

刘保元 东吴里人。鲠直性成，慕鲁仲连之为人，好排难解纷。乡邻斗者，得元一言而解；有以细故讼者，必为之委曲和解。人咸服其公正，遇事多请质受成焉。

李梦白 八斗赵村人，增生。有志操，尚气谊，非公事未尝至县署，终身无只字入公门。授徒省垣，有城固诸生赵培桂者，豪士也。道光乙未应乡举，困长安逆旅，梦白割脩脯给之，是科赵获隽，后为河南知县有声。又岳阳诸生访友不遇，乞食长安市，梦白侦知其同道，助以资兼为筹馆席。生平博览古籍，旁通岐黄，扶危持颠，不可悉数。人有颂以匾、酬以金者，概不受。以诸生老。

乔万同 张桥里人，任侠好义。比村胡某妇青年守节，日抱子乞食乡村，其兄欲夺而嫁之。纳刘某贿，约要于路强娶之，妇不知也。一日，万同于村西郊，见数人强掖一妇车上，妇骂且号，询知其为守节妇。奋前理喻弗得，怒饱拳，走之。立解其厄。刘与厥兄诬控于官，时邑宰为润之先生德亮，剖得情立罪二人，而奖万同称为义士。道光年间事。

邸自重 字敬修，上石里人。少读儒书，贫不能卒业，改习疡医，以术名。遇者辄应手愈，而砥砺操行，士君子乐与之游。孝出天性，居母丧，毁几灭性。嘉庆中岁饥，窖粟者类遏籴，乡党谂自重尚有粟，请其出以平籴。自重曰：此何时，尚牟利耶？慨然指囷计口均给，不受值。丰年亦不复索，一时有"善人"之目。晚年举乡饮宾。

任重远 郭下里人。生有至性，侍父贾川之盐亭值病，步祷峨眉之观音阁，竟得全瘳。事继母如所生，训子懋修为知县。

李德成 八斗赵村人。业农。孝于亲，奉寡母终身孺慕。母年九十九，德成嬉戏左右如婴儿。家不中资而性好施，亲邻有缓急，力不能或称贷以助。比村任性子过时无以为家，慨与之钱完其娶。岁凶，收养无依幼女，长成择配亲串，往来见之者不知其为养女。嘉庆间饥，值岁暮人皆乏食，自顾亦无儋石储。适有赠金自远方来者，德成喜不俟诘旦，以分与邻之待炊者。即殁，乡人士以"敦善不怠"颜其门。

刘时雨 邑庠武生。精越人术，心存施济，誓不取赀，延者日户外屦满。时雨自具舆马，必先至无力者家，然后次第赴各处诊视，并赠以药饵，活人甚伙。

刘同义 李赵村人。八世同居。

苏汝心 临潼庄人。七世同居。

同居常事耳，而薄俗恒难。故秦汉而下，张公艺九世同居，唐主褒美；陈兢十三世同居，宋宗赐粟诚异之也，诚重之也。以及会稽裴承询十九世同居，信州李琳十五世同居，载在史册，千秋彪炳。近世泾阳贡生张璘七世同居，我高宗纯皇帝乾隆三十一年，特旨旌奖赏，上用缎匹示优异，并御制七言律诗一章以赐。所以培风俗而教亲睦者，超越前古矣。夫何习俗相沿，江河日下，以迩来闻见兄弟操戈、叔侄为仇者比比矣。甚有父子异趣，夫妇荡析者，再世之不及待，遑言子孙无相害也。之二人者，虽未识其制行何如，而要其敬宗尊祖，讲让型仁，其垂为家法而世守之者，必于张之忍、陈之廉其有合也。不足以风乎？

附：耆寿乡饮宾

纪 荃 《府志》：县人，年臻百岁。

白 公讳子德 遇道高祖也。乾隆初乡饮耆宾。

裴 矢 孝义里人。乾隆间乡饮介宾。

吴 鼐 字君器，郭下里人。乾隆二十六年乡饮耆宾。

吴 鼒 字君聘，郭下里人。乾隆二十六年乡饮耆宾。

李裕庵 拔贡生。乾隆间乡饮正宾。

周敬斋 乾隆间乡饮正宾。

周君棠 乾隆间乡饮正宾。

吴宗泰 字绍伯，郭下里人。乾隆四十一年乡饮耆宾。

刘汉印 孝义里人。乾隆间乡饮耆宾。

陈佩理 郭下里人。乾隆间乡饮耆宾。

孙世德 嘉庆十二年乡饮耆宾。

吴应诏 字钦章，郭下里人。年八十九岁恩赐耆老二次。

安　全 道光间乡饮耆宾。

陈大可 道光间乡饮耆宾。

安　兴 道光间乡饮耆宾。

白长睿 遇道胞伯也。年八十岁，道光二十七年恩赐耆老。

补遗

汉冯商　《前汉书·张汤传》赞注师古曰：刘歆《七略》云：商，阳陵人，治易事，五鹿充宗。能属文，博通强记，与孟、柳俱待诏颇叙列传，未卒，会病死。如淳曰班固《目录》：长安人，成帝时以能属书待诏金马门，受诏续《太史书》十余篇。

唐李从证　尹震铎撰墓志，汉将李广之苗裔，移族关内高陵县。多艺不群，博读经书，偏精《左氏春秋传》。学晋右将军书，墨妙笔功，时称能者。通老氏六博，周人十二棋，中得其一，可以对人而阅视。所重者，重于道；所耽者，耽于琴。德辐如毛，艺成羽翼，获右神策军。护军中尉刘公慕而取之，置之于肘腋，知贤眷注，荐用亲于合门。公跂足拳挥管洒刀翰，立书奏榜，点画无缺。未逾数岁，出入殿廷，善好合光明时济。会厥初入仕，事武宗皇帝，授宣义郎，行内侍省内仆局丞员外，置同正员上柱国，身衣绿绶，面对天听。复遇方今圣皇帝，受命衔恩，为主心腹，直道事君，结诚许国，是知善人修短，聪明夭折。身染于疾，渐归于榻，虚征百药，蟾月三缺，心神不惑，知时而终。以大中四年十一月十六日，终于广化里私第。

高陵县续志卷之五终

高陵县续志卷之六

知县程维雍重修　　邑人白遇道编纂

人物传 下

列女宜别传旧入人物，今仍之。泾野子固言之：丈夫不如妇人者多矣。德言容功，幽娴贞静，岂一端而已。善乎？唐魏徵之言曰：妇人之德，虽在于温柔，立节垂名，咸资于贞烈。明马理之言曰：士有百行，女唯一贞。则夫光彤管、存正气者，固自有在也。今搜次贞孝节烈之著者，其他贤淑才秀概从略。

节孝

明 十一人

高氏，廪生萧韶妻，礼部司务自修母。韶有远志，未竟而卒。氏年未三十，诸子皆幼弱，乃含冰啮檗百方支持，守节三十六年，以子自修奏诏下。有司旌其门曰：姑妇双节。

朱氏，齐天真妻。性方严，寡言笑。天真病故，氏年方二十，长子甫三岁，次子属遗腹，守节甘贫。事瞽目姑晨昏唯谨，昼杼夜绩，艰苦备尝。年登八十，御史施惟翰扁其门。

文氏，裴训妻。训卒，氏誓以死殉，舅姑劝止。守节抚孤，子汝清以处士殁，祀乡贤。孙宪度成进士。

裴氏，张君宦妻。青年为嫠妇，伯叔利其产业，逼令改适。氏矢之曰：

生为张妇，死为张鬼。守节四十余年，寿七十九。

马氏，胡炳妻。善事舅姑。炳卒，遗孤幼弱，氏剪发矢志，艰苦自守历四十余年。

楚氏，田表正妻。年二十五岁，夫亡。阅六月，生子九畴。家贫无依，以针黹为活养姑育子，之死靡他。

邸氏，田遇金妻。年二十八，夫亡，抚二子成立。守节五十一年卒。

马氏，田遇霖妻。孝舅姑，相夫子，有鸡鸣之风。夫亡，苦节四十年，抚三子俱成立。万历丁亥，督学许移檄旌奖，潜山潘镧为诗诔之。诗曰：晏村摇落渭城秋，绿鬓孀居到白头。堂上问姑心百结，灯前课子泪双流。半生子立纲常重，七秩全归正气收。旌檄表扬传实录，柏舟应不愧前修。

程氏，贡士景颐妹，董某妻也。年二十，称未亡人。抚遗孤，甘贫苦。邻族有馈米者谢弗受，曰：若我不受贫，则不守寡矣。后子年弱冠而夭，媳某氏年甫十八。氏恐其不能守，劝之嫁，媳泣曰：妇去姑谁依？二人相依为命，纺绩度日，寿各八十，人称"姑妇双节"。以上《樊志》

增补

李氏，吕泾野先生枏妻。事继姑侯氏甚谨，躬操井臼。遇嫡姑宋氏忌日，悲思泣下，恨不及事。翁姑卒，痛哭毁瘠。抚叔氏遗孤成立，为之娶妇。寿七十三，嘉靖三十三年卒。《邱隅集》

郭氏，生员李原植妻。幼读四书及《列女传》。夫卒，守节教子，口授《鲁论》及忠孝故事。年三十二而卒。《刘志》

国朝 已旌六十人

药氏，裴汝清妻。年十九，生男宪度甫四十七日而夫亡。家人劝令改适，氏剪发自誓：孝事孀姑。抚子宪度成进士，有司旌表。《刘志》

张氏，银大用妻。年十六于归，未一载大用远贾平凉，十载不一归，寻病殁。氏年才二十七，上有翁姑，下无子息。翁姑劝令改嫁，涕泣跪誓曰：从一而终，妇之道也。媳死不愿他适。取夫堂弟子为嗣。康熙辛巳岁饥，菽水取办于十指，以精馔奉舅姑，自啖糠秕。比殁，竭力治丧，葬悉如礼。见年七十五岁，有司上其事请旌。以上《樊志》

新增

屈氏，刘文魁妻。年二十八夫亡，姑老子幼。年荒，奉姑就食南阳。姑死，鬻发归葬，抚子成立。守节四十余年，雍正五年旌。《贾志》

李氏，马世英妻。夫亡，年甫二十一岁。守贞四十年。乾隆元年旌。

李氏，来汝林妻。

张氏，李蕴锦妻。李不礼于氏，氏事之愈谨。年二十李殁，矢志励节，昼夜纺绩，力葬李氏四丧。会庚辛连年荒歉，忍饥寒困苦，愈坚其节。知县吴表其门曰：松节霜操。

马氏，吴佑妻。李氏，樊宗玺妻。俱乾隆三年旌。

王氏，遇道太高祖母。太高祖春翁，讳熹公。殁时，高祖讳子德，公年甫四岁，贫无卓锥地，又乏期功强近之亲。太高祖母母子二人，形影相吊，茹荼饮冰，抚养成人，延道家一线之脉，皆太母恩。督学某赐"柏舟高节"匾额，乾隆四年旌。

王氏，张凤翙妻。胡氏，张永龄妻。曹氏，刘孔仰妻。年十六，归于刘。甫二年，刘服贾郧阳，氏奉姑就食。岁余复归，育一子。刘流落十数载不一内顾，后病归，寻死。氏事姑教子，守节四十年。俱乾隆八年旌。

银氏，吴希孔妻。乾隆九年旌。

聂氏，张宗孔妻。段氏，张明建妻。俱乾隆十年旌。

吴氏，史君用妻。乾隆十一年旌。

刘氏，周文教妻。乾隆十三年旌。

聂氏，刘延儒妻。乾隆十五年旌。

郝氏，吴居业妻。乾隆二十一年旌。

崔氏，李届馥妻。乾隆二十二年旌。

郭氏，李有村妻。乾隆二十四年旌。

王氏，鬲伯信妻。乾隆二十五年旌。

史氏，刘统妻。乾隆二十六年旌。

刘氏，喻琅妻。李氏，雷永顺妻。俱乾隆二十七年旌。

刘氏，韩麟生妻。乾隆二十九年旌。

高氏，刘（瞰）〔瞰〕妻。乾隆三十三年旌。

尚氏，贾宁妻。乾隆三十五年旌。

杨氏，李天秀妻。乾隆三十六年旌。

高氏，马珏妻。张氏，雷霆妻。郭氏，刘永顺妻。俱乾隆年间旌。

党氏，生员雷亨妻。嘉庆八年旌。

邑人周映紫撰《节孝碑记》，曰：孺人姓党氏，秉姿端淑。年十六于归邑文学雷子彦礼。孝事舅姑，躬操井臼。甫七岁，雷子遽卒。阅四月，遗腹子继濂始生。予曩列庠序间，闻雷子笃志纯修，沉潜宋儒之学，不徒为帖括章句，心窃倾慕之，未之接晤也。及雷子殁时，孺人年二十有二耳，舅姑在堂，呱呱者在抱，人皆谓孺人难之。乃孺人矢志所天妇修子职，晨昏必视，奉养必给，堂上人各得欢心。比相继以寿终，丧葬事孺人一身营之，悉如礼。里党间谓：舅若姑无子而有子也。继濂即长，命就外傅。读自塾归，必稽考所诵习，旋入邑庠为名诸生。论者又谓：继濂无父而有父也。

嘉庆八年，族党以孺人合例公举，诸有司闻于朝，奉旨旌表。于戏荣已。雷子虽早卒，不亦无憾矣乎。予尝谓：文学之士，不难于藻绩辞章惊才逞艳，而难于研心性命为笃实。近里之修闾德之修，不难于从一守终寡鹄孤鸾，而难于代勤子职抚孤承家。中馈而兼丈夫之能，人恒诧其易，而不详其所谓难，犹未达于义理之尽者也。若雷子之为儒，党孺人之励节，可谓两为其难者矣。

岁戊辰，孺人年登七十有四，恩诏既颁，同人将致贺焉。嘱予为文，勒之贞石以志诸久，乃不辞弇陋而为之记。

徐氏，李殿杰妻。嘉庆十九年旌。

董氏，白□妻。道光十年旌。

任氏，张宗义妻。

邢氏，王植妻。张氏，商志霖妻。鱼氏，河内知县刘世淇继妻。吕氏，刘柱妻。叶氏，白□妻。俱道光十二年旌。

石氏，墨俊妻。道光十三年旌。

刘氏，赵彩章妻。道光十九年旌。

蔡氏，赵守经妻。道光二十三年旌。

柴氏，杨林信妻。道光二十五年旌。

年氏，曹君和妻。本郃阳人，从外家占籍高陵。事姑至孝，姑董氏得颠痫①疾，氏扶掖左右晨夕不离。生孩十龄而君和死，家徒壁立，矢死靡佗，抚孤成立得抱孙焉。守节六十余年，寿九十有二岁。

李氏，生员籹慎修妻。俱咸丰八年旌。

张氏，王景信妻。张氏，乔作舟妻。张氏，乔作楹妻。俱咸丰九年旌。

王氏，生员陈廷楫妻。廷楫少有文名，以疾早殁。氏年才二十八，生遗腹子涟，矢志守节。家人惧其不终，间勖以大义，氏笑曰：守节自妇人事，何劝为？纺绩训子，待之如严父。涟偶废，辄为不食，涟涕泣受戒而后已，卒得成立。后以涟遇回害忧愤卒，年五十有九。同治六年旌。

孝妇刘氏，杨增美妻。增美以家贫远游恒不归，氏代共子职，甚得翁姑欢心，教子得成立。光绪六年，督学樊公恭煦以"德全孝慈"颜其门，并为题旌。

孙氏，龙雨妻。年十九雨亡，二孤均在抱，剪发矢志。姑夙病痿痹，氏抱子侍侧，衣恒不解带。比殁，鬻产以敛。遭饥岁，日咬菜根为粮。夫堂兄某逼之嫁，氏忿欲投井以救免。益励冰操，晚年桂兰林立。守节六十三年。

洛氏，商广义妻。

孙氏，药师孔妻。

陈氏，蒙录全妻。

杨氏，生员蒙养纯妻。

王氏，廪生梁景泰妻。

刘氏，李仲赡妻。

张氏，蒙上选妻。

牛氏，胡友直继妻。

周氏，王昌妻。已上旌年失考。

吾邑列女之传者，有明一代，仅二十余人。国朝邀旌典者，已六十有一人，何其盛欤！盖国家厚泽涵濡沦人肌髓，虽巾帼皆知慕义，故女士接

---

① 颠痫：病名，今作"癫痫"。

踵而出，非独其天性然也。昔文王"二南"化洽见诸诗歌者，如江汉女子汝濆妇人，以及苹蘩昭敬于涧滨，雀鼠息争于行露，无不以征王化之成，见风俗之美。以古方今，又何多让？故备列之以彰国典，而纪全盛焉。

其未旌者

邸氏，史跃龙妻。龙服贾芜湖溺水死，氏年二十七岁，矢志守节。痛夫殁水，戒诸子勿食鱼虾。抚三子，教诸孙。宏镜、宏鋆，俱为诸生。夫弟仁龙贫无依，命以家塾一所、田数十亩给之，谓子孙曰：尔祖父之手足也。寿九十余。顺治间，知县邵题赠墓石，曰：松筠节操。

张氏，史载秦妻。生员宏镜母，生员翰鼎之祖母也。夫亡，守节事姑邸氏，委曲承志，乡里悉称其孝。康熙间，知县张、朱，训导黄，俱扁其门。

杨氏，程之秀妻。年未三十夫亡，安贫守贞，抚前室子如己子。寿七十五。

吕氏，来珹妻。年二十二岁珹亡。守节，抚二孤成立。寿八十二岁。知县朱、蒋、吴，俱给匾额。

文氏，吕大印妻。夫亡，遭奇荒，竭力养姑，抚二子成人，孙曾蔚起。知县胡、训导李，俱给"节孝"匾。

康氏，任君成妻，三原诸生鼎彦女。结缡后值姑病笃，刲股肉和药疗之得愈。年十九岁君成亡，子方数月，氏矢志抚孤。时姑亦生子未龀，姑殁抚之与己子无异。寻子又夭，复抚侄。翁怜其幼欲令嫁，氏剪发毁容誓曰：欲夺志即死耳。翁知其志坚，乃止。知县朱给匾曰"节孝双全"，三原令张亦以"贞孝"扁其门。

梁氏，邸希珩妻。珩殁，氏年二十八岁。事衰姑克尽妇道，少有不怡必委曲宽慰。抚子成表至于成立。

王氏，樊光福妻。年二十福亡，抚孤完节，以纺绩自活历数十年。

任氏，生员刘呈祥妻。年十九夫亡，守贞四十余年。

段氏，贡生吴子驯妻。年二十二岁夫亡，誓不再适。抚周岁儿，事七旬姑终其天年。知县王扁其门曰"贞节继美"。

郭氏，允屏女。年十六适郭九宾，恭顺翁姑。甫二载而九宾死，遗孤尚在襁褓，矢志不嫁，训子万有为诸生，守贞三十九年。雍正辛亥间，督粮道某公饬县给"坤德以终"匾。

刘氏，廪生李人哲继妻。十八相夫，克循妇道。二十一岁人哲病殁，氏决志身殉，念前室所遗子女无依，忍死抚育。后子曰华入邑庠。教谕刘表其门曰"德萃一门"。

安氏，守廉次女，继姊氏适刘曰可。可行货殁于外，氏居贫守志，抚姊子汉脉成人。邑令扁其门曰"矢志从一"。

李氏，魏序科妻。科贸易湖省，姑张氏疾笃且老，非肉食不下咽。氏痛家屡空，莫供甘旨，刲左股肉以进，姑病旋愈而李亦无恙。

仵氏，举人陈泰妻。泰故，子念严方四岁，家又赤贫，氏携子寄食母家，督之读书。十六为邑诸生，寻又殇，氏与媳张氏相对泣血，共茹冰蘗，抚四岁孤孙绍祖成立。寿七十三，守节四十五年。张寿七十，守节四十二年。邑令王扁其门曰"两世冰操"。

张氏，史继芳妻。夫亡，年二十八，遗孤尚幼，矢志励节，历五十年。

郝氏，府庠生梁璋妻。育一子而璋亡，年二十八岁，欲以身殉。舅姑谕以子未成人，若是，是馁而夫之祀矣，岂但两老人无依哉。氏遂忍须臾，事翁姑皆考终，子世杰亦为诸生。

马氏，张程世妻。二十四岁孀居，养姑抚孤，守节五十四年。

吴氏，贾昆藏妻。贾亡，氏年十八无子。抚侄延宗，历四十余年。

梁氏，邸璃妻。年二十二夫亡，抚育两世孤儿，苦节六十余年。

李氏，生员刘复向妻。刘亡，孝舅姑、抚孤子，苦节三十六年。知县刘扁其门。

纪氏，李文寿妻。年二十二岁称未亡人，家贫织绩，养亲抚幼子，守贞四十余年。署知县李给扁表其间。

吴氏，廪生李憬妻。憬死，氏年才二十三，姑已七旬，子方四龄，而家徒壁立。有劝之改适者，氏曰：背姑不孝；弃子不慈；夫不幸短命而遗其老弱，不义。蹈此三愆，尚为人乎？劝者惭沮。氏奉衰姑生死俱以礼，子亦长大成人。宗党高其节，赠"柏舟自矢"匾至今。孙曾森立，有声庠序，人以为苦节之报云。以上《樊志》

新增

高氏，聂世文妻。年二十七岁夫亡，守节。三十三卒。

李氏，姬臣智妻。年二十岁夫亡，守节。年八十四卒。

杨氏，张思德妻。年二十七岁思德死，安贫抚孤。卒年六十七岁。

赵氏，王益泰妻。年十七岁夫亡，守节抚孤。六十一岁卒。

马氏，张玉杰妻。年十九杰殁，抚周岁儿，守节五十余年。

徐氏，钱福成妻。守节四十年卒。

程氏，陈廷有妻。孀居时年二十五岁。甘贫守志，历四十余年。

李氏，穆永禄妻。禄死，年甫二十三岁，抚孤成立。守节三十余年。

陈氏，桑长发妻。夫亡无子，矢志完贞，孝养翁姑。年六十三岁卒。

罗氏，徐天化妻。年二十七，夫亡，家綦贫，守节抚孤。年五十六岁卒。

阎氏，程世阳妻。年二十二岁，夫亡无子。抚幼侄、孝尊章，守节三十四年。

孙氏，郇学义妻。郇殁氏年未三十，守节抚孤历五十年。

李氏，郇学纯妻。年二十郇亡，家贫无依，抚一子备尝艰苦。守节五十余年。

王氏，黄信妻。年二十七岁信殁，仅遗厦房数椽、旱田数亩。氏藉针黹为活，教子成人。卒年七十七岁。

李氏，任信魁妻。年二十四岁守节，历四十余年。

李氏，李得清妻。守节三十二年。

刘氏，雷椿妻。年二十五岁椿亡，有姑衰老，勤纺绩以养之，孤子得成立。守节四十五年。

吴氏，张居廉妻。年二十岁夫亡，遗孤方数岁。昼耕夜绩，守节终身。

李氏，王逢泰母。泰甫生而孤，抚之成人，卒氏七十岁。

王氏，赵君清妻。年二十君清死。抚孤守贞，历五十年。

王氏，郑德成妻。年十八夫亡，孤子数岁，守节以终。

张氏，郭天登母，守节五十三年。

杨氏，郭克勤妻。郭亡，氏年二十三岁。苦节完贞，卒年八十。

吴氏，乔万泰妻。年二十七岁夫亡，守节三十年。

汪氏，王建成妻。年二十二岁，夫亡无子，守贞六十余年。

郇氏，田梦元妻。守节三十四年。

王氏，黄永妻。夫亡无子，年甫二十六矢柏舟节，享寿九十有七。

白氏，吴思成母。父殁，母年二十，翁姑均健在，仰事俯畜，苦节五十年。

裴氏，廪生吴世显妻。夫亡守节，妇代子职，乡里咸敬之。

赵氏，吴镜清母。年二十孀居，守贞四十年。

陈氏，吴六妻。年十九岁守节，历三十余年。

崔氏，李兰妻。二十一岁兰死，守节抚孤。卒年七十有一。

田氏，李贵妻。事姑以孝闻，生四子而贵亡，氏励节训孤，四民业令各执一，均有成立。卒年九十九岁。

张氏，刘廷杰妻。生一子而夫死，阅一岁而子又殇，年甫十九。翁姑怜其幼欲嫁之，氏涕泣誓不贰，取侄子之，守节四十一年。

白氏，刘存忍妻。年二十，夫亡无子，翁姑俱笃老，氏守贞孝养。有夫弟方二岁，并抚之使为诸生。卒年七十二岁。

王氏，萧遇宁妻。夫亡无子，年才十九。抚侄守贞，历四十一年。

侯氏，魏椿妻。年二十，夫亡无子。事姑至孝，姑病思肉食，割左臂和羹以进，寻愈。卒年六十二岁。

张氏，魏洽妻，廪生文炳母。年二十四洽亡。家贫辟垆度日，督文炳就外傅，脩脯不给恒典质益之。卒年五十七岁。

李氏，刁玉成妻。年十四于归，姑虐遇之。逐玉成困顿死，氏年二十六，穷无依，率子为人赁佣五十余年，卒完其节。

王氏，邹玉兴妻。年二十四岁，夫亡。守节教子，历六十年。

颜氏，武生赵成栋妻。夫亡无子，守节五十年。

韩氏，孙念先妻。年十五归于孙，未周岁，孙之远方无音耗，抚遗腹子，苦节终身。

彭氏，杜怀德妻。生二子而夫死，抚之成人，苦节四十六年。

郑氏，雒芳妻。夫亡三月子始生，年甫二十，氏矢志抚之。未几，子又流落不归，终无二心。年八十七岁卒。

许氏，雷起蛟妻。夫亡子幼，守节五十余年。

孙氏，生员马焞妻。年二十八岁夫亡，矢志守节，训三子成立。培俭、培让，俱诸生；培德，岁贡生。艰苦备尝，历四十余年。

张氏，刘从德妻。年二十七岁，刘病笃，氏泣誓不二。抚三子，俱有成。守节五十余年。

杨氏，雷敬贤妻。年十八贤亡，子甫二龄，矢志抚孤。子业农，颇知孝道，人两贤之。

李氏，常加职妻。年十六即称未亡人，勤女红，事孀姑，守节四十四年。

任氏，药济元妻。守节三十七年。

刘氏，刘应昌妻。生子而夫死，年甫十九。守节四十年。

张氏，万天重妻。夫亡年二十三岁，抚孤子守节五十余年。

冯氏，刘继秀妻。夫亡无子，守节三十八年。

孔氏，王礼妻。年二十四夫亡，孝舅姑，抚弱子。卒年六十二岁。

郭氏，刘应礼妻。年二十二岁应礼殁，上事翁姑、下抚幼弱，完节以终。

李氏，高奇妻。年十七岁，夫亡无子。坚志守节，事翁姑得其欢心。卒年六十岁。

郭氏，刘汉有妻。刘亡，年甫二十一岁。衰姑在堂，饘粥无资，篝灯夜绩，甘旨恒无缺乏，有子亦成立。守节四十四年。

吴氏，桑某妻。年十四于归，即善事亲，翁姑甚钟爱。生孩八月夫亡，年甫十八。家赤贫，躬亲井臼，备历艰辛，不渝其节。

侯氏，高怀兴妻。年二十八夫亡，安贫守志，事姑训子，历三十余年。

赵氏，殷来坤妻。夫亡无子，守节五十余年。

钱氏，任成才妻。年二十夫亡，守贞抚孤。卒年七十三岁。

陈氏，刘宗元妻。年二十八岁，夫亡子幼，白首完贞励节五十余年。

邸氏，第某妻。年二十三夫亡，贫无所依，忍饥寒抚孤子，年九十五岁卒。

杨氏，刘际昌妻。夫殁守志，训子玉书为诸生。守节五十余年。

石氏，王永贵妻。年二十二夫亡，翁姑具庆。氏守节孝养，终其天年。寿七十有三。

李氏，惠维瑞母。维瑞生二岁而孤，氏年甫二十三，矢志完贞。守节三十七年。

桑氏，刘秉礼妻。生子女各一而秉礼殁，有姑之姒笃老，奉之如姑，乡邻称孝，时年甫二十余。守节三十二年。

赵氏，邸英秀妻。夫殁，事姑抚子，孝慈兼至。守节四十年。

李氏，王作有妻。青年守贞，抚子成立。卒年七十有五。

赵氏，杨秉彩母。彩早失怙，氏抚之成人。守节四十年。

杨氏，田鼎新妻。年十八夫亡守志，事翁姑人无间言。年六十五岁，值饥岁，槁饿而死。

张氏，刘麟祥妻。年十八夫亡，矢志不嫁，守节三十五年。

桑氏，郑玉祥妻。年二十夫亡，遗一子，守节五十年。

桑氏，商志义妻。年二十，夫亡抚孤，守节三十二年。

陈氏，刘锐妻。

王氏，刘钦妻。

黄氏，刘恒祥妻。年未三十夫亡，家贫抚六岁孤，藉针黹养翁姑，毫无愠色。卒年六十九岁。子敬修，廪贡生，孙均亦入庠，人皆以为守贞之报。

程氏，彭夏妻。年二十一岁夫亡，翁姑俱存，两孤均数岁，家计又艰，母氏劝其更适，氏剪发自誓。藉织纴为活，午夜机声轧轧然，卒使老有终、幼有长，寿八十有五。继世书香不绝，曾孙学孔，为邑庠生。

赵氏，常治继妻。年十九，夫亡无出，抚前室七龄儿，矢志守节。母家弟以其年少，屡讽之嫁，氏泣曰：吾夫早世，不能孝养父母，已赍恨泉壤。若我再嫁，不惟藐孤无依，堂上衰亲亦安资以老，是我夫妇、母子，均为天地间罪人矣。以冰操弥励，百死不移。历四十余年，寿六十九。

孝妇王氏，增生孙绍先妻。年十七于归，家甚贫。绍先幕游江南，恒不归。氏昼耕夜绩，孝事衰姑。姑丧明，旋病泄泻，氏左右扶掖，躬侍汤药，历六载无怨色倦容。教五子均成立，次子荃，廪膳生。苦节四十余年。

列女未邀旌典，似不宜登。然明乔世宁有言：僻野之人力不能闻，有司况敢望朝廷旌命哉？尝读太史公谓，名磨灭而不彰，悲夫！在里巷箕帚妇，何解爱名而竟听其湮没，是必有力而后为善也。予钦其节之贞而哀其志之苦，旁搜入乘，以备观风者采焉。

其现存者：赵氏，孙复太妻。年二十四岁夫亡，翁姑俱笃老，子数岁，家无产业。氏安之，常食蓬子、枣仁，而以十指供堂上菽水；性甚耿介，虽屡断炊，不一乞假于人。现年六十一岁。

赵氏，刘廷耀妻。年二十四岁，夫亡子幼，家又贫。母家劝令更适，氏闻言即哭，遂与母氏疏焉。严督其子牵车服贾以自活。现年六十岁。

李氏，惠维新妻。年二十八，夫亡无子。姑以其年幼劝令更嫁，氏泣跪誓曰：愿守节奉姑，不生异心。姑鉴其诚，俾抚侄为嗣。现年七十岁。

程氏，张定妻。年二十七岁，夫亡守节。现年六十五岁。

谢氏，聂文秀妻。年二十五岁，夫亡守节。现年六十三岁。

马氏，王良有妻。年二十八岁，夫殁守志。现年八十四岁。

熊氏，萧殿元妻。年二十四，夫亡无子，抚侄守贞。现年五十八岁。

张氏，李佐清妻。年二十七岁夫亡，抚幼孤守节。现年七十九岁。

程氏，刘恒太妻。年二十九岁夫亡，安贫守志，抚孤成立。现年七十三岁。

权氏，刘恒心妻。年二十八岁孀居，守节抚孤。现年五十八岁。

李氏，马文元妻。年未三十，夫亡守节。现年七十岁。

侯氏，安成祥妻。年二十夫亡，姑老子弱，苦志守贞。现年七十八岁。

马氏，鱼万有妻。年二十三岁夫亡，上奉孀姑，下抚孤幼。现年六十五岁。

殷氏，程鼎妻。夫亡年才十八，家又綦贫，矢志不再适，抚孤成立。现年六十一岁。

汪氏，王丕烈妻。年二十八，夫亡守节。现年五十九岁。

王氏，刘怀妻。事姑至孝，夫亡子幼，矢冰霜操。现年六十一岁。

赵氏，韩方来妻。年二十九岁，夫亡守节。现年六十岁。

胡氏，吴长年妻。年二十五岁，夫亡无子，矢志完节。现年六十四岁。

王氏，郭天统妻。年二十六岁，夫亡无子，之死靡他。现年六十四岁。

王氏，梁定妻。年二十六岁守节，现年七十五岁。

王氏，郭发母。年二十岁夫亡，守节抚孤。现年五十九岁。

陈氏，刘世德母。年二十岁夫亡，守志成孤。现年六十岁。

叶氏，吴祥会妻。孝事翁姑，夫殁守志，年才二十，抚孤成人。现年五十六岁。

王氏，李廷玉妻。年二十有九夫亡，守节存孤。现年五十四岁。

王氏，荣玉昌妻。年十七岁，夫亡无子，抚侄养姑。现年六十岁。

马氏，刘生兰妻。年二十岁夫亡，守节抚孤。现年四十九岁。

左氏，刘寅妻。年二十二，夫亡无子。贫难自存，依母家守节。现年五十八岁。

侯氏，石绪妻。夫亡无子，年甫十九，守节事翁姑。现年五十三岁。

王氏，廪生郭云魁妻。年二十七岁，夫亡子幼，家无儋石储，三冬恒不着棉絮，抚子成立。现年六十一岁。

张氏，王永亨妻。年十七夫亡，遗孤尚在抱，守节抚养。现年六十二岁。

张氏，马锡妻。年二十二岁锡殁，父母俱存，氏为养老抚幼。现年五十一岁。

杨氏，邸致清妻。年二十四岁，夫殁守节，纺绩为活而事姑能孝。现年六十八岁。

吴氏，邸仲秀妻。年二十三岁夫亡，子甫八龄，守节存孤。现年五十八岁。

张氏，邸景云妻。年二十六夫亡，事孀姑，抚幼孤。现年六十六岁。

石氏，刘可利妻。年二十七岁夫亡，誓不嫁，苦节抚孤。现年七十八岁。

董氏，雷振发妻。年十八夫亡，孝翁姑，抚孤全节。现年六十六岁。

王氏，袁熹妻。年二十夫亡，子甫周（晬）〔晬〕。守节已四十四年。

王氏，惠宗彦妻。年二十三岁，夫亡无子，孝姑守节。现年五十六岁。

李氏，杜茂兰妻。年二十三岁夫亡，侍衰姑纺绩自活。现年六十九岁。

　　梁氏，李继宗妻。夫亡年二十三，矢志守节，养其老弱。现年六十九岁。

　　傅氏，生员李遇春妻。年二十八岁夫亡。病革时，截左手一指置夫前示不二，葬即以殉。无子抚侄为嗣。现年五十六岁。

　　高氏，刘丙寅妻。年二十六夫亡，姑老子弱，以身任之。现年五十六岁。

　　张氏，高应隆妻。年二十六夫亡，孀姑健在，孝养无违。现年七十四岁。

　　裴氏，任廷枢妻。年二十三岁夫亡，家徒四壁立，奉姑抚孤。现年五十五岁。

　　朱氏，张如元妻。年二十二岁守节。现年六十七岁。

　　郭氏，邢永禄妻。年二十五岁，夫亡守志。现年六十四岁。

　　席氏，郭鄣妻。年二十六岁夫亡，守节成孤。现年六十三岁。

　　王氏，张孝增妻。年二十五岁，夫亡守节，孝事尊章，抚孤成人。现年七十三岁。

　　王氏，刘麟庆妻。年二十三岁，夫亡无子，矢志守节。现年六十四岁。

　　任氏，诸生王作桢继妻，内阁瀚之继母。年二十夫亡守贞。现年五十七岁。光绪六年，督学樊恭煦给"画荻遗风"匾额。

　　张氏，吴洪炳妻。年二十四岁夫亡，姑已老，遗孤数岁。氏孝亲抚子，艰阻备尝。现年六十三岁。

　　蒙氏，廪生张锡母。锡父殁时，母年二十八誓以死守，抚锡及堂侄、侄女，视同一体。锡之女弟，三原贺复斋先生妻也。先生尝谓锡曰：尔母一生幽娴贞静，温厚和平，娴内则仪，矢从一志。真有陶孟风规女，他日有力当请旌。锡中道病殂，故至今尚未表扬。现年七十二岁。孙遐龄亦诸生。

　　吴氏，李萼妻。年未二十，守节抚孤。现年五十岁。

　　张氏，沈全江妻。年二十五岁，夫亡无子，抚母家侄为嗣，甘贫守志。现年五十六岁。

张氏之节，诚可风矣，至其取母家侄为嗣，殊不可训。传曰："神不歆非类，民不祀非族，其气不属也。"矧异侄乱宗，律有明禁。世俗相沿，罔知其非。兵燹以来，兹风尤炽，无识者借口于亢宗延祀，而不知若敖之鬼已馁也。贺复斋先生《三原志》曾著论为戒，窃谓：此义不明，则人无有尊祖敬宗者，非独邑之人宜知也。故窃取其义而附论于此。

董氏，杨生荣妻。年二十四岁夫亡，守节抚孤。现年五十七岁。

安氏，张信妻。年二十七岁夫亡，守志抚孤。现年六十三岁。

靳氏，张学礼妻。年二十八岁，礼殁守节，抚二子成立。现年六十四岁。

赵氏，张锡龄妻。年二十，夫亡守贞。现年五十二岁。

王氏，孙应春妻。年十七岁，夫殁守节。现年八十五岁。督学樊恭煦以"竹节松龄"扁其门。

王氏，荣世顺妻。年二十一岁夫亡，抚孤守志。现年五十五岁。

张氏，乔世臣妻。年二十六夫亡，遗孤六岁。夫弟四岁无怙恃，又当流离之际，氏携之他乡，矢志守节，抚两孤以嫂代母，以母代父，均得成人。现年五十六岁。

宋氏，王秉坤妻。年二十岁夫亡，安贫守志，抚孤成立。现年五十一岁。

昔人云：盖棺论定，惧其不终也。然读他志，有年未四十苦节著闻，学士大夫相与歌咏称道之者。孔子曰："如有所誉者，其有所试矣。"志以传信，但纪其实可耳。况守节三十年，例得请旌。瓮牖绳枢之家，特绌于力之不能上达耳。王化起于闺门，妇德首重从一，揄扬而表章之，守土者事，亦士夫责也。不是之重而必令赍志没世。奚以为为善者劝欤。

贞烈

明 二人

某氏，惠檀妻，美姿容。崇（贞）〔祯〕末为流寇所掠，拥掖马上，氏厉声大骂，颠而踣者再三。贼怒，斫为粉齑。《樊志》

增补

高陵李氏，镇抚刘光灿妻。夫殁，励志苦守。崇（贞）〔祯〕四年，贼陷高陵。年七十九，其家掖之走，曰：未亡人，弃先夫室何往……语未已，贼露刃入，即取刀自刺，流血淋漓。贼壮其烈，与饮食怒不受，以碗击贼，骂曰：吾忍死四十九年，今啜贼食耶。遂遇害。《明史·本传》

吴氏，高陵进士钟英女，临潼武启哲妻也。哲亡，氏柏舟自矢。流寇之乱，氏被执大骂，贼碎斫其身而死。《贾志》

国朝　已旌二人

赵腊梅，父明道早卒。雍正九年八月，母仝氏他往。邻人阮廷意知女独与妹小娃在室，怀枣至其家。腊梅方持刀理蔬，阮贼投以枣随拥之，女峻拒，以手中刀斫廷意指，廷意夺刀斫之，遂殒。小娃闻姊声趋至大呼，廷意斫之仆地，遁去。顷之，仝氏归，小娃犹张目视指某杀人贼，语毕亦殒。事觉，阮伏法。女入节义祠，建坊旌表。《通志》知县丁应松挽以诗："十七娇娃岂好名，红颜白刃竟相倾。呼娘不及身先死，与妹同归志尚生。已遣凶顽彰大法，好将奇烈树芳声。巍然绰楔旌扬处，千古馨香识二英。"

其未旌者

郇烈女，窑子头集鸾女。少丧母，家唯有父。一日，父适田，女肩户处。比归，而女受刃伤死矣，年才十四，鸣于官，缉凶未获。至今悬案，无以其事闻者。《樊志》

论曰："死生亦大矣"，而有幸、有不幸焉。赵烈女杀身完节，仇人旋血刃，得邀国典入祠享祀，郇女竟不得与之比烈，是可伤也。曾闻女父谨愿力穑，与人无争，即有挟嫌亦何至杀女以泄愤？女未及笄，与人何恨而罹荼毒？其为守礼谨严，拒强被戕，与赵烈女心迹相同无疑也。而顾以盗逸无凭遏阕其事，冤既不雪而志终不白，女之赍恨黄泉，为何如哉？然自古忠臣、烈士，只知名节为重，一旦遭逢非常，或慷慨捐生，或从容就义，但求此心无愧，并非近名而求人知也。巾帼完人，其志盖亦若此。如郇女者，委骨百余年矣，至今田夫野老犹称道不衰，名固未尝终磨灭也，亦可以无憾已。

高氏，刘元禄妻。元禄与舅俱服贾锦城，因家焉。元禄寻携眷归，至草粮驿，秋水涨溢，溺一女，元禄拯救亦漂没。氏涕泣几绝，数欲投水，家人以觅尸劝止。既得归葬，氏恸哭绝食。至除夕，家人防少疏，遂缢于灵帏前，时康熙五十八年十二月三十日也。宜阳学生李天辅载入《巾帼奇烈集》。邑人樊景颜有挽歌：

嗟乎！人生徒死固无补，宜死何尝不千古。为子死孝臣死忠，大义慷慨与从容。更羡贞娥从一终，轰轰烈烈万代同。鹿苑自昔号灵秀，闲气偏钟闺阁中。

君不见刘家烈妇高氏之性拟虬松，志凌寒雪傲严风。夫妻子女趣归装，草粮驿邸水汤汤。良人忽化汨罗客，二女薄命魂髐髐。露冷霜霏雁叫盍，鬼泣神哭猿断肠。矢死犹觅魄同穴，偷生羞见月照床。渺渺游魂犹可招，槁砧携来暂还乡。载尸归葬店子头，背人血泪常暗流。仰无舅姑俯无子，轻尘弱草空自愁。暗伺己亥除夕天，红颜自经赴黄泉。赴黄泉，彤管传；维三纲，尊五常；巾帼生香，日月争光。上下古今何茫茫，匃訇节烈天地长。愧予阐幽虽有悁，微言奚足垂信史。聊拈数韵纪姓氏，鬓眉衣冠耻弗耻？

呜呼！人生徒死固无补，宜死何尝不千古。《樊志》

新增

祁氏，年十七归于张某，某贫无赖，氏安之。力养舅姑，三年不懈，生子六月矣。某一日将行不义，氏闻之投儿于地，趣①赴井死，里之人莫不贤氏而恶某也。

吕氏，赵廷秀妻。年二十四岁，夫亡守节。道光中，督学罗公文俊以"松筠比节"表其门。同治壬戌，携孙女避乱三原庙张堡，贼至大掠，氏同女大骂不已，贼攒（剌）〔刺〕以矛，与女同死。

王氏，金三俊母。年二十有一夫亡，抚四岁孤，纺绩奉亲。壬戌五月，骂贼遇害。督学樊公恭煦给"巾帼完人"匾。

高氏，生员赵廷梅妻，遇道之继姑也。避贼庙张堡，城陷投井死。

李氏，王烈妻。青年守志，年已八十，贼至大骂，被劈其首死。

汪氏，岁贡生王懋绩妻。早失怙，事母以孝闻。比于归，执妇道，有

---

① 趣：古同"促"，急促。

翁在堂得其欢心。翁授徒三原，氏随侍避乱寓南城。无何，北城陷，南城岌岌，翁叱懋绩只身逃，氏从旁怂恿并资以簪珥，寻置抱中儿床上，遂自经。

惠氏，吴昌妻。年二十，贼至欲掠之去，氏绐之曰：少安无躁，当携窖藏以从耳。贼信之，听其回家。迟久不出，视之，已缢死屋后枣树下，贼为叹息久之。

胡氏，陈涟妻。回乱，一门星散，氏依母避居庙张堡。贼猝至，村人窜匿，母迫之行，氏叹曰：出而陷贼，不如死而全身。跃入井中死。村中妇女从而入者数十人。壬戌六月十一日事。

贾氏，蔡羲仲妻。青年失所天①，守节养亲，年已七十有八。闻贼至，自沉于河死。

张氏，冯立华妻。有女及笄，抱中儿才周岁。避贼土室中，被搜括强劫之行，氏及女同声詈曰：吾女流，恨不能杀汝，肯从汝耶？贼怒并杀之。

王氏，贡生桑玉杰妻。杰亡，守节历四十年。朱贻元女水仙，年十四。俱被贼执，不屈受刃死。

王振湖女，年十六，守节。王长宁妹，年十六，未字②。俱被贼执，大骂，死。

任氏，冯正伦妻。为捻匪掠，强逼不从，受重伤。杨氏，罗万禄妻。被捻执，以计脱。均自投井死。

张氏，石昌林妻。被执不从，贼剜其两目，又剐数刃死。

吕氏，刘宗良妻。贼至，抱子沉河死。

雷氏，陈兴盛妻。年二十六夫亡，誓死守节，母家兄劝令更适，遂与之绝。壬戌夏，贼陡至被执，群掖之行，氏绐以告明姑即从命，贼释之，乘间坠井死。

孔氏，赵明喜妻。年未三十，孀居守志。被贼迫胁，绐以返窑中取所藏衣饰，即投缳机上死。

---

① 所天：依靠的人，这里指丈夫。
② 字：指女子许配人家、订婚。

王氏，李自毅妻。避贼大寨被执，诱以甘言，氏骂不绝口，贼怒断其手足杀之。

孙氏，程某妻。年八旬余，被贼执拷索金珠，绐曰："释我，当示汝所。"贼遽释之，投井死。

王氏，赵廷槐妻。贼大至，立驱孙媳五人入井，亦随投下死。

李氏，淳化学博陈廷佐妻。避难上院堡，城陷，投井死。

侯氏，王兰妻。张氏，子文炜妻。乱作，姑媳守死不去。贼入睨张劫以刃，张骂不绝口，时方孕，贼剖腹流其肠，侯以首碎阶石死。

党氏，侯思桂妻。张氏，胡中律妻。周氏，侯朝楷妻。王氏，侯日盛妻。李氏，县丞史怀清叔母。张氏，陈得喜母。邸氏，吕万有妻。王氏，白世有妻。张氏，陈得喜伯母。聂氏，陈得喜妻。高氏，雒万成母。刘氏，雒万成妻。贾氏，何洁妻。马氏，何廉妻。王氏，赵有顺妻。张氏，安永茂母。王氏，安福才妻。聂氏，赵有成妻。樊氏，生员蔡毓秀母。聂氏，王春元妻。郭氏，王朝元母。郭氏，席祥兴祖母。张氏，席祥兴妻。侯氏，于朝鼎妻。雷氏，于邦栋妻。张氏，于邦太妻。王氏，于邦奇妻。李氏，李尚才妻。张氏，姚建顺妻。王氏，赵清隆母。杨氏，姚和兰母。刘氏，何卓子母。张氏，姚和清母。李氏，于邦洪妻。罗氏，徐福母。张氏，徐福妻。杨氏，赵日明母。王氏，赵日明妻。张氏，张致清妻。张氏，孔兴智妻。雷氏，吕万林妻。邓氏，程维恭妻。樊氏，李赐妻。王氏，陈新重妻。任氏，张致远母。安氏，陈新有祖母。张氏，杨世林妻。俱骂贼受害。

又：张氏，陈儒章妻。梁氏，张毓秀妻。刘氏，张毓芳妻。王氏，张福母。郭氏，郝尚林母。刘氏，张岭妻。赵氏，张峩妻。李氏，张韶妻。黄氏，张殿魁妻。田氏，张仁妻。李氏，张智妻。任氏，张元清妻。常氏，张元泰妻。安氏，张元有妻。章氏，张贵清妻。贾氏，吴春彦母。李氏，吴春彦妻。张氏，吴海妻。张氏，吴孝妻。孟氏，吴学义妻。李氏，吴学礼妻。许氏，梁克让妻。郁氏，任信智妻，女蝉儿。樊氏，药长春妻。李氏，常欢妻。高氏，常秀南妻。云环，常富女。徐氏，赵有林母。郭氏，赵琦章妻。张氏，杨步升妻。杨氏，赵正运祖母。陈氏，文善妻。王氏，文美妻。刘氏，生员张鹏飞妻。文氏，张寿妻。王氏，王作相妻。杨氏，屈万禄妻。荣氏，王发妻。雷氏，雷世显妻。张氏，刘宗勤妻。李氏，刘宗振母。张氏，刘吉妻。张氏，岁贡贾致顺祖母。邢氏，贾致顺妻。杨氏，贾致福妻。傅氏，张禄妻。郭氏，杨林妻。惠氏，吴昌妻。乔氏，张淇妻。杨氏，王兴礼妻。张氏，王兴邦妻。王氏，邢承先妻。何氏，邢作树妻。戴氏，王邦固妻。张氏，孔世万妻。张氏，孔世贵妻。齐氏，贺兴贵妻。雷氏，王世发妻。杨氏，王朝林妻。赵氏，王朝玉妻。孙氏，王护妻。杨氏，王报妻。杨氏，吴振兴妻。张氏，齐生鱼妻。殷氏，赵太妻。张氏，孔复隆妻。贾氏，赵策妻。张氏，闵克明妻。张氏，齐怀仁妻。王氏，雷雨霖妻。周氏，陈福魁妻。王氏，陈七勋妻。李氏，张福母。杨氏，郭廷枢母。俱被执，不辱遇害。

　　贾氏，赵发福妻。赵氏，崇生财妻。闵氏，崇生彪妻。雷氏，王英妻。胡氏，侯秀珍妻。马氏，党聪妻。婴儿雷文英，女。大姐雷安太，女。张氏，石学仁母。焦氏，刘恒隆母。李氏，田让妻。杨氏，侯朝桢妻。胡氏，侯秀昌妻。杨贾氏、杨杨氏、雷张氏。侯氏，杨树隆妻。樊氏，李述白妻。王氏，李春莪妻。任郭氏。刘氏，胡乘骏妻。孀妇高王氏、王裴氏、任王氏、邸赵氏、刘朱氏、毛刘氏；泪生女二女子，张刘氏、樊李氏、樊杜氏、李杨氏、贾杨氏、赵王氏、贾邢氏、贾张氏、贾杨氏、焦贾氏、杨党氏、高赵氏、梁吴氏、梁安氏、梁刘氏、梁王氏、吴吴氏、邢郑氏、邢党氏、廉陈氏、贾杨氏。以上皆孀妇。

　　王吴氏、王黄氏、王乔氏、王魏氏、王童氏、秦魏氏、秦童氏、邢张氏、邢马氏、邢焦氏、邢杨氏、邢房氏、邢吴氏、邢李氏、邢吴氏、雷赵氏、雷王氏、雷马氏、雷冯氏、雷张氏、雷赵氏、雷陈氏、雷杨氏、雷孙氏，俱因逆匪窜陷，忿激自裁。以上申节义局县册。

　　又：赵氏，杨恒心妻。王氏，陈肯构妻。张氏，陈顺云妻。雷氏，陈顺雨妻。邓氏，魏凤彩妻。孀居守志。张氏，王建纲妻。刘氏，李存礼妻。荣氏，王德妻。周氏，陈福魁妻。王氏，任汝信妻。高氏，吕合妻。张氏，马三多妻。钟氏，马三泰妻。冯氏，马三兴妻。郝氏，刘震来妻。陈氏，郭鸿炜妻。裴氏，白明奎妻。李氏，白正贤妻。惠氏，邢大成妻。马氏，廪生梁卓妻。雷氏，吴葆初妻。王氏，高广财妻。俱被执不屈，骂贼遇害。

高氏，孙印堂妻。见夫被捻掳，抱子投井死。

赵氏，邸月珍妻。郝氏，王庆发妻。赵氏，杨生春妻。俱闻捻至，投井死。

张氏，刘恒益妻。闻夫被戕，自杀。节妇薛氏，王道高妻，守志三十余年。杨氏，王墉妻。李氏，李治妻。张氏，郭鸿绩妻。杨氏，王来妻。王氏，商邦安妻。李氏，商治安妻。王氏，王从荫妻。李氏，白明彦妻。何氏，吴兰妻。张氏，陈如璋妻。张氏，王尚礼妻。杨氏，文英妻。俱闻贼至，投井死。

王氏，增生梁廷柱妻，赴火死。王氏，孙昌妻，投河死。王氏，田大丰妻。王氏，王桂妻。俱闻贼至，自杀。

投井死者又有胡乘骥祖母石氏、母张氏、嫂刘氏、妻吴氏。

在庙张堡自裁者：胡氏，陈光第妻。魏氏，陈许妻。刘氏，陈启荣妻。以上采访续收。

同治九年，逆匪窜扰，骂贼被害者：张氏，刘天德妻。李氏，刘从林妻。李氏，贺让妻。又张氏，张善昌女。以上申节义局县册。

因夫遇害而身殉者又有：许侯氏、许安氏、白王氏、白程氏、白王氏、白孙氏、白王氏、马李氏、马刘氏、马牟氏、马王氏、许王氏、马张氏。

回至不去而遭惨杀者又有：王张氏、王姬氏、王王氏、陈刘氏、刘田氏、雷张氏、李马氏、李张氏、李石氏、李杨氏、李李氏、刘王氏、刘张氏、刘焦氏、刘李氏、刘鲁氏、刘郑氏、刘张氏、刘房氏、刘程氏、刘吴氏、刘王氏、刘马氏、陈金氏、刘穆氏、刘杨氏、刘梅花、刘秋芎、刘雷氏、刘杨氏、陈萧氏、刘白氏、刘程氏、刘张氏、刘李氏、刘郑氏、任冯氏、任白氏、任陈氏、任冯氏、任郑氏、任张氏、任张氏、任彭氏、任萧氏、任马氏、任尚氏、任卜氏、任王氏、任刘氏、任周氏、郭康氏、郭王氏、郭张氏、郭刘氏、刘朱氏、刘女儿、刘九女、刘孙氏、刘魏氏、杜王氏、杜施氏、杜韩氏、白赵氏、白宋氏、白王氏、张茹氏、张王氏、张任氏、赵马氏、赵王氏、赵尚氏、刘刘氏。

呜呼！捻回之祸酷矣。吾邑妇女之涂肝脑、填沟壑者，奚翅数千百人。而搜辑止此，盖湮没者多矣。王烈妇见几明决，从容就义尚已。此外或被执不辱，或忿激自焚，要皆圭璧，其躬而得死所者也。世之带鬓眉而口道德，临变逡循却顾，甚或反颜事仇，而仍不免于膏砧锧者，对兹其亦腼面矣乎？

贞女

张氏，幼字乔述先。未婚而述先死，年才十七，闻讣衰绖奔丧，遂不复归，孝事翁姑。翁姑殁，屏居一楼，足不出户阈者数十年。咸丰九年旌。

吴氏，张子抑妻。结缡之日张忽逸，寻死于羁旅。氏空房独守，无怨色；躬纺绩，养其二老终身。铅华不御，户庭不出，母家亦不一往。抚侄教孙，励节卅余年。回变作，投崖赴火死。

田氏，塔底田村人。生而有驼背籧篨之疾，自幼许字近村某。嫁有日，忽夫家闻其陋也，悔致书离异。氏泣谓诸弟曰：妇有四德，姊所短者容耳。今未嫁而为人所弃，命也。夫古有不嫁以养亲者，今亲虽没，诸弟尚弱，吾恃针指足自活，将守志养弟，依母家以终身可乎？弟泣对曰：诺。遂终身不笄。有闻其贤而委禽者，悉谢绝。姊若弟相依如命，毫无间言。享年六十余岁。比殁，乡之人为树贞女华表，今道左尚岿立也。

任氏，生员药炯聘妻。童养于家，炯连遭丧服，故二十一犹未婚也。炯好读书，就傅三原。冬夜手一炉，倚几假寐，火爇衣袖受伤，寻故。氏痛哭欲身殉，以姑已衰老，忍须臾死，剪顶发一握置棺，敛以示不二。知县洪敬夫以"节孝双全"表其门。光绪元年正月事。

未婚奔丧，于礼未闻。然不云一与之齐，终身不改乎？名分既定而复二三其德，唐王珪、魏徵所以不免万世之议也。韩苑洛先生《朝邑李烈女传》曰："西周之迹息，而郑卫之风行，再醮之妇，厘装以自悦；五妒之女，冶容以媚人。烈女虽绿霍之倾，惟阳是向；而芳梅之陨于春未知，乃能舍生取义、杀身成仁，抑又何为与？"如吴如张，如田如任，皆未嫁而丧其天者也，而古井盟心，波澜不起，何其生质之美与。身未亡而心已死，贞与烈其趣固一也。或曰任氏年未三十，奚以信其终，是不然世之中道易操者。其初皆出于勉强，无以自信者也。任氏女，吾闻其有以自信矣。

寿妇

李氏，王宏烈妻。年臻百岁，乾隆年间旌。

科贡闲传

国家设科取士，文武兼重，其求忠孝而备干城者。典礼至隆，讵得人爵而弃天爵，科目奚足以重人乎？至如张季、黄霸，不必有出身。石夯、班超，皆起自侧陋。推之寒屋因子孙贵，微劳袭祖父封。我朝立贤励节之法，又不拘一格，倚非冠带之伦，而苟焉自菲薄也。县自汉唐来，人材[①]辈出。由国初以溯前明，科名鼎盛骎骎，与诸赤县峙。今地灵犹是而风之不振，厥道何由？然则迈迹自身固豪杰事，而柯则不远，可徒科第、跂乡贤哉。述科贡闲传第八。

征荐

国朝

王作霖，字雨林，增生。咸丰元年辛亥制科，荐举孝廉方正。

进士

明

嘉靖己丑，已前见《吕志》。

癸丑科一人。王业，字维勤，毗沙里人。初授山东肥城县知县，调直隶文安县知县。

刘世昌，号骊峰，渭桥里人。历官苑马寺卿。

乙丑科一人。刘自化，见人物。

万历癸未科一人。刘复初，历官太常寺卿。见人物。

乙未科二人。李仙品，字云卿，郭下里人。历官偏沅巡抚。见人物。

杨维新，字元周，庆丰里人。历官都察院右副都御史。

丁未科一人。王国相，字翊明，毗沙里人。历官山西左布政使。

丙辰科二人。吴钟英，郭下里人。历官山西右布政使。任大僚，毗沙里人。初授山西高平知县，升主事。

---

① 人材：今为人才。

天启乙丑科一人。李乔昆，字孕厚，郭下里人。历官御史、山东参政。见人物。按《通志》作"李乔岳"。

崇（贞）〔祯〕戊辰科一人。李仙风，字龙门，仙品弟。历官河南巡抚。

甲戌科二人。李原立，字邃立，郭下里人。官镇江知府。见人物。

郭万象，见人物。

国朝

顺治丁亥科二人。吴用光，为兵部主事时，有诰命。字亮公，郭下里人。初授兵部职方司主事，官至平阳府知府。著有《石园集》。

制曰：国家推恩而锡类，臣子懋德以图功，懿典攸存，恂恂宜勋。尔兵部职方清吏司主事加一级吴用光，持躬克慎，莅事维虔，奉职兵曹，小心克昭。于凤夜分猷，枢部劳勋允著；于官方庆典，欣逢新纶宜赉。兹以覃恩，特授尔阶奉直大夫，锡之诰命。于戏！式宏车服之庸，用励显扬之志，尚钦荣命，益矢嘉猷。制曰：靖共尔位良臣，既效其勤，黾勉同心，淑女宜从其贵，尔兵部职方清吏司主事吴用光妻贾氏，克娴内则，能贞顺以宜家载考，国常应褒嘉以锡宠。兹以覃恩，封尔为宜人。于戏！敬为德聚，实加儆戒以相成；柔合女箴，愈著匡襄以永赉。鱼飞汉，字仲升，庆丰里人。历官工科给事中。见人物。

壬辰科一人。马云龙，字泾崖，奉正里人。历官至山西岢岚道。著有《泾崖集》。

乙未科二人。周之旦，字公辅，庆丰里人。曲沃县知县。郭怀琮：字昆璧，渭桥里人。瑞金县知县。

戊戌科一人。田薰，字雪崖，永宁里人。江宁府推官。

己亥科二人。郭尧都，为知县时有敕命。字云瞻，东吴里人。直隶博野县知县。制曰：资父事君，臣子笃匪躬之谊；作忠以孝，国家弘锡类之恩。尔郭万象，乃直隶保定府博野县知县郭尧都之父，善积于身，祥开厥后，教子著义方之训，传家裕堂构之遗。兹以覃恩，赠尔为文林郎、直隶保定府博野县知县，锡之敕命。于戏！沛恩必逮于所亲，宠命用光；夫有子承，兹优渥永著忠勤。制曰：奉职在公，嘉教劳之；有自推恩将母，宜锡典之攸隆。尔直隶保定府博野县知县郭尧都母李氏，壶范宜家，凤协承筐之懿；母仪诒谷，载昭画荻之芳。兹以覃恩赠尔为孺人。于戏！彰淑德于不瑕，式荣象服；膺宠命之有赫，永贲泉垆。制曰：劬劳同于己出，母氏鞠育之恩；褒恤并于所生，朝廷旌扬之典。尔直隶保定府博野县知县郭尧都继母邱氏，凤娴壶范，克嗣徽音。相夫则敬以宜家，教子而勤能奉职。兹以覃恩赠尔为孺人。于戏！淑德借丝纶增焕，芳模与翟茀齐辉。宠渥载加，泉原永慰。杨荫麟，太和县知县。

辛丑科一人。裴宪度，字晋裔，孝义里人。工部主事，广东提学道。

康熙庚戌科一人。李谊，字子正，郭下里人。上蔡县知县。

癸丑科一人。郭允屏，字西岩，张桥里人。睢宁县知县。

己未科一人。马体仁，号瑞庵，刑部主事。见人物。

乙丑科一人。鱼鸾翔，字仙雏，飞汉子。江西提学道。

丙戌科一人。李毓岐，字荆伯，永丰里人。阳城县知县。

戊戌科二人。赵胜，字右雨，毘沙里人。未仕。

赵曰睿，字作圣，毘沙里人。四川资阳县知县，升主事。见人物。

新增

乾隆丙辰科一人。周资陈，字厘东，庆丰里人。庶吉士，历官詹事府左春坊左庶子。

壬戌科一人。张士恭，字肃若，兰州府教授。

壬申科一人。张玺，字尔玉，巩昌府教授。

戊戌科一人。周映紫，字芝挺，资陈子。大通县知县。

嘉庆辛未科一人。陈大纲，字敬堂，历任桑植、湘阴、巴陵等县知县。见人物。

丁丑科一人。梁景元，字蓉亭。历官未详。

同治甲戌科二人。白遇道，字悟斋。号旊斿，孝义里人。庶吉士，散馆授编修。陈明伦，字雍伯。即用知县，签分四川。

举人

明嘉靖庚子已前，见《吕志》。

丙午科一人。陈训，字希伊，绛县知县。

己酉科四人。张仕，字宗义，安信里人。未仕。王业，见进士。刘世昌，见进士。吴说，字仲直，郭下里人。临晋教谕。见人物。

壬子科三人。吕师颜，字宗愚，亚魁，文简从孙。历官知府。杨守信，字大宝，渭桥里人。见人物。刘好生，字希舜，郭下里人。和顺县知县。

乙卯科二人。安民，字敬夫，张桥里人。考城县知县。萧自修，字希善，毗沙里人。历官国子监学正、户部员外郎。

戊午科二人。李体艮，字成夫，毗沙里人。历官高阳县知县、济南通判。杨守介，字大和，渭桥里人。怀仁县知县。

辛酉科一人。宋完，字全夫，孝义里人。历任怀仁、莱芜知县。

甲子科一人，刘自化，见进士。

隆庆丁卯科二人。李茂元，字时育，张桥里人。历任获鹿教谕、石泉知县、龙安通判。王养贤，字及民，毗沙里人。山西寿阳县知县。

万历壬午科三人。刘复初，解元。见进士。王邦翰，字凝虚，历任合州知州、河间府同知。吴钟英，见进士。

戊子科二人。刘复教，新城县知县。赵宗玉，《通志》作"赵宗禹"。

辛卯科二人。李仙品，见进士。宋一范，永宁里人。任登州府同知。

甲午科四人。郑一杰，奉正里人。运河同知。来于庭，字觐光，东吴里人。历官梧州府知府。王昺。杨维新，见进士。

丙午科三人。李乔仑，字孕秀。见人物。秒良翰，渭桥里人。初任阳城教谕，历官至徐州知州。按《阳城志》作"米良翰"。王国相，见进士。

壬子科一人。任大僚，见进士。

乙卯科二人。张省度，毗沙里人。历官沁水教谕、南阳通判、裕州知州。李仙风，见进士。

戊午科二人。李尚霖，毗沙里人。解元。棠阴县知县。胡耀斗，东吴里人。天长县知县。

天启辛酉科二人。吴观光，郭下里人。李乔昆，见进士。

甲子科一人。张鳌，亚魁。《通志》作"张鳌荞"。

丁卯科二人。陈泰，字道亨。亚魁。李原立，见进士。

崇（贞）〔祯〕癸酉科一人。郭万象，见进士。

丙子科五人。张星炜，安信里人。张纯学，奉（政）〔正〕里人。刘元佐。陈钦儒，字寅瞻，郭下里人。著有《翠筠集》《四书礼记酌言》。李味深，字廷实，郭下里人。

己卯科四人。贾奇珍，安信里人。马云龙，见进士。王道泰，奉正里人。郭尧京，字平野，东吴里人。祁州知州。著有《悔庵集》。

壬午科七人。郑可贞，奉正里人。张国纪，字日五，上石里人。石门县知县。田薰，见进士。刘澄心，西吴里人。知县。刘一俊，字常伯，庆丰里人。柘城县知县。著有《果园集》。于昌荫，字尔锡，奉正里人。永福知县。著有《筱斋集》。冯运昌，右卫人。

科分无考二人。孙彦辉，宸之后，延安府同知。孙伯亨，宸之后，晋藩伴读，升本县教谕。

国朝

顺治乙酉科二人。李鲁，毗沙里人。山阴知县。吴用光，见进士。

丙戌科三人。马维骐，永宁里人。鱼飞汉，见进士。张星灿，右卫人。

戊子科一人。郭尧都，见进士。

辛卯科一人。周之旦，见进士。

甲午科三人。郭怀琮，见进士。马葆榴，西吴里人。赵毓秀，庆丰里人。

丁酉科五人。刘昌年，字介祉，庆丰里人。安定教谕。杨荫麟，庆丰里人。王养瑚，字禹六，郭下里人。高真儒，郭下里人。按《府志》作"董正儒"。裴宪度，北闱，见进士。

癸卯科三人。周之郁，东吴里人。沔县教谕。商朝绅，郭下里人。靖远卫教授。李快，字乐天，郭下里人。

康熙丙午科二人。李谊，字子正，郭下里人。郭允屏，见进士。

壬子科一人。马体仁，见进士。

戊午科一人。鱼鸾翔，见进士。

甲子科一人。高如宽，字崑儒，渭阳里人。静宁州学正。

丁卯科一人。路裕基，字德公，东吴里人。

庚午科一人。李毓岱，字鲁仰，永丰里人。鄜州学正。

癸酉科一人。李渶，字生一，永宁里人。历任榆社、广昌知县。

丙子科一人。萧涵馨，字芳舟，庆丰里人。陇西教谕。

己卯科一人。王翰，字方宣，郭下里人。巩昌府教授。

壬午科一人。鱼鹗翔，字孔荐，飞汉子。洋县教谕。

乙酉科六人。王翼，字甸宣，郭下里人。河津县知县。陈维宁，字正一，郭下里人。沾化县知县。著有《萃韵亭集》。郭毓华，字次岳，渭桥里人。宁州学正。鱼鹭翔，字幼序，飞汉子。临淄县知县。鱼海汎，字凝涛，鹭翔子。李毓岐，毓岱弟。见进士。

辛卯科一人。赵曰睿，见进士。

丁酉科二人。赵胜，见进士。郝振，字子启，渭桥里人。

雍正丙午科一人。周资陈，见进士。

乾隆戊午科一人。王学元。

辛酉科二人。张士恭，见进士。周资抚，北闱，阶州学正、候选国子监典簿。

丁卯科一人。张逢庚。

庚午科一人。孙中伦。

新增

壬申科一人。张玺，见进士。

丙子科一人。程其标。

己卯科一人。刘世淇，字菉园。河内县知县。

庚辰科一人。周映紫，见进士。

戊申科一人。孙大才，字卓庵。宁夏府教授。

乙卯科一人。李初芬。

嘉庆戊午科一人。陈大纲，见进士。

丁卯科一人。梁景元，见进士。

丙子科一人。李泾，学问渊博，工诗古文辞。年逾四十卒。著作散佚。

道光辛巳科一人。王召南。

丁酉科一人。于邦彦，亚魁。

咸丰辛亥科一人。李朋蕙，字亦芗，郭下里人。同治壬戌，大挑二等。

既没，选乾州学正。

戊午科一人。孙孝庆，字友堂，坳下村人。昌吉籍，现任庆阳府教授。

同治庚午科一人。白遇道，见进士。

癸酉科二人。杨作霖，字梅桥，吴村人。陈明伦，见进士。

贡

明

万历间二十六人。梁济民，字行己，张桥里人。河南确山县训导。王仲仁，字子元，毘沙里人。新郑县教谕。姚世宁，字汝吉，庆丰里人。崔官，字仲学，郭下里人。马保之，庆丰里人。高陟，见人物。张斅，字仲学，奉正里人。徽州府照磨。李编，字阅之，西吴里人。资县训导。王庭辉，字德光，毘沙里人。汉州训导。李仁化，字子一，郭下里人。蠡县教谕。张暇，字汝修，郭下里人。安岳教谕。赵文奇，字时祥，庆丰里人。绵竹训导。王世杰，字子兴，治化里人。历汉州训导、稷山教谕。高阡，郭下里人。杨进之，字锐夫，奉正里人。历巫山训导、固原州学正。高术，字汝馨，郭下里人。黄安县训导。惠春，字汝元，郭下里人。宜宾训导，升王府教授。吴之儒，赵城县知县。陈王道，字大敬，郭下里人。祥符县丞。贺廷玺，字国信，毘沙里人。闻喜训导。郭璇，字珮之，张桥里人。尉氏训导。宋魁，字文瑞，孝义里人。确山训导。李俭，字师逊，西吴里人。刘春生，见人物。程应诰，奉正里人。大竹县知县。任大仰，见人物。

天启间三十三人。程景颐，字若伊。历官至岳常道，所至有声。田宏甸，见人物。刘镐，号渭北，励志苦学（世）。宋宽，孝义里人。应城知县。张易。刘珍，资阳知县。雷复，闻喜知县。赵完璧，通渭教谕。胡来廷，延安府教授。赵继祖。高承（祐）〔祐〕，字蓬峰。灵宝教谕。李可迈。惠体乾。田继芳。吴德裕。刘杰，字相宇。张邃养。成先德。王多助。刘攀阁，字相廷。赵城教谕。刘衍庆。张有括。刘养气，东吴里人。绥德州学正，升知县。任大伟，大仰弟。岁贡，同州学正。董会极，字中行，上石里人。阳城知县。著有《枕漱斋集》。杨鼎新，任教谕。陈君宠。赵复胜。张国维。张腾蛟。王珠，庄浪教谕。

国朝

顺治间十六人。陈蓥。高应谊。吴多瑜，见人物。李景岱，宜川训导。李涵素，见人物。吴子骧，字腾千，郭下里人。来承（祉）〔祉〕，刑部员外郎。程绍孔。鱼飞汉，丙戌拔贡，见进士。刘诜荫，镇原教谕。高真儒，见举人。郑可欲，安塞训导。吴佐明。王三锡。纪克振。任允中。

康熙间五十二人。马驨，见人物。郭允屏，见进士。郭尧畿，万象子，任运判。李恒。来管，任县丞。张映枢。张程。李乔崔，字四杰，固原州训导。王延（祜）祜，字孟锡，毗沙里人，陇州训导。王企圣，毗沙里人。权泰，奉正里人。刘九嶷，永宁里人。崔德宏，字永锡，右卫人，岁贡。吴仲光，见人物。吴焯，字卓夫，副贡。裴云锦，字天章，孝义里人。壬辰拔贡，历滦州知州。张尔禄，安信里人。邸象曙，字海旭，岁贡。鱼鹏翔，字南溟，飞汉子。马骧，云龙子。副贡，柳州府通判。刘余儆，见人物。张素，字书之，府学，岁贡。鱼鹭翔，见举人。郑恭，奉正里人。萧邦柱，字泰阶，宜君训导。田霙，字孟叕，永宁里人。马骐，字子质，奉正里人。吴世贞，字瑾公，郭下里人，副贡。胡景仁，字淑颜，东吴里人。丁卯副贡，洵阳教谕。郭毓华，副贡，见举人。鱼鹓翔，字次班，廪贡。李制锦，字闇章，郭下里人。拔贡。张国宪，字云伯，永宁里人。李原栋，字隆吉，郭下里人。张星炘，右卫人。宋焱，字阿衡，永宁里人。马斐，奉正里人。府学廪生，岁贡。萧九成，字两阶，庆丰里人。吴烺，字芳洲，郭下里人。岁贡。吴子麒，字文千，郭下里人。裴承度，字晋嗣，孝义里人。李复白，字修仙，郭下里人。吴建常，字功懋，郭下里人。王作樾，字子瞻，郭下里人。来汝为，字君佐，上石里人。岁贡。孙尚隆，字子厚，上石里人。马居仁，字贞生。驨子。张瑄，字兰生，上石里人。白河训导。刘夏鼎，字六重，永宁里人。著有《兰雪集》。李毓衡，字雍瞻，张桥里人。李佩度，谊子，恩贡。金阶凤，字一鸣，毗沙里人。

雍正间八人。樊景颜，字子愚，孝义里人。癸酉拔贡，著有《蝶园随抄》《东皋诗余》《碧云山房集》，重修《高陵县志》。常鹏飞，副贡。郭九同，字靖侯，渭阳里人。王家宾，字友斋，毗沙里人。癸卯副贡。马行健，字乾一，西吴里人。吴焜，字廷友，烺弟。赵惟修，字永思，毗沙里人。萧霖，字润生，涵馨子。

新增

乾隆间十二人。刘汝为，字善启，东吴里人。马宗尧，吴郑坊人，碾伯教谕。吴棠，字化南，郭下里人。岁贡。李裕庵，毘沙里人。辛酉拔贡，府谷教谕。刘汉栋，署乾州训导。张长宁，孝义里人。刘恺，癸酉拔贡，张掖教谕。杜学义，孝义里人。署淳化教谕。杜挺生，孝义里人。鱼悦祖，癸酉拔贡。陈大纲，己酉拔贡。见进士。乔作舟，郭下里人。己酉优贡。

嘉庆间十二人。乔通汉，字天章，西宁教谕。王福重，渭阳里人。李鸿，毘沙里人。乔作椿、刘庚来，俱郭下里人。马骋龙，字六飞，上石里人。马景有，字钦若，上石里人。李泾，上石里人。辛酉拔贡。郭连城，郭下里人。李应奎。陈廷佐，癸酉拔贡，见人物。

道光间二十人。马煜，字季昭，上石里人。恩贡。刘辰来，郭下里人，岁贡。梁景瑞：附贡。王宪，郭下里人，岁贡。陈家骧，字西池，郭下里人。乙酉拔贡。韩文渊，字默如。丁酉拔贡，现任沔县教谕。马怀清，字淡岩，上石里人。己酉拔贡。蒙养元，东吴里人，岁贡。雷进修，郭下里人，岁贡。马玉麟、杨凤翥，俱郭下里人，岁贡。邢焕、郭贾、郭天培、乔万泰、胡镜堂、贾范、杨克岐、吕念典，已上俱岁贡。陈大绅，字笏山，郭下里人。岁贡。

咸丰间十三人。常任，见人物。王瀚，字海天，郭下里人。乙卯优贡，（侯）〔候〕补内阁中书。药保元，孝义里人。岁贡。马培廉，字计六，上石里人。岁贡。何润，字雨亭，安信里人。恩贡。孝事亲友于兄弟，同治壬戌五月，回变势张，润曰："吾食饩有年，肯受污乎？"倡村人备矢石为守御，既力不支，驱妻高及一子二女入井。正衣冠，具酒赴先墓酣饮慷慨，贼骑至，死之。乔继先，郭下里人，岁贡。墨炳甲，字西园，上石里人。岁贡，（侯）〔候〕选训导。邸承谦，上石里人。廪贡，光禄寺署正衔，（侯）〔候〕选训导。梁廷柱，增贡。郭绍，恩贡。杨元之，岁贡。贾绪宗，恩贡。白遇道，辛酉拔贡，见进士。

同治间八人。张思恭，字肃轩。逃难遇贼，不屈被害。郭鸿域，郭下里人，岁贡。贾致顺，字和亭，岁贡。王懋绩，字孟熙，东吴里人。岁贡。郭修翰，字小屏，岁贡。马述融，字帐轩，恩贡。陈明伦，癸酉拔贡，见进士。马培德，字润之。岁贡，候选训导。

光绪间六人。刘秉洁，字子皛，东吴里人。廪贡，（侯）〔候〕选训导。刘敬修，字慎之，恩贡。周廷翰，字墨樵，郭下里人。岁贡。刘化龙，字云生。岁贡，现任镇安县训导。高步瀛，字海洲，七年岁贡。王健，字乾生，恩第子，七年岁贡。

贡年无考者十一人。吴耀彩，略阳县训导。王恩第，字锡臣，东吴里人。候选训导。壬戌殉难，见人物。吴岳。吴含彩。吴登科，见人物。魏兆麟、罗云彪、吴缙、郭映南、韩益晋、魏大成，以上皆岁贡。

馆学生

按明初多取士于太学，犹仿唐宋选举遗制。

明

李崇光，典籍有传。见《吕志》。惠能，鸣赞。

例贡监

国朝

康熙间：路大用，字坦如，东吴里人。例贡，临淮县丞。董汉杰，字棐臣，上石里人。例贡，新蔡县知县。吴子騄，字卫千，郭下里人。附贡，洛川训导。裴（琨）〔琨〕，字越石，宪度子，例贡。李遵度，见人物。刘有漪，字菉生，由附生。赵观凤，由增监。赵烺、于巽成、张尔瑜，俱由附监。吴子驯，郭下里人，例贡。雷灵，字禄公，庆丰里人，由附监。马和义，字方公，体仁子。由附生，陇州训导。马精义，字致公，体仁子。由附生，灵台训导。马乐义，字僖公，体仁子，由附生，怀宁县丞。马存礼，字立斋，和义子，由廪生。鱼海源，字来昆。由附生，历官户部员外郎、长沙府知府。罗淳，字子振，庆丰里人，由附生。裴子焻，字耀文，孝义里人，由附生。李厚，字德培，毓岐子，由廪生。吴善成，字继夫，由附生。

新增

郭福成，例监。韩嗣昌，例监，例选州吏目。韩景泰，例监，（侯）〔候〕选分府。胡友棠，附监，盐知事衔。李济贤，例监，候选巡检。刘承业，由附生。刘守业，由附生。雷启昆，由附生。王治，例贡。刘敬业，字乐堂，由附生，历署乾州学正、凤翔教谕。刘秉纯，例监，候选巡检。刘麟，字瑞亭，例贡，候选县丞。刘瑞玉，字介卿，秉聪子，例监。甘肃候补县丞，署平罗县丞，升用知县。王万乾，例监，候补奎文阁典籍。刘璞，字瑞璋，例监，（侯）〔候〕选府经历。刘永吉，字子文，例贡。性和平，有义气，一时推为长者。史怀清，例监，甘肃候补州判。刘智，例监。纪谦，例贡。白琦珍，由廪生，甘肃候补县丞。赵梦周，由附监，贵州候补县丞。

掾史

按《汉书》纪：武帝元光五年八月，召吏民有明当世之务、习先圣之术者，县次给食，令与计偕。

汉

王温舒，廷尉使，有传见《缀录》。田延年，给事大将军幕府，有传见《缀录》。

明

姚文盛，以吏任典籍，有传见《吕志》。

国朝

李士英，字智公，郭下里人。李瑁，字瑞之。王君佐，字相卿。王绩，字大业，东吴里人。李芳，字克昌，郭下里人，宣化鸡鸣驿丞。翟瑶，孝义里人。段世杰，西吴里人。李沾，字祥生。樊景迟，字子贤，孝义里人。惠子恺，字慈周。高爵，字公佐。石天培，字秉厚。喻君侧，字洪卿。李开业，字子绍。吴子通，字顺夫。张溍。周尚贤，字景文，孝义里人。张泽。吕应潜。刘玉广，字丕积。梁正。郑纯，毗沙里人，开化县典史。李子助，东吴里人。李宽。张世芳，字子兰，东吴里人。

新增

吴士廉，字介泉，甘肃候补典史，署镇原县典史。

武科

明武会举，武举旧志不载，无可考。《府志》武举二人。李栖凤、张衷绮，亦科分无考。

国朝

武进士康熙己未科一人。王英，字兆隆，渭阳里人。延绥建安堡守备。

武举顺治乙酉科六人。董楒，监修万年吉地，诰授明威将军。王养颜。王威镇。马鸣乐。杨景振。孙曰兰。

辛卯科一人。刘本善，见人物。

甲午科三人。刘隆基。何见图。何元，见图子。

康熙癸卯科二人。盛仪凤。王三俊。

丙午科一人。罗琦生。

乙酉科三人。邓佐汉。刘霖，字明碧，东吴里人。薛汉。

戊午科六人。王健，字天行，东吴里人。胡禹徐。王英，见进士。李人恭。李周崇。李琮。

辛酉科四人。郭巤。王明德，字在明，千总。刘呈瑞，字培和，西吴里人。雷凤翥，字羽绍，永丰里人。

丁卯科二人。刘霈，字起云，东吴里人。陈尔璋，见人物。

庚午科一人。惠麟。

壬午科一人。王振武，字凝远，英子。江南泗州卫千总。

雍正甲辰科一人。岳泰。

新增

乾隆甲午科一人。马鹏程。

嘉庆丁卯科一人。刘辅清。

道光戊子科二人。马永扬。杨生华。

丁酉科一人。李应奎。

庚子科一人。王鹏飞。

癸卯科一人。纪万年。

己酉科一人。李定国。

咸丰辛亥科一人。史定国。

乙卯科二人。杨兆甲，字鼎臣，解元。董万成。

同治己卯科一人。张辅清。

乙亥科四人。董万盛。冯玉瑞。冯玉庆。张鸿清。

光绪丙子科一人。高鹏。

武仕增补

明

墨承启，上石里人，广东潮州协副将。

国朝

墨御相，上石里人，广东提标中军参将。

墨御藻，字新吾，上石里人，卫守备。

张乃成，《樊志》：乾隆间，特授守备功札一等军功印，教习浙江营务、温州城守营把总。

张世杰，《刘志》：贵州提标参将。

郭镇海，副将衔参将，赏戴花翎。

王生吉，字蔼臣，现署固原提标后营守备。

王立德，蓝翎把总。

封锡

明

吕鉴，以孙㮮赠通议大夫，南京礼部右侍郎。

吕溥，以子㮮封翰林院修撰，赠南京礼部右侍郎。

马宪，以子书林赠承德郎，南京刑部云南司主事。

马焕，以子驯赠承德郎，南京礼部仪制司主事。

王仲贤，以子佐赠征仕郎，南京骁骑卫经历。

刘平，以子杰封承德郎，户部浙江司主事。

高恕，以子选赠承德郎，户部云南司主事。

郝铭，以子滋赠文林郎，河南中牟县知县。

赵荣，以子谅赠征仕郎，通州卫经历。

刘勤，以子守臣赠文林郎，直隶任邱县知县。

李博，以子原立赠文林郎，河南辉县知县。

王训，以子国相累赠通奉大夫，山西分守冀宁道左布政使。

任佩，以子大僚赠文林郎，山西高平县知县。

李陈策，以子仙风赠中议大夫，河南巡抚都察院。

李提，以子乔仑赠文林郎，四川道监察御史。

李撕，以子乔昆赠中宪大夫，山西雁平道副使。

国朝

吴多瑜，以子用光赠奉直大夫，兵部职方司主事。

鱼有成，以子飞汉赠奉直大夫，礼科给事中。

郭光裕，以子万象赠文林郎，河南鄢陵县知县。

马骙，以子体仁赠文林郎，定兴县知县。

裴汝清，以子宪度赠承德郎，礼部精膳司主事。

鱼飞汉，以子鸾翔赠奉政大夫，吏部稽勋司员外郎。

郭万象，以子尧都赠文林郎，山东博野县知县。

李鹤翔，以子溁赠文林郎，山西榆社县知县。

新增

周登秀，以孙资陈赠朝议大夫，詹事府左春坊左庶子兼翰林院侍读加一级。

周际械，以子资陈赠朝议大夫，詹事府左春坊左庶子兼翰林院侍读加一级。

乔于华，以子通洛赠儒林郎，按察司经历。

史光林，以子怀清赠征仕郎。

乔擢，以子通汉赠修职郎，甘肃西宁县教谕。

韩麟生，以子景泰赠奉直大夫。

韩景泰，以孙文渊赠修职郎，沔县教谕。

陈秉义，以子廷佐赠修职郎，淳化县教谕。

白公讳玉林，以孙遇道赠奉政大夫，翰林院庶吉士加四级。

刘春元，以孙瑞玉赠奉直大夫，盐提举衔，甘肃候补知县。

刘秉聪，以子瑞玉赠奉直大夫，盐提举衔，甘肃候补知县。

任希宝，以孙懋修赠奉直大夫，甘肃两当县知县。

白公讳长义，以出继子遇道貤赠奉政大夫，翰林院编修加四级。

任重道，以嗣子懋修赠奉直大夫，盐提举衔，甘肃两当县知县。

任重远，以出继子懋修貤赠奉直大夫，盐提举衔，甘肃两当县知县。

恩荫

国朝

杨吉庆，孝义里人，以父生员杨櫓于同治二年在富平带练勇击贼阵亡事，闻奉旨给云骑尉世职袭次完时，恩骑尉世袭罔替。

高陵县续志卷之六终

高陵县续志卷之七

知县程维雍重修　　邑人白遇道编纂

邸宅陵墓

没世无称，君子疾之。生有令德，则死有令名。虽世远年湮，而某水某山，犹指当年耕钓之所。颜巷柳垄，固至今存也。否则生时则荣，没则已焉，亦焉能为有无乎？其或道不足而位有余，古迹仅挂齿颊焉。君子其躬者，尚其思存殁顺安之故，朝夕闻道之由，勿徒深华屋荒丘之感叹哉。述邸宅陵墓第九。

汉景帝阳陵　见祠庙。《汉书·景帝纪》："五年春正月作阳陵邑，夏募民徙阳陵。后三年二月癸酉，葬阳陵。"《〔汉书·〕外戚传》："孝景王皇后，武帝母也。后景帝十五载元朔元年崩，合葬阳陵。"《府志》："今地属咸阳，名木家村。"

李广墓　见《吕志》。

按《贾志》："李将军墓，高陵秦州"，并载《府志》："秦州，固将军桑梓地，高陵此墓当在疑信之间"。《刘志》《汉书》"赐冢地阳陵，系李蔡事"，而《吕志》误引作李广，据此则高陵不应有广墓。然古来陵墓多歧出者。上古姜嫄墓在武功，而邠州山谷又有姜嫄墓。周康王陵在咸阳，而麟游又有康王陵。秦三良系穆公生纳圹中，而凤翔县有三良冢。唐魏徵墓在麟游，而徵实陪葬昭陵。李晟墓在县南渭桥，墓前有裴度撰碑，而狄道又有李晟墓。如斯之类，不可枚举。古人所传，夫有所受；传信阙疑，固有不尽。可据者至谓"赐冢地阳陵，系李蔡事"，论似未确。考《汉书·本传》："广死，明年李蔡以丞相坐，诏赐冢地阳陵，当得二十亩。蔡盗取三顷，颇卖得四十万。又盗取神道外壖地葬其中，当下狱自杀。"按蔡系广从弟，武帝元狩二年，代公孙为丞相。《汉书》语意似谓：广既死，武帝追念前功，诏赐冢地，蔡为从弟当经纪其丧。而于所赐之数，因缘侵盗事发坐此，当下狱。且蔡未死，何言盗神道外壖地葬其中？其义不得通矣。是阳陵冢地之为赐广也，明甚。如云秦州系将军桑梓地，墓宜在彼；则蜀汉诸葛亮，琅琊阳都人，墓不应在沔；唐郭子仪，华人，墓不应在合水。古人宦游所在，没而葬焉，如汉朱邑桐乡者多矣。又不得据此为驳辩也。

赵贞女墓　见《吕志》。

《府志》："中郎妻，不载史传。"据唐人小说谓，事系牛僧孺之子繁，以女弟妻同人蔡生，其说甚辩。然泾野子固言："邕以王智之陷害亡命，或遗贞女于此葬之，固未尝谓墓之必在此也。"

后秦姚苌墓①　见《吕志》。

《贾志》："临潼有姚苌原陵，子兴偶陵。"按苌墓在灰堆坡，兴墓在大纪村，俱系县地。《贾志》疑误。

唐于志宁宅　见《吕志》。

按豀田《通志》："长安亲仁坊有志宁宅。"《长安志》："后并入相府间地。敕赐贵妃豆卢氏，后左金吾大将军程伯献、黄门侍郎李高等数居焉。自指为天策府学士时所居官宅，而言宅之在县七流村者。乃其里第，今其后裔犹延书香，而故宅址无存。"

文安郡王清河张公墓，在奉正原。秘书监安阳邵诜撰墓碑。

碑曰：大历乙卯岁夏四月，有星犯于北落，洎秋九月癸巳，大将军维岳薨于位。冕旒悼惜，赠工部尚书。申命有司备礼，以其年十月乙酉葬于

---

①　《元和郡县志》：姚兴墓在县东南十三里。"沅案：《元和郡县志》'姚兴墓在县东一十三里。'无姚苌。《太平寰宇记》有。"沅案方位有误。

高陵县奉正原之先茔。

公髫髦敏异，弱冠宏达，风仪朗澈，望之巍然。业于武，专于学，精于战阵。□于兵，铃万人之敌也。天宝末，改服仗剑，北趋朔边属。幽陵首祸，安羯称乱，汾阳王郭公子仪伟其材略，引为步将。清渠之战，特拜左卫将军。党□背德，恣为凌逼。肃宗命公以麾下敢死急往摧之，迁右卫大将军。乾元中，汾阳荡定咸洛，追锄元恶。公奋然无前，□勇拔棘而驰，自卫抵邺，杀伤满野，加通议大夫、太仆卿，封南阳县男。思明继逆，再扰东夏。太尉李光弼扼河阳之险，制覃怀之寇，公凌堞进□，□擒魁渠，矢贯其眦，血流被臆。圣私表异，迁银青光禄大夫，试鸿胪卿。李国桢继掌师律，身戕众溃，虎旅散掠，居人骇亡。公□□寇盗，完安郡邑。仆固怀恩之授钺也，亦仗公以心腹。公阅视材力，教之引满。艺成彻札者凡二千人，署曰"平射营"，为师之左右先后。

今上践极，改试殿中监，进封开国伯。自是走朝义，逾九河，枭凶馘，日闻凯获。授特进，试太常卿，进封南阳郡公，食以实封，累加开府。怀恩之遁，封汉东郡王，增封一百五十户，充朔方都知兵马使。公以三年无师，审于避嫌，驿归阙下，□食四百五十户，拜左羽林军将军知军事。公固辞爵邑之大食二百五十户。前此军政坏蠹，习以生常，有无其人而私入其食与其衣者；有市井屠沽之伍，避属所征役而冒趋戎行者，公悉罢斥归之。尹京解紫绶而从褐衣者，凡千二百辈。其余慰抚字恤，讨而训之，皆憍材勇悍，一以当百。丁忧去职，柴毁过礼。而官曹之务，复旷紊无章。

大君深唯其人莫克缵奉，起公于苴绖之内，俾复旧官，改封文安郡王。泣乞终丧，抑而不纳。于是图（瞻）〔瞻〕军实，贸迁有无。制良弓、劲矢、强弩、坚甲动万万计，其长戟、利剑、戈矛、殳铤，亦万万计。至于经费余羡、缗钱、缯缟、米盐稻麦之数，莫之能纪，咸登于内府，实于禁仓。其有牛车、什器入于中者亦数十百万。上所奖重，迁本军大将军。公以天时地利，明主之所当知也，创风□气候图，密以上献；复虑国用不足，奉私财佐军。帝益加叹因而赐。

吊公始自将校，骤随节制，幕下之硕画，公必佐焉；军中之右职，公必更焉。□□禁旅，洊濡渥泽。一人之顾问，公实参焉；九重之谋议，公皆造焉。锡以金券，仍画像于凌烟阁，谓享鲐□□；□邦翰垣，不及中身，何剥丧之速。寝瘵之日，御医结辙；倾落之后，中贵盈门。赗襚之数，加常一等。或吊唁其室，或奠祭于途，其恩□□□厚也如此。

公外强毅而内淳。至其奉亲也，竭力于养，尽心于疾。养则问其所欲，视其所膳，晨昏莫之违也；疾则悴其色，致其忧，冠带莫之解也。虽迫以严命，竟从于金革而饮恨终身，永痛于创巨，加以义理，接于姻戚，任恤深于子姓，窭贫饱其惠，孤蒙忘其亡，盖孝弟①之极也。本乎世系，则隋齐州刺史政之曾孙，皇太子家令元济之孙，丰王府司马、赠灵州大都督履仁之子。世尚忠肃，以术学理行闻，盖灵源之浚也。议其祚允，则益王府长史曼、左监门卫率府录事参军呆、太子司议郎晟、崇文生垒。长未及冠，弱才知方。然而因心克孝，率礼不越，盖积庆之深也。公视其母□弟有志切于己焉。家之余财，身之后事，尽委于志。既而丧纪办护，丰碑篆刻，皆令季之所为也。人谓文安友爱，有志弟悌，张氏之业，其不替乎？铭曰：

勋臣之贤，将有文安。累康屯艰，为邦垣藩。婪婪巨猾，射天吠主。帝念汾阳，专征耀武。惟公奋发，愿从旗鼓。肇自朔裔，南驰关辅。关辅既清，复东其旅。训激貔虎，戕摧寇虏。思明继逆，再扰三河。河阳之师，实制猰牙。桓桓太尉，将定诸华。忿是覃怀，附于凶邪。公擒其师，勋伐居多。怀恩授钺，讨除奸羯。翳公烈烈，遂扫逋孽。汾上之溃，我成其功。违难远嫌，宛□清风。训驭北落，声华有融。如何昊穹，而降斯凶。赠以冬官，洪惟饰终。辒发京邑，堋归渭汭。精魄何之，英名孰继。空留片石，万有千岁。

贞元八年三月十日。

明吕文简柟宅 在县城内东街。

东郭别墅 《关学编》：正德壬申，泾野子以荐起供旧职，应诏言六事不报。事见本传及墓志中。复引疾归，卜筑邑东门外，扁曰"东郭别墅"云。

吕文简公墓 在县城东北隅，其父渭阳公坟左。光禄卿三原马理撰墓

---

① 孝弟：今同"孝悌"。

志铭。

　　志曰：吕泾野先生者，讳柟，字仲木，高陵人也。学行为世儒所宗，称为泾野先生云。（宏）〔弘〕治辛酉登乡举第十。正德戊辰宗伯举第六。廷试赐状元及第。历官翰林院修撰、解州判官、南京吏部考功司郎中、尚宝司卿、太常寺少卿、国子监祭酒、礼部右侍郎。致仕由考功至侍郎，率官于南。其在于朝者，唯修撰及祭酒而已。

　　按吕氏本太公望后。宋时有讳世昌者居高陵，其后几世生彬卿，彬卿生八，八生兴，兴生贵，贵生鉴，鉴生溥，号渭阳。渭阳公配宋氏，实生公。初，彬卿祖葬时，圹有声如雷。卜云：兆显六世。至是公生，竟以道鸣世，符卜兆云。公之贵也，祖考、考俱赠如己官；祖妣、妣俱赠淑人。继母以其存封之，异其妻为太淑人。妻李氏，封淑人。

　　公垂髫入学，辄有志于圣贤之道。夙夜居一矮屋，危坐庄诵，祁寒盛暑不越户限，足寒则藉以麦草而已。年十四，应试临潼，贫不能僦馆，宿新丰空舍。夜梦老人自骊山下，谓曰：尔勉学，后当魁天下。明日，试获超补廪膳生。母宋卒，哀毁骨立。既祥，受《尚书》于高教谕俌，邑人孙行人昂。又请益于渭南薛氏。又屡为督学邃庵杨公、虎谷王公所拔，入正学书院，授以所学，复友诸髦士，由是见闻益博。尝梦见明道程子、东莱吕氏，就正所学，益大进。乡举后入太学，择诸严惮执友，就馆同居，始辍举业，日以进修为事。时众以为迂，哗而弗恤。更历五祀，践履笃实，光辉外著，而哗者益亲，虽自谓立且不惑，其可庶几已矣。会孝庙宾天，与执友哭临，声出泪下，通国异而哗之弗变。孙行人殁，衰经哭拜吊者。武宗正德三年戊辰，廷策以仁孝对，称旨前期赐冠服、带履至服习容观，若固有然。明日，有窃政中官来贺，却之禄。入祀先祝，称某之子某，何太史粹夫称礼规之。凡父母书至，拜使者而受之，退而跪读。余亲友书，受读有仪。期功缌亲讣闻，必为位而哭。凡馈遗，非礼不受。在官二年，窃政人横甚，西夏乱，公疏请上入宫御经筵、亲政事，则祸乱潜消，内外臣富贵可常保。窃政人恶其直，因尝却贺礼，又不往，欲杀之。乃乞养病归。其人使校尉尾之至真定，不得其过而返。抵家数月，其人凌迟死。公家居侍渭阳公。渭阳公间怒责次子，梓逃，公跪受扑，怒辄解。台谏累交荐，起用。入朝，上《劝学疏》略曰："昔周文王缉熙敬止，咸和万民，斯享灵台之乐。元顺帝废学纵欲，我太祖皇帝一举而取之。"蒙嘉纳，遇乾清宫灾，应诏陈言：一曰逐日临朝听政；二曰还处宫寝，预图储贰；三曰郊社禘尝，祗肃钦承；四曰日朝两宫，承颜顺志；五曰遣去义子、蕃僧、边军，令各安业；六曰各处镇守中官贪婪，取回别用。又累疏劝上举直错枉，不报，复引疾归。

西安秋旱禾稿，公白当路，获薄征。友人张御史仲修巡盐，建河东书院，请定三晋应祀名贤。公论孔颜之学，指汉宋贵言贱行之失，定之。渭阳公病，公侍汤药夜不解带，履恒无声，历一年鬓发尽白。丙子五月，渭阳公卒，公哀毁呕血。妣宋先殡城东隅，至是启柩，失其一指，公吁天恸哭，复得，遂合葬。时大雨，公徒跣擗踊泥淖中，观者感泣称孝。既葬，居庐哭无时。陕西镇守太监廖氏赠以金，却之。有客托交游，遗三百金求书，公曰：人心如青天白日，乃视如鸟兽耶！交游惭而退。今上登极，起用。

明年改元嘉靖，复馆职，纂修武庙实录。经筵进讲，值仁祖醇皇后忌辰。公口奏：宜糁淡服，易绯，罢酒饭。癸未会试，充书经试官，得名士二十余人。尝上疏劝学，略曰：学贵知要而力行，故慎独克己，上对天心；亲贤远谗，下通民志。伏望皇上，寻温体验。甲申四月，奉旨修省，以十有三事自劾。疏上，谪山西解州判官。至解，值解守殁，公视篆为理后事甚悉。乃首省穷民，以赎刑帛絮及米肉给之。又审丁由重于他邑，力白当路均之。于时，解及四方髦士从游者众，乃即废寺建解梁书院，祀往开来于中。又令诸父老讲行太祖皇帝教文及《蓝田吕氏乡约》《文公家礼》，又以小学之道养蒙于中。有孝子、义士、节妇，咸遵奉诏旨题表其门。复求子夏之后训诸学宫，建温公之祠而校序其集。筑堤以护盐池，疏渠以兴水利，桑麻以导蚕绩。于是，士民各安其业，有古新民之遗风焉。御史累荐，升南京吏部考功司郎中，州人士民感泣而送之河干。既去，则竖碑于州，识遗爱焉。至留都，日亲吏事不厌，升尚宝司卿。南士从游者益众，乃讲授于鹫峰寺中。壬辰，升南京太常寺少卿。朔望，命道士演乐，禁俗装。时阁臣张再起，留都大臣多遣人迎候，有约公者，以他辞辞。时阁臣甥亦仕留都，众与结好，公礼接之外无交言。阁公累欲退公未果，会复以病归。乙未，升祭酒。首发明监规，上疏申明五事，上皆允行。公教人以正心修身为本，忠孝为先。日以所尝体验经学授之，又礼以立之，乐以和之。监中诸生虽众，公吊丧视病，哭死劝善，恩义无所不至。于是，六堂师生皆心悦矜式，诸公侯子弟亦乐于听讲，以至监外进士、举人、中官沉东之流，亦胥来问学。寻升南京礼部右侍郎。百官谒孝陵着衫服，寅长霍曰：盍着绯？公曰：望墓生哀，服衫为是。众从。寅长为蔡生请盐商墓志，拒之。前阁臣病归老死，寅长约同祭，从征祭文，不可。寅长乃疏阁臣十善于公，公答以书曰：公才如此，倘不阿私党奸，则一变而为正人，有何不可？寅长衔之。己亥春，圣驾将躬视承天山陵，公累疏留之。署南京吏部事，乃疏荐文武数人。公连年入觐，表贺圣节，再过河南，见饿殍盈途，语所在瘗之。后值奉先殿灾，自陈乃获致仕云。公初入礼部，见寅长霍悬榜都市，曝阁臣夏愆。公讽收其榜已诘，榜外事弗答，以善语之。至是屡语不合，又所浼不从，复有一变为正人之语。公之两入觐也，夏屡询霍愆，公弗应，以大臣当容才答之，故霍疑公党夏，夏亦疑公党霍。霍阴为揭帖短公于朝，夏亦阴外。故霍死夏去，公之心卒莫之明也，故仕止此。

公事继母侯孝养备至，侯畏风寒，公为艾褥进乃安。辛丑秋后卒，公哀毁，殡殓尽礼。壬寅六月，公左臂患痈，至七月一日亥时卒。公生于成化己亥四月二十一日午时，至是享年六十有四。是日日食，至亥分有大星殒华阴，遂卒。高陵人哭为罢市三日，远近吊者以千计。解梁及四方弟子闻讣，皆为位哭。公体貌丰厚，方面微髭，轮耳海口，目光有神。平居端严凝重，及接人则和易可亲。性至孝俭朴，室无婢媵，事叔博如父。妹刘贫甚，公时济之。岁饥，宗族有饥者，则分禄赡之。痛外祖乏嗣，每展墓流涕。从舅宋瑾流同州，特寻访迎还。平生未尝干人，亦不受人干谒。不置生产，既殁，家无长物。常以诚敬自持，言必由衷，行必由道。门人侍数十年，未尝闻见愉语惰容。与执友处，唯以规过辅仁为事，自少至老，相严惮如大宾，未尝有一语相狎、一事私相嘱也。所著有《四书因问》《周易说翼》《尚书说要》《毛诗说序》《春秋说志》《礼问》《内篇》《外篇》《泾野文集》《诗集》《宋四子钞释》《小学释》《史馆献纳》《南省奏稿》《上陵诗赋曲颂》《寒暑经图解》《渭阳公集》《史约》《监规发明》《署解文移》《高陵县志》《解州志》《汉寿亭侯集》《魏氏宋氏族谱》《诗乐图谱》共若干卷。

公配李氏，封见前。南京国子监典籍崇光女，有淑行，内助居多，存生男子二，即：田，乙酉科举人；昀，蒙荫为国子生。田娶桑氏，继刘氏、张氏。昀娶张氏，继王氏。孙男二：师皋，田出。师韩。孙女二，俱昀出。田、昀以甲辰七月二十四日，葬公于邑城艮隅，渭阳公坟之左。公之卒也，理率诸门人哭而殡之。已乃使田如京师，托求名世君子言，刻诸圹中及墓隅，不图未之获也。时理①在南都，田乃不远万里之理所，以尝使求诸人者还相托焉，是故志而铭。

铭曰：愚考先民，自孟子殁，汉有经史辞赋之学，晋唐人攻书及诗，宋多文上，然据其言行，考所见闻，见道者鲜。惟董仲舒为西京醇儒，然灾异之说，驳杂亦甚。东汉之末，惟孔明卓然特立，可以与权管宁，以潜龙为德，确不可拔。两晋人材，有不为流俗所染、异端所惑，安贫近道者，惟陶潜一人而已。李唐杜甫之诗，韩愈之文，为不背道。然甫有啜人残杯冷炙之悲，愈有相门上书之耻。况愈辟佛老而复友其徒，任道而牵妓妾毒。杜韩如此，自余可知。赵宋文士苏、黄诸人，皆宗尚佛教。富、文诸贤，率事僧参禅。惟濂溪周子，学得其精。康节邵子，学为甚大。二程兄弟，横渠张子，学为至正。晦庵朱子，能继诸贤之绪。自元以来，及令见道而能守者，惟鲁斋许氏及我明薛文清公数人而已。公则为汉之辞赋，怀其史材、传其经学而无驳杂之失。工晋人之书、唐人之诗、宋人以上之文，而多明道之词。醇如鲁斋而稽古之功则多，真如文清而知新之业则广。盖其学诣周之精，几邵之大，得程张之正，与晦庵朱子而媲美者也。于戏，泾渭之汭，神皋之墟，邑城艮隅，葬我巨儒。于戏，其无虞哉！

国朝陕西知县四川李世瑛谒墓有题：横渠而后见先生，关学渊源一派成。如此状头真第一，教人不敢薄科名。为官何必要封侯，用先生句，想见先生判解州。我亦忝为崇信吏，未能免俗是深忧。是真理学是名臣，富

---

① 理：指三原马理。

贵难淫道义身。天使高陵尊北斗，姚江不数姓王人。渭水秦山落日空，墓门西峙横关中。鲰生久抱希贤志，四百年来拜下风。

处士**吕果墓**，在泾野子墓西北数十武①。巡抚保定、右佥都御史富平孙丕扬撰墓表。

表曰：此吕公夫妇墓也。字幼毅，名果，姓吕氏，别号仁庵，世为高陵郭下里人。生正德丁卯十月十日，卒隆庆壬申闰二月十三日，岁六十有六。配于马，生（宏）〔弘〕治己未五月二日，卒隆庆己巳正月十二日，岁七十有一。其子师颜辈已卜吉壬辰之十一月二十一日，奉父合葬祖次野公之次，乃撰述父美，图所以弗朽者。

余曰：嗟乎！吕氏世宦，以德行文章雄关中；渼陂、对山、豁田诸□每谓多才。按吕父状，今乃知吕氏济美云。夫今天下名山大泽，凌霄之干、合抱之材，固皆为栋宇王国设也。其或托根□□之境，寄迹奇绝之岑，舟车弗至、斧斤弗入、耳目弗逮，竟与凡草木同朽者岂少哉。若吕父之事次野公，定省温凊，一率□□仪节，即一菜一果弗食、弗敢食，宛然怀橘拾椹者风。陈太母虑姊贫，忧形于疾且笃，父矍然曰：此病非药石所能愈，割负郭田济之。母疾若脱，其养志类如此。若为乡闾共口碑者，助婚嫁于妻党，追遣金于晋人，教子孙以率祖，攸行逊冠服，以自安稼穑。家产遵其训，乡邻服其义，县尹高其节，一时称隐德焉。又喜怒不形，物我无间，与乡人处泊油如也，君子以为难。夫以父所养，出其事亲者事君，出其与众者与友，出其教家者教国，则可以栋梁、可以柱石、可以巨室，固国家器栋宇材也。而卒为竽琴异好焉，□遇耶非耶。马母贞淑不群，动协姆仪，雍雍尔，肃肃尔，则又无旷于礼也已。生男子四：长即师颜，登壬子亚魁；次师曾、师尧，俱县学生；次师孟。孙男子十一，某某。

呜呼！古人有言：不赢其躬，以尚其后。信斯言也。宜莫如父，不闻之身表也。有然名乎，□□若吕之世系，则载诸志云。万历三年。

山东参政**李乔昆**及其弟四川道监察御史**乔仑**墓在五所寨。

涪州知州**田宏甸**墓在晏村西北。

---

① 武：古时以六尺为步，半步为武，泛指脚步。

湖广偏沅巡抚**李仙品**暨其弟河南巡抚**仙风**墓，俱在上院西南。处士**荣万金**墓在张市。邑人李体良撰墓碑，多磨泐不完。碑曰：夫碑何谓者也，凡以□□□后世而□有所激劝也。碑取于往迹劝后世，则必有实德□□可以当，次而□利非所论矣，是故余无□未尝□□□腹评天下而于荣翁，今日之碑实重有感焉，何也？荣翁自幼业工匠□□□□□劳可尊亦无陈□□可趋。夫固人情所易略而忘焉者，而其殁也乃远近追慕弗已。此其人之□□何如是？故庠生党理民、友人荣鹤等，里人刘伯乾等，相率为之树石颂德，而问记于余曰："先生知荣翁之为人乎？"余曰："此余友，孝子天伦望原君之父也。尝闻自祖父来，积善不替。比及望原君，为学志存砥节，不区区于文艺之末；及居丧也挺然守礼，不随时俗。既葬庐墓，虽隆冬盛暑未尝少苟，则以子然。远方人且知之矣，余何为而不知之耶？"里民等曰："此正吾辈尊吾先生以及于翁之意也。先生既知翁之为人，盍笔之石以彰厥美。"余曰："先生尝谓余云：'伦庄北有灌田渠岸口峻，当水行时人恒苦往来车轮过者辄覆压，伦祖见而悯之，遂率吾父力筑石桥以济之。越三十载桥圮，吾父恐伤吾祖志，又增修且志石示后，冀子孙善继焉。'今日诸君之请，非谓是与里民等再进曰，是固然。"然翁之贤，不止于是。翁事父母能承颜顺志，待昆弟能不失同胞情，接乡党人一于谦敬。自少至老，未尝有争辨事。至衙门见读书人，尤爱而敬之。尝于庭前诲余先生云："我虽不晓文义，大凡安详守分便是好人，汝等不可不勉。"方余先生未入学时，翁遇一术者，谓居后古坟射宅不利翁家，进以起迁昌家之说，翁拒之。曰："宁我子孙不昌，不敢致他人鬼神不安。"而先生家亦竟无恙。授学于里，从游者甚众，翁亲为作舍以庇生徒，且教之曰："汝教人务尽心，不可责脩脯，不可误人子弟。"且其家素不丰，而患贫之念不斤斤于怀。故生无居所者，为修小舍以居之；死无衣衾者，曾解己衣以衣之；见饥饿垂毙而力不能济者，乃为之署名立券，称贷诸人以救之，而口终不言此。其存心制行，虽古贤人髦士亦何多逊耶，先生曷备笔之石。呜呼！翁之贤，余固习知望原君矣，诚如君等所言。诚哉！翁之贤，也可谓人不间于家人子姓之言矣。此所以有贤郎之挺生也，然则苴杖生叶，白兔守坟，固望原君纯孝所致，要亦翁之积德之久□□。于宜□□者有素也，故曰：余于荣翁之碑重有感也。诚以荣翁之善，实善也。诸君之请记，记实善而不同于寻常谀墓之浮词也。后之□□□□□□起者，自当不容已矣。翁名万金，字汝贵，别号忠庵，当□□□□□□□□日乃其子望原君庐墓之日。万历□年。

荣孝子天伦墓 在其父万金墓旁，有碑剥落不可读。

镇江府知府**李原立**墓在上院。

国朝

乡饮大宾**吴赐元**墓在距河门外，都察院观政句章周斯盛撰墓表。表曰：予师亮公先生，关中高陵世家也。先生以名进士出宰吾浙之剡溪。公退之暇，即延诸章，缝白袍而课艺之，虽盛暑祁寒，弗废丹黄之从，以故负笈门墙者，户外趾相错也。语曰：舜有膻行，群争附之，亶其然哉。顺治甲午秋，乡当大比，先生入闱罗多士。小子斯盛，以滥吹幸入彀，尔时同谱及门友率皆翘翘，物望先生负人伦镜壶雅望云。洎谒先生于公署，流连数昕夕，因得读家乘，得聆先世厚德，积庆故为最悉。今先生以恩假家居，身系苍生之望而依依慈闱。客夏走，介致书命小子曰不佞。卜于仲冬，奉先王父、先王母于祖茔之东而合窆焉，烦椽笔为先人□不朽，期与贞珉不泐也。予对使长跽受教，因维世之名公巨卿、硕儒贞士，上之为日星，下之为河岳，人龙文虎，彪彪炳炳。似不必假中郎之管，始发潜德之幽芳，播金石之休问。矧迂拙若盛，乌能揄扬先生家世于万一乎？第小子侍先生最久，因得闻待赠公行谊最深而未敢以不文辞也。

公讳赐元，字荣庵。父曰宥，字恩夫。母墨氏。伯氏，讳体元，早逝乏嗣。仲氏，讳调元，邑增广生，亦乏嗣。公其季也，修干广颡，望之魁然。缜密厚重，多伟略，寡言笑。少习帖括，为文放达，不羁在眉山伯仲之间，不屑屑经生语，以故屡见蹶于司试者。虽艰一青衿，公于于然，安之无芥蒂愠然。乘风破万里浪，壮志不少辍。春秋艺稷之余即读书。一日奋然曰：士之遇不遇，有命焉，非可幸获也。夫欲骋逸足于皇逵，翔劲翮于云际，予无望矣。惟斅学半，何必区区以逢年为快哉。于是设外塾，进生徒而教迪之。公既执谦卑牧，训诲不倦，以故来者沓至。里人有忌公而思有以中伤之者，以公为"不识字，擅开社学"而讦之令。令不察，亟召公至问曰：若识丁否？公曰：能识纥字。令出对曰：教徒读书书几句？公应声曰：蒙童学习习无穷。令遂加额曰：此文章老宿也。因自谢不遑，而责讦者之妄。时邑有要宦恃势横行，欲得公负郭田谋为己园圃。公曰：此前人遗我世守业，非世家所可夺。尝熟读汉史矣，敢贻讥酂侯乎？坚不与。宦恚甚，因与门下诸客辈为诬告计。宦从而关说之，然谋已定未发也。宦曰：我惟筑峙乃桢干，于是垣成而往来之途阻矣。又树杨数十百于内。或劝公远匿以避害，公独坦然曰：死生有命，吾何畏彼哉。未几，诬告者赴夜台，势宦捐馆舍。所筑之垣墉，被害者争堕之。所树之白杨，牛羊下来矣。

嗟乎，势炎之不可怙，而善类之不可戕也。若是哉，至其孝友出于天性，处己以淑慎，接物以谦冲，尤非人所易及者。其事二人备极色养，尽得欢心，在圣门宜分曾、闵一席。值两亲易篑，时家计中落，公为呕心血出。刘太宜人衾具，易美材为寿具，含殓咸如礼。处伯仲雍雍友爱，有既翕风，故终身弗析箸。生平无他嗜好，读书之外，喜杯中物。岁时，为好会速诸倍我十我者，暨父母族之尊而有德望者，效洛下耆英事以自乐。里中往往有讼事辄质之公，公为平剂之，人咸服而散，以故时以彦方、仲弓目之。训子奉直公既延名师而教之，又约诸文士益友为文。会遇经书有疑义，必躬为开导之。日冀其成立闵闵焉，如农夫之望岁。由是奉直公文名日隆，起为关中祭酒，屡试辄高等，入棘闱中副车。里中争延以西席，及门多俊彦为学者宗师，此亦足以见公家学之宏敷矣。

元配①刘太宜人幽娴贞静，善事舅姑，和处姒娌，（壶）〔壸〕以内肃穆如也。御下宽笞偶之，声不加于仆婢。间以绩纺佐公读，虽夜分不怠。当公被人相侮时，太宜人每以大义劝解，曰：娄师德唾面自干，独不可学而至哉。公亦多为开霁。奉直公为儿嬉戏，太宜人诲之曰：若何僵偃而弗加志乎？以资为郎耶。吾家非素封，先世所遗者诗书数卷耳。独不念若翁期愿之切乎？其画荻和熊之风与，亦堪为阃内师范矣。

公生于明嘉靖己未正月廿八日，卒于天启丙寅二月十二日，享寿六十

---

① 元配：元通"原"。后同。

有八。太宜人生于明嘉靖壬戌五月十一日，卒于崇（正）〔祯〕甲戌正月十二日，享寿七十有三。子三，长即奉直公，讳多瑜，三任广文，历官蕲州别驾，以子用光贵，封奉直大夫。次多瑨、多琦。孙二，长即予师，讳用光，丁亥进士，山西平阳府知府、前兵部郎中。次仲光，庠生。兹以今岁十一月初七日，奉公柩与太宜人窀合焉。敬表而扬之，用识公世德渊源子姓克昌之故，第愧不文，尚俟太史氏银管以扬盛美云。

  封奉直大夫兵部主事吴多瑜墓，在其父赐元墓侧，有诰命。礼部尚书东牟沙澄撰墓表。制曰：兴孝惟君锡类，宏昭报本教忠。自父服官，敬用承家。尔吴多瑜乃兵部职方清吏司主事加一级吴用光之父，道在捉躬，奚被经纶之重；志存作室，式宏堂构之遗。兹以覃恩，封尔为奉直大夫兵部职方清吏司主事加一级，锡之诰命。于戏，恩逮所生，弥表象贤之美；风兹有位，尚敦燕翼之谋。　　制曰：疏恩将母，宏推锡类之仁；移孝作忠，均切显扬之念。尔兵部职方清吏司主事加一级吴用光母李氏，爱子能劳，笃义方于杼轴；相夫克顺，端令范于闺闱。兹以覃恩，封尔为宜人。于戏，象服昭荣，聿荷廷纶之宠；熊丸式谷，永贻女史之芳。

  表曰：窃惟关中历代都会，人才辈出，于山见太华之耸拔，于水见大河之浩渺，于人才见昆毓公品行之卓峻而德泽之汪洋也。予即撷其懿德嘉行，志焉铭焉而藏诸幽矣，而为子者之哀，恳犹未已也。亟请曰：古者墓有表，礼也。幽宫片石已蒙勒诸不朽矣，而隧右鬣屃翘然表于松楸之间，使夫过者见之。庶几借大宗伯鸿文以生色九原乎？余懔然曰：表者，标也。表其行而勒之七尺之崇，垂之千秋之远。余詹詹无文。人以文重乎？文以人重乎？按状而读之，公吴姓，讳多瑜，号昆毓。世居长安之高陵，为一邑望族。历传而至荣庵先生，讳赐元。元配太夫人刘母，生丈夫子三，长即公也。

  夫君之清白贻谋，金玉捉躬，种种不可缕数。而乡党之轩然而名公者，不曰"孝子"则曰"悌友"，不曰"义士"则曰"仁人"，不曰"慈父"则曰"名师"。

  吾闻其所为孝者，尽诚而亦所以尽礼。甘毳菽水，出入定省必躬必亲，礼在则然。至疾而药必亲尝，屡月身不解带。殁而哀毁骨立，葬奠一遵古制。故曰：有子道焉。

其所为悌者，以其分甘也，亦以其分悴。公有两弟：多瑁、多琦，方其屹然成立也。终合爨而无异财，及其奄然先逝也，抚诸孤无异己出。故曰：有友道焉。

至其所称义者，以其侠烈也，而亦以其性情。生平患难将扶，肠如火热；过失相规，懔若冰霜。凡关大体者，从不作煦煦态，而亦未尝有岸崖过激也。即有负公者，公置不校，曰：管、鲍何人，羊（邱）〔祁〕在我。而其人寻亦愧悔自艾。故曰：有义道焉。

其所为仁者，以其济众也，而亦以其笃亲。仗财侠施，助饥恤贫，匍匐救丧，排难解纷。至于亡伯之绝后，择嗣继宗；若敖之鬼不馁，伯道之支犹绵，凡此皆关至性。故曰：有仁道焉。

其所以称慈者，义方也，亦即所以饬官。方公之子二，大者鹊起，次亦火攻。至今晋阳之墟口碑载道，卓鲁之治追踪比迹，不失家节即为治谱。语云："芝草有根，醴泉有源。"故曰：有慈道焉。

其所以为师者，范今也，而亦即所以阐往古。函丈之间负笈而从者，英才乐育；青毡席下采芹而游者，名贤肩踵。至其羽翼经传则衍濂洛之宗，阐明理学则辨朱陆之歧。至今"关西夫子"之号、"狄门桃李"之称，藉藉人口。故曰：有师道焉。

凡此皆公之梗，凡而余以为观，犹未止也。积厚者发大，泽深者流长。别驾之任，虽辞荣于其身；龙章之贲，实享福于其后。奉直大夫之职，兵曹司马之封，不以夸当世而耀来兹也乎，且绅衿同左久钦真儒之间。出而乔木嶙峋，又增泽宫之光辉，名德揭于巃嵷，云霞蒸于林木，不啻望太华而仰止，沐大河而分波。是用表之珉石，以俾过者之知所景慕云。

公生于前朝万历庚寅三月初六日，卒于康熙乙巳正月十二日未时，享年七十有六。恭遇覃恩，诰封奉直大夫兵部主事加一级。子二：长用光，任山西平阳府知府、前兵部职方司督捕郎中；次仲光，壬子拔贡。

德州同知**李涵素**墓在距河门外。

分巡湖南道按察司佥事**郭万象**墓在渠上郭村西北。中书舍人朝歌李实秀撰墓表。表曰：吾师一章先生，纯德君子也。先生品至高意常下，爵愈尊心常小，禄渐厚施益博，晏大夫一磨砺春秋名公卿者，先生具有之。学者望为泰山北斗，人龙文虎，即不必假中郎之管，可以无憾。顾其生平大业，见于经国子民，次恒及于乡里布衣之细，岂以砥砺廉隅，兴起方俗，则发潜德之幽光，播金石之嘉誉，予小子其何辞焉。矧小子实秀偕伯兄实发，同出先生门下。丙戌，予通籍省郎，侍先生最久，知先生亦最深。嗣先生建节楚南，予小子亦后节江右，衡庐相接，意谓云龙之逐，聚散不远。不图天，不愁遗，遂一朝千古也。

呜呼痛哉！先生讳万象，字文焕，更字一章，号耳田。早岁婴荼蓼之苦，两尊人俱见背，茕茕依伯氏为命，伯氏甚友爱之。年象勺出就外傅。塾师望先生曰：此云中鸑鷟，非翡翠之罗可屈致也。敬避席北面礼，于是负笈从李江漪公游，西河之教于谊最笃。俄补博士弟子员，每试辄冠军，人奇之。先生顾扃户下帷，精濂洛关闽之学，陋风云月殿之章，毅然以绍明正学为己任，其余则旁及书史六经以外，不闲吾手。故时有墨池之鱼飞于世。癸酉，领乡荐。乡人望先生丰颐伟抱，辄加礼焉，曰：异日公辅器也。甲戌成进士，授鄢陵令。鄢故强邑，其豪贵阡陌，而应赋役者恒窭人子，前后令罔闻知也。先生规度定其户籍，一如苏颂治江亭故事，徭之重轻务与地之多寡相直。虽豪贵挠之，弗沮也。一时杼轴之怨平，黄鸟之歌息矣。濒河数困阳候，禾耳生青；居民依熊树之巅以待尽。先生曰：筑堤卫田，范文正公不可学哉。于是捐木伐石，择里中干者董其事。圩闸既成，沮洳皆为沃壤，匪特灶可不沉，且以有秋告矣。至今桐乡之祠与陈陂胡塘比高焉。丁丑，课最上，考功授两尊人诰命。戊寅，调繁、曹县，两境民争如杜公乾凤时。曹岁大（禩）〔襐〕，嗷嗷偠偠者相枕藉。先生泣数行下，曰：吏实不德，以畎亩灾诟。若燕游鸠工，发有余之财以惠贫者，吾不能；若廪庚先赈而后请，吾不敢。无已尽空，诸赎锾俸薪以义先贤者，于是荐绅大户争纳粟作糜以缓民，须臾无死。乃登奏两台大赈赍，邑赖全活者无算。辛巳，擢礼部主事，寻转吏部主事。壬午，历四司员外郎，寻署选政。先生曰：此人才之□天下贤否，所关治原清浊。所出远则晋山涛、近则夏原吉，可□也。适有怀暮金易善地者，立谢之谓：而欲善地，此不善地谁当受之？一时选人曰清水平衡，惟郭公不可干以私，而夹袋之名辈出矣。甲申遘变，先生自燕遁，归隐于池阳，布袍脱粟，槁然巨仆而已。直指重公望特疏起，先生田间辞归弗受，语劲驾者曰：吾年非少壮，今更勃崒长安道上，如蓬海中一叶舟，何所问津也。义俸檄岂为我哉。因□弗俞。乙酉冬，策蹇出咸阳道，车从不备，萧然如异时，先生之风可知矣。丙戌，授兵部职方员外郎，历车驾郎中。庚寅擢长沙佥宪。兵燹之余，草树灵于瓦屋，都民雉堞不守，落落然晨星也。先生躬为拊循，问疾苦旌教命，隐恤其情，而民日以聚，暮云归故堞矣。兵有利贾人资者，因累而系之，诬以盗。当事欲置之法，人且俯首待僇矣，先生察其冤，立雪之。祝而解网者，二十有一人。负橐绘像，顶礼先生于冰天桂海之间。楚民剽悍有雀角争，司耻惩以罚。先生曰：兹何时哉，创痍未复，犹敲肢髓。为免其罚，咸曰：余活佛其再见乎。阅岁，先生将挂冠，神武解绶，东都恩尽。览东南名胜，与山灵佛鸟相和答，不致使岩花窦草怪人襟裾然。后返棹河洛，躐华峰之巅，摘青莲明星以自乐。归而条析弊政，与乡里湔刷一清，则有生之大略定矣。未几，游自金闾，忽染暑箕逝。而先生经国子民之事业，一旦与浮查游屐俱敛矣，岂不痛哉。若夫为善于家，天性无不至；为善于乡，敦行无不力，又未尝不山峨峨而水活活□□。事伯氏致恭，终始无间言。抚伯氏子犹己子，躬授书不倦，故平野君成名独早。舅氏贫，厚恤之，使其釜不繄，今矫然风尘外者，则舅氏之膝上文度也。侍师江漪公疾，累昼夜弗怠。及卒，襄后事则戚然于知己之感吾道存绝之痛。识者谓：有端木氏风焉。居选曹时，语长君曰：士大夫重获罪于乡党者，非必其身之类也。其子弟骩骳乱朝廷公是非，其臧获辈恃主人无卑下礼耳，苟有之，是滋吾不德也。戊子举于乡，先生复戒书曰：丈夫子岂博一进贤冠哉。宜卑自牧以补口，所未逮否，则徒相累耳。就省雒阳，则每夜必啜茗。谈先世艰苦事，溽暑出单布曰：弃与汝友爱也，念生平衣不浣不易、履不敝不弃，不为纨绔佻达子以损祖宗。来俭德，今授汝，愿无忘布衣时。先生借铃阁为鲤庭率类此。仆隶虽□诟，先生必恕遣之。尝曰：彼亦人子也，何怒焉？其在于曹，念里之亲故贫贱，恐饥亦如曹民也，贻之金各不痒，千家之产而墨突之不黔者起矣。高陵密迩咸阳。壬午方治，兵士马分休诸郡邑矣，茭粮豚酒之费悉索无艺，先生贻书口奉□□得解，骑卒去。乡有利害，先生手陈面画之，遇有事父母之邦者，必以告以故。灵辀归，泣而执绋者塞于道，不知其为远近疏戚也，先生之风又可知矣。晚年精象□，究西来宗旨，欲使五浊恶界尽化清凉，故家居虽澹落先生泊如也。□干戈中而亦无苍黄之态。志其品藻人伦，古今有一□□。丙子则分校豫闱，乙卯则分校齐闱，壬午则典试中州，前后得士共百人。先生每接士，必醮曰："幸无欺，欺则长傲；幸无私，私则生尤。"故士受先生教者，咸能砥行立节，自致于功名，为时贤卿大夫者，指不胜屈。至渊源之自后起者如先生，则有若金章王子、翔南郭子分校会闱，世庚李子分校畿闱，蓼龛马子、汝澜吴子分校楚闱，叶应牛子、宾王成子分校晋闱，翔南郭子则又分校齐闱，念东高子典试吴会，元庵郭子典试江右，余小子秀亦谬应关之役。计所得人约五百，有奇士。乙丑，先生典试武闱，一时赳赳桓桓，亦皆鹰扬而虎视。先生之风，又可知矣。大率先生表里洞达，行纯而方，意谦而下，施笃而博。以正色立朝，即以豀谷自处；以霹雳手拯人于危，即以菩萨心济人之缓急；以清白吏贻子孙，即以包蒙无击蒙驭其下，令嗣拟金振玉息皆道气。将以竟先生未竟之业，传诸史册，垂之无穷，以砥砺其方俗廉耻，岂余小子一日奋髯走墨，所克扬其万一者哉。姑揭其本末，先生高陵人。

  工科给事中**鱼飞汉**墓在张市。

  岢岚道**马云龙**墓在康桥。

  江西瑞金县知县**郭怀琮**墓在吴村东北。

  直隶交河县知县**周之旦**墓在李观。

  江宁府推官**田薰**墓在晏村。

  广东提学道**裴宪度**墓在距河门东。

  河南上蔡县知县**李谊**墓在上苑[①]。

  江南（雎）〔睢〕宁县知县**郭允屏**墓在张桥里。

  刑部主事**马体仁**墓在窑子头，内阁学士兼礼部侍郎嘉善曹鉴伦撰墓表。

  表曰：余与瑶庵公为同年，当己未岁公释褐南宫，余亦窃附榜末。与琼林中得识公，见其人清贵凝远，有名士风，心固贤之而未甚款洽。后余

---

① 上苑，今为"上院"。

官翰林，公亦由邑宰进比部为部曹，相见甚欢，时相过从欢然无间。朝政之暇，间以诗酒倡和往还，交最称厚。居无何，以微疾溘然而逝，为吊且哭，每一念未尝不泣然涕下。其子扶柩归，余祖祭而送之都门外，距于今凡四年。其子将卜兆新阡，启郧孺人之兆合焉。余友张君曾庆志而铭之。而其子意犹未已，又思所以光昭公与郧孺人之令德，而先时具书币走三千里乞于余，曰：不孝有七尺石树之隧，幸表我先君之行而勒之石，借以不朽示为马后者。余按志幽并所撰状而为之。

表曰：公姓马氏，讳体仁，字乾生，瑶庵其别号也。其远祖系汉伏波之苗裔，世居高陵，巍科高第，代有伟人。传至饮宾公，讳君锡者，有隐德，为人倜傥，敦信谊，不寔然诺。治家肃而不苛，弗获用。经术显然中不能，无望之而生丈夫。子讳键，字元阳，号临泾。配赵孺人。其治经术精甚，又工属文，教授诸弟子，生徒济济，多知名士。居恒常疾，以明经终其身。生子二，长即公也。公生而歧嶷，长为博士弟子员，每试辄取高等。壬子举于乡荐，最后荐于南宫。报至太翁，大喜语所亲：吾愿毕矣！已而，涕泫泫交于颐曰：先君以属我，不能得之我。我乃能得之子，何日瞑泉下也！抑郁患疾，晏居深坐几二十年。公亦依依不轻仕，及太翁殁而服除，始就选定兴令。按，邑近神京，当冲衢，地瘠民贫，事繁且剧。公一下车，问民瘼吏弊，而参伍法比，公庭肃然。请赈饥、均徭役、息讼讦、禁奢侈、惩奸剔弊。期月而一切治理为诸邑冠，种种善政不可胜纪。著其大者追，癸酉分校北闱，所得皆一时名宿。至今成进士者宗君孔授，李君延崿，胥门下士。时圣驾过咏阳桥，采舆论，大蒙褒嘉，敕左右录名。既而宪府时疏剡荐，缘盗案部以例驳已。中丞于公委篆新城，有召杜名。去之日，父老、子弟、男女攀辕遮道，不啻如失父母。至康熙戊寅年，躬授文林郎。太翁得赠如公官，太夫人及夫人元配郧氏、继配刘氏咸被恩荣。寻以令高第征擢尚书刑曹清吏司主事，遂精爱书，平剂三尺，所谳狱必据律。然时时参伍以情，即有所纵舍，廷尉莫能难也。故大司寇以治曹见器，令摄晋、楚、江、浙四司，兼理二载，公亦处之绰如。会秋审重案，尚书公必挟公从，曰：公不误我！公上体圣天子如天如生之心，下察诸大狱冤抑难伸之情，多所全活。诸曹郎咸心折公。公生平素强寡疾，感微疾竟不起。弥留之际，呼其子而教之曰：吾没后，毋开吊，即扶榇归，以襄先人大事为谆谆。翛然而瞑。

公生崇（正）〔祯〕十二年己卯七月初五日巳时，卒康熙四十年正月初十日巳时，享寿六旬有三。今上康熙四十三年十一月二十四日己巳卜兆新阡，启邨孺人穴而窆焉。

呜呼，以公祖君锡公以积德累仁，以太翁之学问精进，至我公而始以经术起家，大其门庭，盖斤斤者三世矣，而位不称德，仅以刑曹终。今上方奋然思刑措之风，以天下事付天下才也。天既生之而用之矣，既用之而旋夺之，此何意也？天人之际微矣，果非恒所易测乎。虽然公以经术播种，而树德以滋之。语云：是穟是襃，必有丰年。将不尽其身者，必克昌厥后乎。余故因其子之请特表其墓，俾七尺翘然而标于松柏之间，而使过者式焉，以劝为善，非直以示马之后人。

吏部主事江西提学道**鱼鸾翔**墓，在其父**飞汉**墓侧。

刘烈妇**高氏**墓在店子头。

山西阳城县知县**李毓岐**墓在小张村东南。

貤赠朝议大夫、詹事府左春坊左庶子兼翰林院侍读**周登秀**墓在李观东。旁有其子赠朝议大夫、詹事府左春坊左庶子兼翰林院侍读**际械**墓。均有诰命。制曰：沛酬庸之庆典，茂对皇麻；宏锡类之殊荣，曲成臣孝。尔周登秀，乃詹事府左春坊左庶子兼翰林院侍读加一级周资陈之祖父。箕裘绪远，诗礼声宏。贻厥孙谋，树芳规于珂里；绳其祖武，奏懋绩于彤廷。兹以覃恩，赠尔为朝议大夫、左春坊左庶子兼翰林院侍读，加一级，锡之诰命。于戏！开堂构以宏基，德钟家庆；沛丝纶而锡命，泽渥泉石。

制曰：德门衍庆，渊源早裕。夫孙谋盛世推恩，纶綍载扬夫母范。尔詹事府左春坊左庶子兼翰林院侍读加一级周资陈之祖母王氏，高门毓德，华阀传芳。有谷贻孙，赖同心于内助；自天申命，表异数于中闺。兹以覃恩，貤赠尔为恭人。于戏！光生褕翟，常昭彤管之辉；德媲珩璜，永著徽章之色。

制曰：考绩酬庸，特重推恩之典；服官资敬，聿隆式谷之功。尔周际械，乃詹事府左春坊左庶子兼翰林院侍读加一级周资陈之父，世擅清门，代传素业。家风敦厚，垂弓冶之良谟；庭训方严，启诗书之令绪。兹以覃恩，赠尔为朝议大夫詹事府左春坊左庶子兼翰林院侍读，加一级，锡之诰命。于戏！薄嬴金而示诲，世泽长延；锡鞶带以加荣，天庥勿替。

制曰：勤劳克著国恩，爰沛于联常；爱敬同资母道，无殊于前后。尔詹事府左春坊左庶子兼翰林院侍读加一级周资陈之前母王氏，女仪素备，妇顺攸彰。珩璜和鸣，早振柔明之誉；杯棬整洁，犹传慈淑之风。兹以覃恩，赠尔为恭人。于戏！善必称亲，溯母仪而如此；贵因从子，被天泽以常新。

制曰：宦学方成，读父书而继业；爰劳交备，禀母训以扬名。尔詹事府左春坊左庶子兼翰林院侍读加一级周资陈之母同氏，克树芳型，尤多慈教，著承筐之雅范；早知率礼无愆，寓徙宅之深心，果见克家有子。兹以覃恩，赠尔为恭人。于戏！彤毫洒润，爰推顾复之恩；彩翟流芳，永荷宠绥之典。

制曰：家法严明，先重趋庭之教；（壸）〔壸〕仪纯备，尤加画荻之功。尔詹事府左春坊左庶子兼翰林院侍读加一级周资陈之继母陈氏，禀闻内则，作配名宗。殚育子之劬劳，恩同毛里；笃因心之慈爱，道在均平。兹以覃恩，封尔为太恭人。于戏！洒申天之嘉渥，庆泽宏敷；播内德之芳（蘖）〔蘖〕，惠风肆好。

四川资阳县知县**赵曰睿**墓在姜李村。

即用知县**赵胜**墓在姜李村。

詹事府左春坊左庶子**周资陈**墓在其祖登秀墓侧，其子甘肃大通县知县**映紫**墓在其旁。

赵烈女腊梅墓在二所寨。

兰州府儒学教授张士恭墓在墨张村①北。

封奉政大夫署浙江金华府知府、绍兴府同知墨兴世墓在北屯。

巩昌府儒学教授**张玺**墓在塬原西南。

湖南巴陵县知县**陈大纲**墓在迎翠门外。

---

① 墨张村：即今麦张村。

赠修职郎**陈秉义**墓在迎翠门外。有敕命。其子淳化县教谕**廷佐**墓在其旁。

制曰：任使需才，称职志在官之美；驰驱奏效，报功应锡类之仁。尔陈秉义，乃陕西邠州淳化县教谕陈廷佐之父，雅尚素风，长迎善气。弓冶克勤于庭训，箕裘丕裕夫家声。兹以覃恩，貤赠尔为修职郎，锡之敕命。于戏！肇显扬之盛事，国典非私；酬燕翼之深情，臣心弥励。

制曰：奉职无怨，懋著勤劳之绩；致身有自，宜酬劬育之恩。尔陈氏，乃陕西邠州淳化县教谕陈廷佐之母，淑范宜家，令仪昌后。早相夫而教子，俾移孝以作忠。兹以覃恩，貤赠尔为八品孺人。于戏！贲象服之端严，诞膺巨典；锡龙章之涣汗，允播德音。

即用知县梁景元墓在原后村。

赠奉政大夫翰林院庶吉士白公讳玉林墓，在孝义坊西南。有诰命。

制曰：宠渥朝章，锡类不遗于一命；祥开家庆，貤恩爰及夫重闱。尔白玉林，乃翰林院庶吉士加四级白遇道之祖父。弓裘衍泽，瓜瓞绵麻。作述相承，再世式彰。其祖武渊源有自，一经早裕夫孙谋。兹以覃恩，貤赠尔为奉政大夫，锡之诰命。于戏！旧德惟昭，用广显扬之志；新纶特贲，允增泉壤之光。

制曰：礼由义起，（宏）〔弘〕孝治于中闱；命自天申，贲荣施于太母。尔张氏，乃翰林院庶吉士加四级白遇道之祖母，德懋兰仪，光生槐里。珩璜作则，式垂淑慎之型；荇藻流芬，丕振光昌之绪。兹以覃恩，貤赠尔为宜人。于戏！鸾书贲采，合彤史以扬麻；象服增辉，荷云章而锡庆。

河南河内县知县**刘世淇**墓在接蜀门西。

山东沾化县知县陈维宁墓在迎翠门外。

赠奉直大夫**任希宝**墓在通远门外。有诰命。

制曰：考绩报循，良之最用奖臣劳；推恩溯积，累之遗载扬祖泽。尔任希宝，乃提举衔甘肃两当县知县任懋修之祖父，锡光有庆，树德务滋。嗣清白之芳声，泽恩再世；衍弓裘之令绪，祜笃一堂。兹以覃恩，貤赠尔为奉直大夫，锡之诰命。于戏！聿修念祖，膺懋典而益励新猷；有谷贻孙，庆幽光而丕彰潜德。

制曰：册府酬庸，聿著人臣之懋绩；德门积庆，式昭大母之芳征。尔贺、赖氏，乃盐提举衔甘肃两当县知县任懋修之祖母，箴诫扬芬，珩璜表德。职勤内助，宜家久著其贤声；泽裕后昆，锡类式承乎嘉命。兹以覃恩，貤赠尔为宜人。于戏！播徽音于彤管，（壶）〔壸〕范弥光；膺异数于紫泥，天麻允劭。

赠奉直大夫刘春元墓在接蜀门西南。

甘肃宁夏府儒学教授孙大才墓在坳下村①。

封奉政大夫翰林院编修献夫**白公讳长洁**，墓在祖墓隅。有诰命。翰林院编修秦安王作枢撰墓碣。

制曰：宣献服采，中朝抒报最之忱；锡类施恩，休命示酬庸之典。尔白长洁，乃翰林院编修加四级白遇道之父，令德践修，义方夙著。诗书启后，用彰式谷之风；弓冶传家，克作教忠之则。兹以覃恩，封尔为奉政大夫，锡之诰命。呜呼！笃生杞梓之材，功归庭训；丕焕丝纶之色，荣播天章。

制曰：（壶）〔壸〕教凝祥，懋嘉猷于朝宁；国常有惠，播麻命于庭闱。尔裴氏，乃翰林院编修加四级白遇道之母，勤慎宜家，贤明训后。相夫以顺，含内美于珩璜；鞠子有成，树良材于桢干。兹以覃恩，封尔为宜人。于戏！昭兹令善之声，荣施勿替；食尔劬劳之报，庆典攸隆。

碣曰：往予肄业兰山，与陕之乡人士游，即习闻高陵白封翁之豪情盛德，而无由接茵凭瞻道貌也。庚午应乡荐，见白子遇道名，心意其为封翁宗，而公车仆仆，卒未能访。甲戌捷礼闱，忝词馆，复与白子同谱，彼此过从始缔交。及供职京师，衡庐相望，迹益熟、情益亲，始谂封翁即白子尊父，并钦其年跻上寿，神明不衰，以为熙朝人瑞在斯矣。予与白子以气谊相许，以诗文相切劘，三年中盖未有并日不面者。己卯四月考试殿廷，同宿朝房，致甚相得。更数日过访，而白子惨然忧服之中，盖封翁于闰三月杪日未时作千古人也。悲恻慰其自爱。居无何，奔丧出都，予往送别。白子泣涕拜予，而手其尊人行述，言曰："不肖孤忝为先君子后，自孩提

---

① 坳下村：即今岳花村。

至今日，先君子视之如婴儿，今幸窃升斗禄而不得尽一日之养，复何言哉？顾念先君子隐鱼盐，平生无所表见，而其持己待人之质行，彰彰耳目者。听其湮灭不显，不肖孤戾滋甚焉。归将树三尺之碣表于阡，历计相知无如子者，其为我质言，以示白之后人。予中岁孤，禄亦不逮养。"闻是言，不觉怅触于怀，且察其诚、哀其志，虽不文奚以辞。按述：君姓白氏，讳长洁，字献夫，世为陕西高陵人。高祖讳熹，曾祖讳子德，乡饮介宾。饮宾公生庚，庚生玉林，是为君之显考。配张太宜人，生丈夫子五，君次三。自饮宾公来，以耕读世其家。至君考赠公家益窭，仅负郭田数亩。君生而俶傥，读书颖敏，见赠公日负贩不暇，则慨然曰：读书以立身显亲，焉有以读累亲者。遂舍去。走泾干，工攻金赁佣以养数年。又不屑意复舍去，率诸季称贷自营。比赠公暮年，甘旨无缺。妣太宜人卒时，衣衾棺椁皆中制，或以为嫌，则曰：昔孟夫子不尝后丧逾前丧乎。后数十年忽梦考妣不安于夜室，延形家审视下果有蚁，遂卜迁于南阡。葬之日，一如初丧，慨泣涕洟，哀感行路。性骨鲠伉爽，刚直有口，疾恶如仇。或忤之诙笑，杂以怒骂，而急人之急，排难解纷。乡邻有斗亦缨冠救之，必息和而后已。道光午未间，岁饥，籴粟分给邻里，无德色。其贾于泾也，饬纪纲以至诚待人，利只取什一，而所估值则一毫不少贬。有疑其伪者，即彻示货之中边，曰：此物如予，心如其面，且予欲令予孙读书而肯欺人射利耶？平生骞傲，意气不可一世，而最心折于读书。正人每年负债累累，辄至折阅亦不悔。白子胜衣矣，手摹十三经，字俾尽识然。后延故同学张先生课，诸塾礼貌周匝十年如一日。白子补诸生，命执贽从三原贺先生游。贺先生者，名瑞麟，绍明关学于秦中者也。以家贫仍不辍举业，自小试至贡成均应朝考，君必率以往。或谓其无过劳，则曰：长安道上，何奇不有。少年血气未定，一朝失足，读书胡为者。同治壬戌花门煽虐，全境糜烂。君自京师返，寄寓临晋，肃清后移三原，仍理旧业。而蕙直伉爽，慨慷之性，老而愈辣。比白子列清班官编修，君犹孜孜所业不倦，子弟谏则作色曰：吾始愿不及此，今及此，天于吾家厚矣。彼既通籍，吾望其为清官、为忠臣，不愿其骩法奸利，赃贿以取富也。体素强固，忽一日晨餐后觉体不快，日未昳，怡然而逝。平生最恶浮屠门，来缁流必詈而逐之，一切无赖舍业之徒，虽哀乞不一睬，且责以大理；而遇矜寡孤独废疾之人，必令如其愿以去。君子以为难。嗟乎！人心不古久矣。浇漓甚而驵侩出，诈伪生而劫运乘，道学不明，群溺功利，不知圣贤之学为何事。有一特立独行讲明圣道者，则聚而哗詆夷之，曰：理学先生，而君独令厥嗣北面请业于理学之门，不仅以科第望之红羊幻劫。至壬癸甲乙之年，而已极吾乡之衣冠。以及农工贩竖、父老幼稚被焚掠拘辱，而尸诸野者枕相藉也，而君独渡黄而东，至老不见金革。全受全归于牖下，非其卓见硕识十倍容容耳，呜阴德隐邀天眷而能之乎？呜呼！是则可传也已。生于嘉庆四年十二月十三日寅时，卒年月日时见前，享寿八十有一。德配裴太宜人，温惠慈俭，年逾古稀，精神健在。同母金玉五人，伯、仲、叔、季皆先卒。生男三，皆中殇，以弟真天公子为嗣，即遇道。以辛酉拔贡、庚午举人、甲戌进士改庶吉士留馆与修国史，两遇覃恩，封君如其官。裴母封宜人，女一适同吉昌己，有二子克家矣。铭曰：儒而贾，古所鄙；贾而儒，今所迂。惟君德器深沉，乃今人而古心。絜躬兮自璧，断利兮黄金；翼子兮诗礼，收报兮缨簪。慧与福并，冰雪不侵。康强矍铄，松涧柏岑。一朝溘露，凄绝人琴。卯年春闱，设奠制衾。距河十里，极桐郁森；丽牲有石，式昭德音。将传千祀以厉俗磨钝兮，而非适以范邑中之黔。

　　貤赠奉政大夫翰林院编修真天**白公讳长义**，墓在祖墓旁。有诰命。三原贺瑞麟撰墓表。

　　制曰：典重酬庸，懋赏爰昭夫大庆；礼崇锡类，推恩必逮于所生。尔白长义，乃翰林院编修加四级白遇道之本生父，令德践修，义方夙著。诗书启后，用彰式谷之风；弓冶传家，克作教忠之则。兹以覃恩，貤赠尔为奉政大夫，锡之诰命。于戏，笃生杞梓之材，功归庭训；丕焕丝纶之色，光曜泉台。

　　制曰：（壸）〔壼〕教凝祥，懋嘉猷于朝宁；国常有庆，播麻命于庭闱。尔刘氏，乃翰林院编修白遇道之本生母，勤慎持家，贤明训后。相夫以顺，含内美于珩璜；鞠子有成，树良材于桢干。兹以覃恩，貤封尔为宜人。于戏，昭兹令善之声，荣施勿替；食尔勤劳之报，庆典攸隆。

　　表曰：咸丰辛酉冬，高陵白悟斋遇道奉其父命，执贽予门末留也。其明年以拔贡应考京师，未归而回乱作。同治丙寅，予主讲学古书院，其从弟济道实来从学，时问其兄，方客游某公幕。窃叹久不获与遇道聚，共讲斯学也。迨甲戌遇道成进士，授翰林院编修，光绪己卯丁外艰归。庚辰冬，谒予清麓以所为本生父真天君状请表其墓，阅状知君之笃行可风，其死为甚惨。而遇道悲痛其亲之心郁不能已，有溢于楮墨外者，可得而辞耶。

君讳长义，真天其字。父玉林，妣张氏。兄弟五人，家世力农。少以窭，同伯兄习艺泾阳，继与叔兄、季弟自设市肆，怡怡终身。父病便闭，势剧甚祷之，即通，又尝步求药于耀之孙真人洞。事母生平无违言遽色。既殁，数十年每食甘味，及闻婴儿呼母声，辄潸然曰：吾母不得食，吾独无母也。县官比粮纳，不如数辄敲扑。仲兄时应里长差，年歉度必受责。君归自泾，即冒名应是日，比曰：有弟在，忍苦兄耶。官适以庆事免。比叔兄患痈，敷药吮溃，所亲或有难色，君不为嫌也。尤敦气谊。泾阳郭某卒，其子固尚幼，与叔兄经纪丧葬。固卒为诸生有声，一时士大夫多称焉。大褯里有鬻儿者，给钱粟以全之。君讷言，耐艰苦，晚好观书。逢人问字，教遇道读书亦以勤朴励行，务为正人，不汲汲科名也。此又可以见君之志矣。

当逆回之乱也，君在泾阳，贼踪遍野，粮道绝，城中人无食。数月失守，是时遇道奉母逃韩原。大兵至，同乃投营冀探君耗，贼西窜，急赴泾，哭寻不可得。遇丐者，指君瘗所，负以归葬。呜呼，君死或以病、或以饥、或以殉，传者纷然。问丐，月日亦不能详也。此遇道之所为悲痛不能自已，而思有以永其亲于无穷也。虽然赵仁甫九族俱残，恨欲投水而卒传程朱之学于北方。李二曲之父战死襄城，招魂葬齿，而身为一代真儒，名闻后世。仁人孝子遭所亲之变，唯以立身行道为显扬之大。今遇道已贵，尤当务其远者大者，讲圣贤之学，即以心圣贤之心，行圣贤之行。如其乡吕文简公之为人，斯不愧立身行道之实，而孝思可慰矣。即欲表亲其文学道德之懿，或为欧公之泷冈，或为薛子之汾阴，亦无难者。区区浅陋之文，又奚足云哉。君生于嘉庆十年三月十七日，卒年六十有一。以遇道貤赠奉政大夫，配刘氏，貤封宜人。子二，长即遇道，以君命为叔兄长洁；后次学道。女一，适临潼任孝笃。孙一，忠謇，遇道子。孙女六。辛巳六月既望。

赠奉直大夫、甘肃两当县知县**任重道**墓在通远门外。其弟赠奉直大夫、甘肃两当县知县**重远**墓在其左。均有诰命。三原贺瑞麟撰重远墓表。

制曰：求治在亲民之吏，端重循良；教忠励资敬之忱，聿隆褒奖。尔任重道，乃盐提举衔甘肃两当县知县任懋修之父，禔躬淳厚，垂训端严。业可开先，式谷乃宣猷之本；泽堪启后，诒谋裕作牧之方。兹以覃恩，赠尔为奉直大夫，锡之诰命。于戏！克承清白之风，嘉兹报聚；用慰显扬之愿，昭乃遗谟。

制曰：朝廷重民社之司，功推循吏；臣子懔冰渊之操，教本慈闱。尔苏、李氏，乃盐提举衔甘肃两当县知县任懋修之母，淑慎其仪，柔嘉惟则。宣训词于朝夕，不忘育子之勤；集庆泽于门闾，式被自天之宠。兹以覃恩，赠尔为宜人。于戏！仰酬顾复之恩，勉思抚字；载焕丝纶之色，允赉幽潜。重远暨妻赠宜人，李氏制词同。

表曰：光绪辛巳春，有高陵前甘肃两当县知县曰任懋修，以书抵予，称在平罗罣议褫职，准予归田。顷羁兰垣，因得读诸儒先书，自愧始误辞章，中误仕宦，年垂不惑。及今尚有宽闲岁月，或可改过自新。又引朱子《答陈同甫书》云："立脚不牢，容易一出取困而归。自近事而言则为废斥，自初心而言则可谓爱得我所矣"。并拟造予清麓商量旧学。昔昌黎谓柳子厚："斥不久，穷不极，虽有出于人，其文学辞章必不能自力，以致必传于后。"君子观人，必于其所终；古人重晚，盖信如书言。自此益务慎德砥节，见重于乡党，有光于士林者，必此人也已。而懋修果来，且求为父表墓。

予观懋修所自为其父状多常行无可书，唯言生平所交悉正人，训懋修读书敦伦立品，谨言慎行，先器识后文艺。懋修必不为虚言以欺其亲，然则可书者亦不必求多也。懋修其永守斯训，使后人过其墓者敬之慕之，不至叹于有忝，则懋修为能真孝其亲。不唯可赎前愆，实亦永坚末路，而斯训可传于无穷矣。予又闻懋修见募刻其乡吕文简公遗书，文简之学，大旨在安贫改过，懋修实能体之。是即以文简公之事其亲者事亲也，岂不懿欤？懋修其慎勉之哉。

君讳重远，字腾云，卒年甫四十。

是年六月二十四日三原贺瑞麟述。

附疑冢

周秦孝公陵。《水经注》：白渠东经秦孝公陵北。

高陵县续志卷之七终

高陵县续志卷之八

知县程维雍重修　　邑人白遇道编纂

缀录

礼著《杂记》，官命拾遗，汉唐已来彰已。岂惟谓情迹殊杂，难为条品，无亦以事无巨细，人无古今，缺漏之免，往往其难志之大凡，略备前编。至如星日霜露之变，天时人事之异，饥馑兵革之故，金石全缺之迹，与夫封爵之所列，监戒之所昭，固古今得失之林也。事系斯土，安可缺如？推之文人硕士，迹往风微，而片羽"吉光，尚留人世，非必郗诜之桂枝昆玉，亦或陶侃之竹头木屑也。备录而存之，以为论世知人之助"。述缀录第十。

汉章帝建初七年十月癸丑，幸长安，祠高庙，遂有事十一陵。遣使者祠太上皇于万年，进幸槐里，东至高陵，造舟于泾而还。所幸辄会郡县吏人劳，使作乐。《章帝纪》。

以下纪事

和帝永光三年十月癸未，行幸长安。十一月癸卯，祠高庙，遂有事十一陵。《和帝纪》

顺帝永和二年十月，幸长安。十一月祠高庙，遂有事十一陵。《顺帝纪》

永和五年秋，西羌为寇，至三辅园陵。《五行志》

永和六年，唐羌三千余骑，烧园陵。《西羌传》

桓帝延熹三年十月，幸长安。十一月庚子，有事十一陵。《桓帝纪》

晋怀帝永嘉六年，疋与胡彭、荡仲结为兄弟。旋至渭桥，袭荡仲，杀之。《贾疋传》

唐高祖武德七年十月，幸楼观，以太牢祭隋文帝陵。十二月丁卯，幸龙跃宫。戊辰，校猎于高陵。《册府元龟》

武德八年十月辛巳，幸周氏陂，校猎于北原。壬午，如龙跃宫。《高祖纪》

武德九年，颉利自将十万袭武功，京师戒严，攻高陵。尉迟敬德与战泾阳，获俟斤乌没啜，斩首千余级。颉利遣谋臣执失思力入朝，以觇我帝，不如礼，遣之。乃驰幸渭上，与可汗隔水语，且责其负约。俄而众大至，虏大骇，请和，许之。《突厥传》

太宗贞观四年十二月甲辰，狩于鹿苑，见野人多蓝褛，遣侍中王珪赈赐贫人。《册府元龟》

玄宗开元二十三年十二月，命十道采访使举贤。刺史、县令以京兆府高陵令裴回等闻，上降书宣慰，赐刺史帛八十匹，县令五十匹。敕曰："卿等如能用心副朕所委，今兹岁会风政有归，是用激扬以励清操。"《册府元龟》

代宗永泰元年，怀恩说吐蕃、回纥、党项、羌、浑刺奴等三十万掠泾、邠，蹂凤翔，入醴泉、奉天，京师大震。于是帝命李忠臣屯东渭桥。《郭子仪传》

德宗兴元元年，汝郑应援使刘德信在汝州闻难，引兵入援，与泚众战于见子陵，破之。以东渭桥有转输积粟，进屯东渭桥。《通鉴》

帝出奉天，有诏召晟，拜神策行营节度使，进临渭北，壁东渭桥。《李晟传》

晟闻上幸奉天，引兵出飞狐道，昼夜兼行自蒲津济，军于东渭桥。《通鉴》

僖宗中和元年，巢入宫自称大齐皇帝，改元金统。巢将砀山朱温屯东渭桥。《纲目》

昭宗天复二年二月戊寅，上以久驻三原，乃议东归。遂取高陵、栎阳、左冯翊入于蒲津。《编遗录》

元顺宗至正二十六年初，李思齐与察罕帖木儿同起义兵，齿位相等。及是提拓总其兵，思齐不能平，而张良弼遂首拒命。孔兴、脱烈伯等亦皆恃功怀异，请别为一军，莫肯统属，衅隙遂成。扩廓遣关保虎林赤以兵西击良弼于鹿台，思齐与脱烈伯、孔兴等皆与良弼合。《宋元通鉴》

明洪武二年，徐达克同州，趋鹿台。时奉元为都省，而平章李思齐据凤翔，张思道与孔兴、脱烈伯据鹿台，各有重兵以卫奉元。而思道等闻达兵至，三日遁。达遂进，渡泾、渭至三陵坡。明日，师进奉元，秦民大悦。《中山王世家》。

达师之至鹿台也，元陕西行省平章哈麻图弃奉元，走蓥屋，为民兵所杀。《纪事本末》

崇（贞）〔祯〕七年，左光先击李自成于高陵、富平间，斩首四百余级。《明史》

国朝咸丰十年秋八月，临潼杨生华以直见年滋事，胁纠乡民执械拒捕，县东乡震恐逃徙，数月乃定。

同治元年四月初旬，发逆由子午谷窜出，盘踞殷家卫数日。东窜犯蓝田，扰华州，旋陷渭南。渭南乡镇汉、回各有民团，贼不克，渡河复入南山。回蓄志久，藉团与汉民构衅。泾阳张文毅公带单骑驰油房街和解，遇害。回逆即于仓渡起事，泾原高临之回均执器仗赴约而东，而乱成矣。先是三月二十日后，知县梁书麟奉札防河，觅县中游手廿名，日给百钱，于二十五日带往交口河干。是夕五更，望河东数处火起，踉跄而归，城守汛官苏某扬言贼已过河。居民、铺户闻信争逃性命，惊扰半日，探马回知系讹言，人心稍定。午后，突有回民飞马县街，声称贼从东南卷地而来，居民震惊，仓皇之状较辰间更甚。县官紧闭城门，不放出入。顷探马回又言无事，城门始开，市肆如常。而两次谣言惑众之人不复究诘，亦不复募勇卫城，团练保乡。乡人好义者各自联伍，每团多者千余人，少亦数百，军火全无，器仗不备。人持櫌锄棘矜，家备糗粮（奖）〔浆〕水，仓猝集事，漫无纪律，以为以众待寡，气吞逆虏，而不知劫运之乘也。五月十二日，回逆大股渡交口河。十三日黎明，焚掠东乡一带，四乡团练驰至邀击，贼佯北退至县南。十四日，民团齐集上院堡，午后贼从县南冲出，民团接战大溃，死者无算。逆即直进县城焚杀，教谕殉节，知县被掳，汛官从逆，训导不知所终。十五日，三原举人王襄带团至上院堡与贼交锋，没于阵，全军败绩。典史吴勋遇害通远门内。贼至，是据县城。日出焚掠，境内房屋庙宇无复瓦存，居民各自逃生，不能逃者任贼屠裂而已。

二年九月，钦差大臣多隆阿由东路进剿，收复县城，荡平十三村，直捣泾阳贼巢，贼始西遁。

三年，清查户口，县户绝者四千二十有八，男女死亡者三万二千一百九十有一，惟通远坊一村无恙。

四年正月十三日，回逆转窜泾河渡，县城戒严。二月，贼西遁。

五年六月，回逆突至县境，迭次扑城。知县陆堃带民勇出城，击走之。十月，捻逆窜扰渭河以南，渭北安堵。十二月初六日，贼骑凫渭过，大肆屠掠，县东居民复逃。

七年正月，回贼由永乐镇窜扰至县，游弋城下，知县曹琛督率团勇堵御，城得保全。

九年正月十五日黎明，贼骑数十逼临城下。知县洪敬夫协同转运局王总兵万年带团出击。十六七两日，刚字营来会剿，贼遁。二月十五日，贼复由交口阑入县境，午后分扰县西北境。三更，麇集距河门外顺城堡，纵火焚烧，旋来扑城。汉中镇武字营适到，轰击移时，贼向西败逸。十六日午后，贼又来扑东城，城上开炮，毙贼甚多，贼始遁去。

以下祥异

东周赧王七年、秦武王三年，渭水赤者三日。《秦本纪》。

汉武帝元鼎三年正月戊子，阳陵园火。《汉书·武帝本纪》

东汉光武帝建武二年，关中饥，人相食。《光武本纪》

和帝延光元年八月戊子，阳陵园寝殿火。《后汉书·五行志》

献帝兴平二年秋七月，三辅大旱。自四月至于是月是岁，谷一斛五十万，豆、麦一斛二十万，人相食啖，白骨积。九月，桑复生椹，人得以食。《献帝本纪》

苻秦苻坚建元十二年，高陵县民穿井，得大龟二尺六寸，背文负八卦古字。坚以石为池养之。十六年而死，取其骨以问吉凶，名为"客龟"。大卜佐高梦客龟言：我将归江南，不遇，死于秦。曾于梦中自解曰：龟三万六千岁而终，终必亡国之征也。为谢元破于淮淝，自缢新城浮图中。秦祚因而沦矣。申频《秦书》，见《水经注》，又见《异苑》。

宋真宗乾兴元年十一月，高陵县嘉禾合穗。《五行志》

高宗绍兴十二年十二月，泾、渭、灞、浐皆竭。《五行志》

金宣宗兴定二年五月，秦陕狼害人。《五行志》

元泰定帝泰定元年六月，陕西大雨，渭水河溢，损民庐舍。《五行志》

顺帝元统元年六月，泾河大溢。《五行志》

明嘉靖三十四年十二月，陕西地震，西安尤甚。或地裂泉涌，或城房屋陷入地中，或平地突成山阜，河渭泛溢。《续通考》

隆庆二年四月，西安府地震如雷，灰尘蔽天，垣屋欹侧。高陵、泾阳、咸阳，城无完室，人畜死伤甚多。《续文献通考》

崇（贞）〔祯〕十一年六月，蝗从东来伤稼，野无青草。十二年五月，复蝗，谷糜。三种三食，十室九空。至十三年七月，尚未种谷，人以荞〔麦〕杆、榆皮为食。十四年春，斗麦二两，斗米三两，谷皮升百钱，麦麸斤百钱。人相食，饿殍盈野。陈钦儒《义冢记》

国朝光绪三年夏六月，大雨如注，平地水深三尺，田苗尽没。是秋，无禾。自七月不雨至于明年六月，冬无宿麦，春夏赤地百里，斗麦二千有奇。瘐毙男、妇三千余人。五年至于七年，狼群害人。七年夏大旱，自五月不雨至于闰七月，西北乡蝗食禾苗为灾。

天灾流行，何国蔑有？然妖不胜德，天心未有不可回者，繄古巡守朝会之事，行庆施惠在此，劳人伤财亦在此，故圣人重之。至于水旱金革，民其何辜于天耶？我朝深居简出，每遇偏灾，无不大泽立沛，以故瑞应非一，而祯祥犹不时见者。谓非风俗之不古，而民之或有失职欤？然日蚀、星变、水毁、地震诸异，天道甚远，征应或不止一隅。而自国初来，野人多不识不知旧志所纪，未敢据为典要，故一概削略。惟于周、秦以下系乎斯地者，搜辑而存之，而近事只纪其足征者以见。自来治日，常少饥岁而常多躬丁其厄之，人不可不思患豫防，重农贵粟以默挽苍昊于无穷也。

以下金石

唐冯本碑　周朝隐撰，郭直八分书。先天元年十一月，在县西南府君庙。

王履清碑　侯冕撰正书。大历十二年，在奉正原，今在县堂西。

文安郡王清河张维岳墓碑　邵诜撰正书，书人失名。贞元八年，在奉正原。

李晟东渭桥碑铭　德宗御制，今无存。

李辅光墓志铭　崔元略撰，巨雅正书。元和十四年四月，在文庙。

西平王李晟碑　裴度撰，柳公权正书。太和三年四月，在渭桥北墓前。

河间王公碑　碑文剥蚀，额尚完好。在县鹿台乡。

宋利公塔铭　赵宗辅撰，释道雅正书。（二）〔元〕符二年。

元修文宣王庙碑　王处厚撰，冯庆正书。中统二年。

修文宣王庙碑记　张鼎撰并正书。至元三年。

明后土宫碑记　吕柟撰并正书。

建仁村堡碑记　王九思撰，马理八分书。

状元题名记　唐龙撰，袁撰正书。在儒学。

进士题名记　孙丕扬撰，吕师颜正书。

昭慧院记　马理撰，八分书。

昭慧院记　吕柟撰，正书。

以下分封

周秦高陵君公子市　见《地理志》。

汉阳陵景侯傅宽

《史记·本传》：以魏五大夫骑将从汉王入汉中，击项王，定齐地，封为阳陵侯，二千六百户。孝惠五年卒，谥为景侯。至曾孙侯偃立三十一年，坐与淮南王谋反，国除。索隐：阳陵属冯翊。按《汉书》功臣表：以高祖六年十二月封。

高陵圉侯王虞人　《汉书》功臣表：以骑司马，汉王元年从起废邱，以都尉破田横、龙且；追籍至东城，以将军击布。侯九百户。

魏高陵亭威侯纯

《三国志·曹仁传》：仁弟从围南皮，斩袁谭，北征获单于蹋顿，以前后功封高陵亭侯，邑三百户。建安十五年薨，谥曰威侯。

高陵亭侯陈矫

《三国志·本传》：南阳宛人，从征汉中。太祖崩，矫具官备礼，以皇后令策太子即位。文帝即位，封高陵亭侯。

以下杂传

王温舒

《汉书·酷吏传》：阳陵人也。少时椎埋为奸，已而试县亭长，数废数为吏，以治狱至廷尉史。事张汤，迁为御史，督盗贼，杀伤甚多。稍迁至广平都尉，择郡中豪敢往吏十余人为爪牙，皆把其阴重罪，而纵使督盗贼，快其意所欲得。此人虽有百罪，弗法；即有避回，夷之，亦灭宗。以故齐赵之郊，盗不敢近广平，广平声为道不拾遗。上闻，迁为河内太守。素居广平时，皆知河内豪奸之家。及往，以九月至，令郡具私马五十匹为驿自河内至长安，部吏如居广平时方略，捕郡中豪猾，相连坐千余家。上书请，大者至族，小者乃死，家尽没入偿臧。奏行不过二日，得可，事论报，至流血十余里。河内皆怪其奏，以为神速。尽十二月，郡中无犬吠之盗。其颇不得，失之旁郡追求。会春，温舒顿足叹曰：嗟乎，令冬月益展一月，足吾事矣！其好杀行威不爱人如此。上闻之，以为能，迁为中尉。其治复仿河内，徙请召猜祸吏与从事，河内则杨皆、麻戊，关中杨赣、成信等。义纵为内史惮之，未敢恣治。及纵死，张汤败后，徙为廷尉。而尹齐为中尉，坐法抵罪，温舒复为中尉。为人少文，居它惛惛不辩，至于中尉则心开。素习关中俗，知豪恶吏，豪恶吏尽复为用。吏苛察，淫恶少年投缿购告言奸，置陌落长以收司奸。温舒多谄，善事有执者；即无执，视之如奴。有执家，虽有奸如山，弗犯；无执虽贵戚，必侵辱。舞文巧，请下户之猾，以动大豪。其治中尉如此。奸猾穷治，大氐尽糜烂狱中。行论无出者，其爪牙吏虎而冠。于是中尉、部中中猾以下皆伏有执者，为游声誉。称治数岁，其吏多以权贵富。温舒击东越还，议有不中意，坐以法免。是时，上方欲作通天台而未有人，温舒请覆中尉脱，卒得数万人作。上悦，拜为少府，徙右内史。治如其故，奸邪少禁。坐法失官，复为右辅，行中尉如故操。岁余，会宛军发诏征豪吏，温舒匿其吏华成，及人有变告温舒受员骑钱，它奸利事，罪至族，自杀。其时两弟及两婚家亦各自坐它罪而族。光禄勋徐自为曰：悲夫！夫古有三族，而王温舒罪至同时而五族乎！温舒死，家累千金。

田（廷）〔延〕年

《汉书·酷吏传》：字子宾，先齐诸田也，徙阳陵。延年以村略给事大将军幕府霍光重之，迁为长史。出为河东太守，选拔尹翁归等以为爪牙，诛锄豪强，奸邪不敢发。以选为大司农。会昭帝崩，昌邑王嗣立淫乱，霍将军忧惧，与公卿议废之，莫敢发言。延年按剑，廷叱群臣即日议决，语在光传。宣帝即位，延年以决疑定策封阳城侯。先是，茂陵富人焦氏、贾氏以数千万阴积贮炭苇诸下里物。昭帝大行时，方上事暴起，用度未办，延年奏言：商贾或豫收方上不祥器物，冀其疾用，欲以求利，非民臣所当为。请没入县官。奏可。富人亡财者皆怨，出钱求延年罪。初，大司农取民牛车三万两为僦，载沙便桥下，送致方上。车值千钱，延年上簿诈增僦直车二千，凡六千万，盗取其半。焦、贾两家告其事，下丞相府。丞相议奏延年"主守盗三千万，不道"。霍将军召问延年，欲为道地。延年抵曰：本出将军之门，蒙此爵位，无有是事。光曰：即无事，当穷意。御史大夫田广明谓太仆杜延年：春秋之义，以功覆过。当废昌邑王时，非田子宾之言大事不成。今县官出三千万自乞之何哉？愿以愚言白大将军。延年言之大将军，大将军曰：诚然，实勇士也！当发大议时，震动朝（延）〔廷〕。光因举手自抚心曰：使我至今病悸！谢田大夫晓大司农，通往就狱，得公议之。田大夫使人语延年，延年曰：幸县官宽我耳，何（而）〔面〕目入牢狱，使众人指笑我，卒徒唾吾背乎！即闭阁独居斋舍，偏袒持刀东西步。数日，使者召延年诣廷尉。闻鼓声自刎死，国除。

丁邯

《三辅决录》注：京兆阳陵人也。为汉中太守，妻弟为公孙述。邯收妻系南郑狱，免冠徒跣，自陈诏曰：汉中太守妻乃系南郑狱，谁得搔其背垢者？悬牛头，卖马脯；盗跖行，孔子语。以邯服罪。

静之

《续高僧传》：姓赵，高陵人。性乐出家，随父任蜀。父亡，乃回心剃剪。贞观初，隐彭门山光化寺；又入灵岩山。利州道禅师请入剑阁。小时鼻塞，百方无验，有僧令诵《般若多心经》万遍，恰至五千，肉便落。后遇疾苦，依前得瘥。乃撰《诸家观门》为一卷，要约精最，后学重之。显庆三年，召入西明，别立禅府。利州本寺桂树忽凋，胡桃自拔，佛殿无故北面仰地。德动幽灵若此。五年，终于西明。

回道人

《樊志》：明季，有道人访李仙品、仙风者，造书舍不遇，书壁云：茫茫去路三千里，渺渺归时一片云。正欲与君谈妙诀，未逢知己话知音。后书回道人题，人悉疑为纯阳子。

以下乡献诗录

明吕楠，河阴教谕樊渭北先生诔：

邃古淳朴，世渐浇漓。有如先生，忠信致知。

有积厥躬，有淑其风。其风肆好，率人在道。

不显贾店，先生贾店人，千年斯考。

习静寺诗

此僧住在泾河濆，寺有长松拂白云。月下常招读易客，水边曾著定心文。打魔半夜金山响，礼佛西天莲座分。乡县诸生亦习静，鸟啼花落不相闻。

鹿苑道中诗

八月悲秋野树凋，独云孤雨汉陵高。鹿台日夕重回首，万古兴亡一羽毛。

自高陵趋渭南留别县学诸公于交口诗

去路直如弦，常行恃此天。全无温饱意，实有闾阎怜。

雪霁南山出，云开渭日悬。诸公奚笑我？免使负前贤。

国朝马云龙魏公祠志感诗

偶历旧游地，怆凉不胜愁。台荒鞠茂草，垣败一墟丘。

古树鸣啼鸟，清醑唤酒筹。当年共事者，相命在千秋。

吴用光次吕泾野先生登河东书院书楼韵

谪臣无事独寻幽，登眺河东书院楼。深想龙潜千壑底，遥思凤集万山头。酒凭李白裁新调，笔借江淹赋早秋。雁带长安音信到，轻肥衣马满皇洲。

次吕泾野先生观水车韵诗

叠叠晶飞点点光，辘轳声里根银床。直教玉女珠成泪，谁羡金人露作浆。势欲凌山高浪激，泽能膏野曲流长。迩来抱瓮人何往，古道迢迢滞一方。

于昌荫邑侯滕梅羹喜雨诗

享帝东郊古道希，西方彼美盼依稀。儿童竹马千村舞，雨露桑麻万灶祈。果是商霖歌雨粟，何曾幽土叹无衣。随车霡霂谁呼应，渭树春天日日肥。四郊春雨果滂沱，昨夜骑龙意若何？范叔车来云已暮，苏公亭喜未为多。河阳露滴花枝动，单父琴弹天霁歌。渐见陇头翻麦浪，千家万户共婆娑。

赵曰睿鹿原碧绕诗

鹿台峨峨气峥嵘，四望高原画里行。绿野迎风浮细浪，翠林隐日动空明。河声近绕台前度，岳色遥来掌上平。漫道辋川多胜迹，丹青摩诘总关情。

渭水秋风诗

鹿苑霜高渭水寒，金风飒飒过平滩。沙飞芦岸摇光白，波映枫林落影丹。万里秋声随雁阵，一川素气绕渔船。为言作赋凌云客，凭眺重登宋玉坛。

史明渭水秋风诗

苍苍秋水映兼葭，渭北风高雁阵斜。日近长安犹问渡，舟临原野好停车。坐看霜叶疑花锦，凭吊夕阳泛彩霞。为问非熊当日事，拟将垂钓汉江槎。

鹿原碧绕诗

关中灵气结层台，临眺高原翠作堆。泾渭夹流将碧绕，终骊遥对送青来。波连绿野春光远，烟锁平林曙色开。胜地丹青描不就，骚人复作画图猜。

陈维宁登三阳寺浮图诗

荒寺浮图接太空,登临平步袭天风。南山西望连秦塞,渭水东流绕汉宫。百里疮痍何日起,五渠淤遏几时通。古今凭吊多慷慨,翘首声闻达帝聪。

刘夏鼎秋日雨中宿新开渡忆长安诸君子诗

碧云深锁万山幽,入望青门草树秋。几阵西风吹短梦,数行北雁带离愁。野禽有意留行辔,村酒无情倦倚楼。每忆同心李杜客,遥知谈剑话封侯。

樊景颜村南道中诗

揽辔村南日已西,烟笼翠柳晚鸦低。暖风薰草黏天碧,孤雁连云贴水飞。横笛牧童牛背去,荷薪樵子鹿原归。寻诗直到梅花下,犹□余香带马蹄。

隆昌夜月诗

斜阳古寺枕溪边,林下僧归袖紫烟。更喜一轮塔顶月,清辉夜夜照诸天。

附知县丁应松隆昌夜月诗

苍苍林木护隆昌,塔涌香花见妙庄。夜静疏钟催月起,天高清梵入云长。寻诗客至参莲座,乞食僧归款竹房。抚景直疑尘世隔,琉璃交映白毫光。

鹿原碧绕诗

鹿原形胜占秦雄,二水溶溶浸碧空。渔唱不离烟霭外,人家长在画图中。青横远岫看逾好,绿满平畴望不穷。策杖登临多古意,岂须鲈鲙忆江东。

渭水秋风诗

西风飒飒渭滨秋,衰草凄迷古渡头。万片鱼鳞衔晚照,一行雁字落寒流。工愁有客吟应苦,遁迹何人钓未收。凭眺不禁增感慨,荻花枫叶两悠悠。

教谕蔡宜中春日都中怀乡兼忆高陵诗

久做长安客，淹留未得归。天家多雨露，寒士沐光辉。
恋阙心常切，怀乡意怅违。春风桃李发，渭北正芳菲。

明李乔仑《言路当通疏》先生著作散佚，弹魏阉一疏，载之本传，续又搜得此篇，敬存于此。

臣遭权奸荼毒，跧伏四载余。每与山中倪叟歌咏圣天子锄奸除逆，如昏忽旦，且用人理财，筹边察吏，嘉与天下维新，真尧舜不世出之主也。及蒙恩环召，复入言班，且喜得附师济诸臣沥肝披胆，共佐唐虞之治。读邸报，则惟别衙门条陈事务而谏章渐稀，或亦习套条上兵马、钱粮、吏治、民生已耳。从来言官以纠弹大奸为职，以条陈时事为戒。盖兵马、钱粮、吏治、民生，外有督抚按，内有九卿巡视科道，各司稽查之责者。如果猫鼠同眠，言官再议其后，而何故先掣其肘。言官伏思，以为不言之而无辞于言责，危言之而又嫌于植党。且惩往者谏臣章允儒、房可壮、瞿式耜等，甫脱鼎镬之余，新列鹓鹭之班，出言过激总为国家，乃累累斥去。春明迄今，尚无睹天日时也。人见谔谔受过，容容多福，故为是撅款塞责，苟幸旦夕无罪耳。皇上本戒不可言者勿言，今并可言者而不言矣。然唐虞悬谏鼓陈谤木，即我朝设科道官，令得风闻言事岂必言，言有裨于用，止开此言路耳。故今莫若优容言官，纵其言不当霁色，剖示是非正见圣度。即其人不肖，朝廷另加予夺，无失大权，而不必于进言时索疵摘瘢。仍召还废弃诸臣，令天下知圣心如天，原未尝毕世而怒一谏官。而诸臣惩前补后，必有当我皇上求言若渴之思。君仁臣直，即清朝第一美政也。臣更鳃鳃无虑，谓欲通言路，当先防其所以壅蔽之渐。凡诸章奏，朝上夕下，非但为一人一事，亦以使釜鬵之难乘也。今皇上谓事有不必批答者，留中不报，诸臣始犹骇然，久且狃为故事而安之矣。倘遇军国紧急，俄奏闻则俄宜批发。而万一有敢于作奸者，或匿封而不使上闻，或沉旨而不使下见，外无抄传，人不及知。诸臣习为留中，不复争，皇上又不及知。如请事咸阳，留司马门三日不报，岂非中格之浸致哉！则章奏之批答，不可不时也。至厂卫缉事，载在律例，云钦奉圣旨："今后缉事官校祇着遵照原来敕书，于京城内外察访不轨，妖言、人命、强盗重事，其余军民词讼及在外事情，俱不干预。钦此。"则缉事限有定款，正恐窃威福以把持官府，捏害善良耳。今打事件者，持短长于法官之堂，恐渐至三事九列，贤否功过，无不任其雌黄。正人羞与之通，则反以点其瑜；邪人喜与之昵，则可以饰其瑕。钱神有灵，呼吸帝座，而宵小逭害异己之谋遂矣。皇上方责诸臣以安心供职，而乃以告密开谗谮之门，令人人一心营职业，又一心营性命，又一心忧社稷，能有济乎？则厂卫缉事还当遵奉例款，而衙门之打事件者宜停也。说者曰：皇上欲总核名实。念臣当年以《中官有子交通客氏》一疏，触怒逆珰，遂假手科臣潘士闻参臣，云曾纠周应秋得罪公论者。臣疏具在，参周应秋以阿奉中官诚有之，试质诸公论，是耶？非耶？使当时肯因名核实，何至妆陷乃尔。则皇上之总核，固诸臣之福也。然自有古帝王课吏大经，亦无烦伺察为者。第令内外官员各就衙门职掌，自陈可行之法，自限成功之期。其懵懵无所条陈者，他日必不能称职，即行斥革；其条陈而至期无功者，穷诘废事根因，重加诛罚；其陈后限前，内外官长仍督率所属，不时察其称职与否。其科道仍案各官长掌籍而察其能称职与否，而言官所摘伏者何人何事，即可定言官之称职与否。则耳目责之台垣，庶绩责之各衙门，而皇上可穆然受成于上。此正唐虞间敷奏以言，明试以功及屡省乃成之遗意。韩子所谓"挈前言而责后功，愚者之所易也"，今舍无为之要法，而袭察渊之私智，殊非尧舜之世所宜有也。皇上将无谓天下多事，何不明目论天下利害，而杞忧此不必言者乎。稽《诗》《书》所称帝王致治之大，祗曰：嘉言罔伏，圣谟说。孟子曰："入则无法家拂士，出则无敌国外患者，国恒亡。"盖四方多事，其害显而易制；而上下壅隔，其害隐而难图，爱君必防其渐。如此，抑臣又有说焉。臣新从秦中来，习见流贼披猖，惨于豺虎。赖抚臣拮据擘画，以获有宁宇，朝廷报功，当自不薄。其他道将等扼险设防、冲锋、破敌之成劳，第就累次揭报中一查叙之，可无遗无滥矣。顾我秦中师旅之后，野有菜色，廪无颗粒，兼莲教实繁，有徒鸷伏语难，终非无事之国也。及今申饬各府、州、县，实实严保甲、练乡兵，且广储粮糗以备不虞之需，厚恤死难诸人，以鼓裹革之气。是在抚按官未雨绸缪，勿云秦中已治已安矣。当年优游养乱者，可为殷鉴也。至一时掳掠淫秽之状，言之羞人齿颊。间有烈妇女义不受辱，自缢、自刎、骂贼而死，及碎首楼下而死者，贼且战栗避舍。宜查确，大示旌异，是亦维风化之一端也。

刘岸《高陵审编驿传后记》

高陵协站咸阳，民不胜其苦也。累经具奏，率皆寝废。邑侯前川父母刘公下车之初，轸念邑小路冲，差烦民贫，乃因前奏毅然请于当道，准将本县协济咸阳、渭水驿递马、驴、牛站掣回五十余头，又将本县协济河西站银掣回一千二百八十两，就令本县募马四十匹，每马准银三十二两，与见年里甲马骡相兼，走递较之协济咸阳者，每年省银数千两，民颇苏息。但一马三十二两，不敷一年养马之费，无人应募。本县量令见年里甲每马帮银十余两，已遵行矣。今万历四年，例该五甲见年募马随据，该县里长李登吉、王沾等告称，见年里甲各编马骡又令帮补召募，实难并力，乞将召募马四十四匹，内量减八匹，该余银三百五十六两。止募马三十二匹，每匹帮银八两，通前三十二两，则每匹该银四十两，什物、草料、工食之资，自足一年之用。与里甲马骡相兼，庶差无加增。人愿召募，事无废坠，里免包赔等因公即具由，申请当道批允，永为定规。呜呼！就事处事，财不废，民不扰，而事不废公，诚得节用爱人之道矣。谓非民之父母乎？或曰：协济咸阳站役九十余头匹，今掣回尚未及半，民皆虑其不敷也。乃又减之，可乎？予谓治民如治家，家富而用裕，则物易备；家贫而用歉，则力难为。须挪移而辏办之，则事可完。今减马之举，正贫家挪辏之术，盖我侯通变之权耳。或又曰：若为民节财、节减编里甲之马，不愈于减召募之马乎？予谓召募之马出于一县，里甲之马出于一甲，减召募则一县之人受其利。若里甲则息九年而役一年，虽不减马，亦颇易支也。实我侯不得已之计耳。为吾民者，既知通变之权，而又知不得已之计，则我侯之心斯得之矣。万历四年丙子九月。

国朝鱼飞汉《陕西通志序》

夫志流别于史，九丘先于六籍，地象仿于河图。虽迂怪弗稽，实志初也。至《禹贡·职方》则大备矣。考《禹贡》黑水西河，惟雍州在职方氏所载，亦曰：其山吴岳，其泽阳纡。而占星野者以为属井鬼，分说者遂谓裌祂以北实为雍境。则是终南太乙之峰，素浐沆灞之液，不得与华阳争疆理也。乃经文何以曰：泾属渭汭。又曰：沣水攸同，遂定雍州之域乎？曩者亨钧天而蔍鹑首，亦第在汧、渭之间矣哉！况自周秦汉唐以来，或以龙兴，或以虎视，无弗冠以九嵕，陪以甘泉，而侈言华实之毛。则惟曰：九州之上腴，专言防御之阻。则惟曰：天地之隩区，英俊之域，遂为绂冕所兴。且衣食之源，提封五万而襟带，而岩险，而物华，而人英，为渊云所颂叹，亦寓中一大都会也。我皇清定鼎紫垣，而首抚关中，凡兹山川土田，遂先入我版章，开西北一大藩矣。

今民物土俗，恃有圣天子之奠丽，邦伯师长之藩宣，当见逢逢而起者。语武备，则必有如韩、赵、李、魏之徒为国奔奏；语文事，则必有如班、马、王、杨之流为国华琯；语事业，则必有如黄裳、如晦诸贤为国桢干；语道术、技艺之微，则必有如立本、太素诸人为世景慕。矧惟通都大邑。穷山僻壤中，亦必有性忠孝焉之烈丈夫，抗气节焉之贞女子，与幽人芳躅、雅士逸韵、贤哲遗爱、骚人景物，更仆其姓氏传之篇章，足为世仪者。今志中所载，往迹如林，焕若刊眉，边陲要险，皆可得之。指顾间持玉管者，将为采摭焉，以成一邦之良书，洵盛举也。即或有资于渥洼上郡之野，可以繁其畜牧；若天水隃糜之墟、横山彰武之郊，可以得其精劲；而跨有贺兰、潢河之险，则岳麓摩云之胜，可以长备不虞。至于嶓（家）〔冢〕为两蜀襟喉，桃林为三秦保障，则万世之金瓯永固。语曰：圣人有金城者，此物此志也。然则修《雍志》者，其有深谟也哉。夫谟之深者，其先莫如史，其次莫如志。我贾公老祖台宏才伟略，师表人伦。入关以来，陆澥无尘，遂令都都相望，邑邑相承，国籍亦世之基，家缵高曾之业，丽乎隐隐各得其所。兹役也，摅怀旧之蓄念，发思古之幽情，博访遗美大增旧文，成一邦之良书，将以为百代之良图也。宁第曰表扬闻见，汇集散帙为（掺）〔操〕觚家侈耳目之观哉。余视膳之暇，尝翻班孟坚赋《西都》、张平子赋《西京》，《皇舆谱》《经籍志》《类典汇》，考诸纪胜，旁搜采获，欲纂续《雍志》而未果，今全志新成，乃谬言首简，余滋愧矣。

夫美物者依其本，赞事者循其实。今兹山川城邑，则稽之地图；鸟兽草木，则验之方书；风谣歌咏，各附其俗；人英物华，悉考其备，而且漫欲为龌龊而谈旁魄而论已哉！固余虽有言，余滋愧矣。

赵曰睿《陆宣公集钞序》

余于古来经济文字，首推汉贾大傅、唐陆宣公二家。顾贾傅之文，虽宏博辩达、跌宕淋漓，而议者犹谓其涵养未至，（掺）〔操〕术多疏，间杂于功利纵横之习，盖肆矣而未醇也。若陆公之文，光明俊洁、卓练精纯，论一事必穷其源流，抒一议必尽其曲折，证今援古，利弊洞然，度物揆情，机宜不爽。而于国事之得失，民生之休戚，敷陈剀切，规画详明，而悉归于仁义道德，醇如也。盖其得于天者纯，成于学者粹，故能择焉而精，语焉而详。名言格论层层迭生，硕画嘉谟滚滚不尽；而其忧国爱君之诚，抒忠竭节之抱，迸溢纸上。千载之下，犹令人读之唏嘘感慨，涕泗横流，岂但当时闻者挥涕激发思奋臣节已哉！夫学贵知道，文期有用。三代以降，去圣日遥，谈事功者杂而入于霸，讲经术者固而流于迂。二者交讥同归肤末。求如公之明体达用，协古准今者，寥寥千古矣！尝即兵家喻之：大傅之文，发扬蹈厉，叱咤风生，如项王钜鹿之战，诸侯从壁上观，人人慴恐。淮阴背水之阵，夺垒拔帜，将军从天而降，诚足震惊一时，奇绝千古。要属智勇之雄略，而非节制之良图也。宣公之文，老成持重，指挥从容，将有说礼敦诗之风，士有敌忾御侮之气，严而不残，威而不猛。充国金城之旅，孔明渭上之风，堂堂正正，不急近功，不竞小胜，而敌人慑服望之而不敢动，庶几乎王者时雨之兵，丈人师贞之吉也。立言若此，诚用世之鸿裁，经国之巨则矣。朱子云：史以宣公比贾谊，谊才高似宣公。宣公论谏本仁义，谙练多学更纯粹。奏议数卷，说事极尽纤悉，便是经济之学识。胡氏云：敬舆之学，其师承虽不可考，观其陈轻重之义，破反道之说，皆秦、汉诸儒所不及，诚洙、泗之徒与。东坡进呈公议奏札子云：才本王佐，学为帝师。论深切于事情，言不离乎道德，智似子房而文则过，辨如贾谊而术不疏。上以格君心之非，下以通天下之志，历观先正之论，亦可以知公之文矣。余生平酷嗜公集，恒苦无善本。今年季春将赴内召，适因公晕议屏居僧舍。舍藏公集，僧出以示余，乃前抚刻本也。余喜其校雠详细，剞劂精工，命侄辈抄录成帙，披诵之下，因略举平日服膺管窥之见，书于简端以自励云。

书李梦阳《上孝宗皇帝书》后

献吉此书，不惟气节震一时，文字亦追踪西汉，贾长沙《治安策》之匹敌也。即不以他文字见，亦是明文起衰大手。夫何于文则茅鹿门辈诋之，于诗则钱牧斋訾之，纷纷呵骂，不遗余力。至伪撰故实以讥之，噫嘻，亦甚矣。虽文士相轻，自古有之，而竟欲以一手掩天下之目，其能乎？迩来递相祖述者，耳食其说，亦妄肆訾謷，如瞽人之道黑白，闻之令人喷饭。少陵云：尔曹身与名俱灭，不废江河万古流。昌黎云：蚍蜉撼大树，可惜不自量。殆若辈之谓矣！书此以叹世之轻薄，王、杨者至公之诗文遗集具在，固无庸余之赘言也。

《冬夜偶书》

《论语》云："君子矜而不争，群而不党。"又云："君子不党。"吾儒束发入学，即知此字非佳，不是将来立身着脚之处，乃往往有学成名，立堕入此字中而不悟者，何也？气质之偏，喜同而恶异；学术之隘，别类而矜名。门户之见横于中，而标榜之习成于外，方岸然自以为力追古人，不可一世，而不知其矜情嚣气已自开其隙而招之尤也。始而严于别小人，继而反以攻君子；始而君子之徒盛，小人窃入其中，假途行私，饰名济奸而号召之。君子不知也，以为吾道有人，我辈不孤，天下事尚可为也。已而小人之气张，君子一网打尽，鬼怪害事，与波俱溺，而窃名之小人更甚也。遂驯至操戈入室，挤井下石者，反眼间比比而然矣。初则为衣冠之祸，遂致大命之倾，身家糜烂，而国事随之。识者追叹往事，虽切齿痛恨于小人之陷害，而开隙招尤，君子亦不能辞其咎也。如汉之南、北部，唐之牛、李，宋之洛、蜀，明之东林，皆贤者，为之而偏隘之害，遂至发大难、兴大狱，士气尽而国运终。岂知"党"之一字，酿祸如此之烈耶！近世且有艳东林之名，而其先人得列名其中为大荣者，至比之宣和之"党人碑"，津津齿颊，以为美谈。噫，亦惑矣！

《靖难时一条》

靖难时，诸臣有遁荒者题诗寺壁，云："一个忠臣九族殃，全身远害亦天常。夷齐死后君臣薄，力为君王固首阳。"革除一案，万古公愤。每阅《明纪》，睹此诗及建文帝流落江湖之咏，辄欲痛哭切齿。姚广孝身列空门，作此等事，恐万劫泥犁未足蔽其惨毒。永乐于靖难诸臣，残酷不仁。癸辛以来，未作之恶汉惠所云非人所为者，是若非乃子洪熙仁慈，继之几何，不为秦政之续耶？窃悲明烈皇死，社稷可谓不幸而受其祸，南渡后（宏）〔弘〕光一载即亡，不能如晋、宋之偏安延祚有天道焉。暇日偶阅浙省《明史乡墨》一篇，有云："末路之一败而不振者，靖难之摧残过也。"为之洒然。

《题名文商坊本后》

余旧题《制艺读本四十韵》，有云："蹇步追先正，折肱剂时方。苦心与极力，规模日不遑。偶或获一解，屋隙漏天光。"又云："希声不在弦，元味不在觞。恍惚自然至，索探旋已忘。"又云："缥缈十二楼，空际幻现藏。心源裕活水，腕底起汪洋。曲尽忘情处，余韵自回翔。有时还自笑，启口已莫商。"又云："生平资讲究，奋死赴敌场。到此总难言，一切堕边傍。"盖深悔少时汨没俗学，为坐谈客所误，墨守先民几于刻舟求剑矣！忆此编置自己卯时，余年甫成童，搦管追逐，不遗余力而束缚龌龊，不复可寓目。历年始悟，规面目而遗精神，失之愈远。昔人所云"决延平之波而不知双龙之已逝也"。迩来瓠落，废学一切，旧本束阁不问，偶于敝簏中忽得此编，聊复阅之。因叹先辈行文之妙，实学味日深，从灵府中自然而生，非选评家所能解，亦非纸上谈所能悉。善学者，如饮酒，味其清醇而弃其糟粕；如赏花，挹其馥芬而略其萼瓣。斯有以益吾肺腑，悦吾心神，庶免伧父笨伯之讥。故读斯编者，须活其眼目，细其心思，得其神不必袭其貌，会其机何如变其用，奉为换骨之金丹；勿拾已碎之刍狗，神而明之，不滞于迹。斯为善学柳下而不致误于墨守之陋也，语有之晓人不当如是耶。斯世固多晓人，余漫书狂言，聊以告世之受误坐谈辈如余者。

书《赵氏族谱》后

余述族谱方卒事，客有过予者见之，笑而谓予曰："吾阅人家谱多矣，皆远稽广引以著华胄之遥，而示阀阅之盛。今子之谱，郡望不书，同宗不录。溯其始，断自洪洞迁徙之后；志其世，止及聚族庐墓之人。毋乃仅仅与！其何以焜耀当时，而昭示后世乎。"予闻之惕然，曰："君固爱我者，是何言与！是何言与！古者世族之家，祭有庙而族无谱。上自诸侯以始封为始祖，大夫、士则以始迁及初有封爵者为始祖，祭于庙。有大宗、小宗之分，有左昭、右穆之序，世世相承无所用谱也。即下及庶人之家，亦莫不服先畴食，旧德同里共井，徙无出。岁时，洽比环庐而处者，皆雍然世守之族，一本之亲也，亦无用谱为已。后世封建变而井田废，士大夫始有出仕四方，以官为家者；庶民始有逐业迁居，轻去其乡者。时移地异，有一家之人而名字不相识，同族之裔而世次不复辨者矣。识者虑之。事缘义生，礼因时变。于是氏族之辨严，而族谱之文起。揆其始，上以著尊亲宗祖之谊，下以谨世代族姓之传，如是而已。岂曰耀当时夸后世乎！厥后世风不古，谱牒之中有市心焉。旧姓之裔，竟以贩贸为寻常。崛起之家，亦以攀援为能事。著郡望，则李必陇西，刘必彭城，崔必博陵，王必琅琊、太原，而见在之里居渺矣无闻也。矜门第，则崇韬拜子仪之墓，狄斐奏仁杰之裔，而本身之祖父不得而知也。恣援附，则李揆呼辅国以五父，蔡嶷拜蔡京为叔祖。甚至戴铃元老见诮于诗人，丰邑相公致讥于士类。而本属之昆从，视若路人也。呜呼！上以诬其祖宗，下以欺其孙子，而止以供识者之一笑。习俗波靡，江河日下，方自愧维挽之无力，而忍抉流扬波，效尤滋咎哉。昔狄武襄不以一时遭际自附梁公，识者谓较之拜墓者，所得多矣。徽州朱典史不祖文公，明祖叹美，遂定玉牒之式。论者谓视唐之远祖老子，识度超越千古，盖诚见夫迈迹自身，光前惟德。故佗胄之恶，不得援忠献之后以从宽；温公之贤，亦无庸承典午之派以取重也。而况晚近冒谱联宗，市侩之用心者乎。钱受之云："今之世，吾惑焉。族属之不问而贸贩谱牒，胥路人而祖祢之也，亦将胥祖祢而路人之矣，其亦深痛。"夫近日族谱，求耀当时而夸后世者之流弊，而为是言与？今予之述斯谱也，志迁居之始，序世次之传，宁慎毋苟，宁实毋夸，方惧不足以追古人之本意。而子固爱我者，期以古道相砥也，而何乃言若是，亦异乎吾所闻矣。"客无以应，默然而去。予以语族人，族人曰："盍志之，以为我赵氏后人之鉴戒。"予从之，遂书于谱末云。

《公祭文学胡南翁文》

呜呼！公之德可以寿千秋，而百年不能留公之一身；公之道可以光四海，而闾里不能知公之为人。学可树景仰之望，而泰山其忽颓；行可立人伦之准，而哲人其遽陨。盖其所尽者性也，而命则不得不委之造化；其可信者理也，而数则不能不任其屈伸。斯真、斯世、斯民之不幸，岂仅一人一家之悲辛？忆公之生也，灵钟鹿阳之波，秀毓渭水之滨。有蓍龟之智，而处之若愚；有悬河之辨，而守之愈恂；胸有云梦之奇，而不以自多词；擅黼黻之华，而外若无文。此固世人之所难，而犹未足以尽公之为人。若乃孝友绝人而敦勉如弗及，□澹寡营而守璞以全真。持躬则执玉捧盈，有严而有翼；治家则阴雨绸缪，克俭而克勤。此虽古之人亦不多见，而公则欿然而犹未敢以为自臻。惟其禀之者既厚，而学之粹取之者既博，而养之纯宜其所立之甚高，挺然而不群。以故亲其仪度，聆其言论风旨者，如习兰薰，如饮浓醇，如瞻苍松与劲柏，如睹野鹤与闲云。鸣呼！以公之道德学行，处于家固乡之善士，仕于朝则国之良臣。而吾道中之先觉天民也。斯世方视以为仪则，后学多依以为持循，何竟飘然而长往，遽厌弃乎尘氛。呜呼哀哉！琮璜虽损，栋梁已焚；陶径烟锁，邺架封尘。彼夫生寄死归之义，电光泡影之喻，是皆公之所素悉，而无烦旁引借证之足云。吾独悲叹而不止者，盖上以忧乎斯道，下以悯乎斯民，痛典型之云亡，惧来者之无闻。呜呼哀哉！公其舍此而安之耶，岂其与形俱化，与物俱泯乎？吾犹仿佛见公骑飞御气，遨游乎清虚之境，出入乎无穷之门。是盖处乎世者八十有五年，而其不死者不知其几千万春，其遇乎人者虽未得竟其敷施，而其得于天者不可以数计。而具陈而且述庭训者，传忠厚之遗；绍箕裘者，沐诗书之芬。他日之阐潜德而表幽光者，正亦亦其未艾，亦绵绵而长存。吾又何憾乎？幽明之隔与道德之湮，兹者龙眠既卜，将就窀穸。某等惓念徒切，追述不文，聊陈俎而载樽，祈来格而来歆。

按《汉书·艺文志》只载书目，后来作者则之志史类也。县自前明已来述作之富，无逾《吕泾野集》久行世。见者固多，至如陈钦儒之《翠筠集》、于昌荫之《筱斋集》，国朝吴用光之《石园集》、马云龙之《泾厓集》、郭尧京之《悔庵集》，仅据旧志所载，实皆未尝见。今泾野诸集，拟次第重付手民，而零章断句有关地方事实者，摘存此卷以资考证。此外诸献集日各纪于闲传，文字附见于本传，其无所丽者，欲另梓而不能成集，欲割弃而弗忍湮没，备存于此。庶读者因其文想见其为人。至人非土著而事系斯地，亦附存一二，亦思人爱树去而益永之思，非敢借才异地也。

以下旧志叙说

王綦溥《高陵县志序》

先大夫宦武昌，修郡志，而人士称曰信史。余过庭时心识之，今令陵十余年而未遑及。盖以甫下车，值奇荒，饥民四徙，村落半空。蒙圣主乃眷西顾，多方拯救，凡百有司民事为重，夙夜孜孜，唯恐德意未下，究其于文献固未暇及也。后哀鸿甫集，亟安插，亟垦播，仆仆风尘，雾露中日，不遑食又何能为。此后数年，政治稍闲，爰进邑大夫士以志为请，佥谓昔志之作，秉笔者文简公，左右将伯则三原谿田马忠宪公也。事经两先生裁定，志也进于史矣。今者比事属辞，继起实难其人，会余以诖误解任去事，遂寝。复蒙圣天子俞里民之请仍今任，而此每往来于心。今年春，郡征邑志，乃取旧志参阅。而板章散佚，字画漫没，多不可考，因采之故老，录之残碑，仅仅补其缺漏已尔。念嘉隆以至今日，名公伟人接迹代兴，俯仰上下，岂无可记述者。而隆庆己巳后文献多未收录，县令微官不能悬金购遗，欲求百余年掌故于荒歉之后，实为难事。无已亦仅书其官师、科贡之里居、姓氏，曰官于斯、产于斯者有若而人焉。后有知人论世之君子，其以此为考订之先资可也。康熙四十二年。

沈青崖《高陵县志序》

有明一代，关中鼎元二人，一为康对山，一为吕泾野。各负文名重望，而为其桑梓撰邑乘，此武功、高陵两志所以噪于寰中也。况泾野所诣，优入贤关。方其脱稿时，已有所得。体裁格律，醇正典雅。后之继此而操翰者，不较武功为尤难哉。虽然《史记》家法，以左、马为宗，班、范而下，渐不逮古，将遂废史与。抑各抒其所长，而与前人争烈耶？青窃以为史有三长，非胆不足以辅识，惟志亦然。高陵《吕志》，成于嘉靖辛丑，距今几二百年，惟万历七年曾续之。我朝抚定关陕，高陵为古冯翊出治所，逼近省会，被泽最先。百年以来，因革损益，政教津兴，使当此时而犹退避。谢不敏曰："吾不逮昔贤，何以存昭代之典则，而襄一统同轨之盛治乎？"青同谱中武塘丁侯应松，有干济才，而胆足以辅其识。岁辛亥分任阳陵篆，邑处高原，昔称七水汇流，自沟洫之利鲜，而土田瘠薄。乃其士民，仍尚义急公。凡有秣饲、挽输、力役，不甘处京兆十四邑后，故为政者差艰于奏功。丁侯事上使下，敬惠兼尽，而以其余才发为记载。轨范《吕志》，补辑百余年来之旧闻新政。书成适青按部，携一编就商订。青读之，唯见条理秩如，文不掩质。曰：是诚实录，可以绍泾野矣。泾野有知，必引为同心。犹之扶风《汉史》与龙门并显。其文同而非剿说，其词迁而无殊旨。俾昭、宣而下，纪述一如高、惠、文、景，则班也而马矣。斯志之辑，丁侯之才耶？识耶？抑丁侯之胆，当文不让于前贤耶？思邈孙处士曰："胆欲大而心欲小。"其侯之谓欤。吾知武功新志，必有嗣是而兴者矣。雍正十年，岁在壬子孟秋中浣。

丁应松《重修高陵县志序》

《高陵县志》，自有明嘉靖辛丑吕泾野先生手辑以来，已几二百年。其间时移势异，因革兴废者不可胜数。不续修之，则事将寖失其传，此亦守土者之责也。前事熊君，慨然有志于斯。而以邑明经樊子景颜，为博学笃行士也，遂以志事属之。樊子征文考献，搜订无遗，方拟若网在纲，差有就绪。而熊君去世，后之来者久暂不一，或抚绥之不暇，或输挽之方殷，荏苒十余年，未遑及此。樊子亦不敢出以告人也。余于辛亥季秋委署兹土，于饬理诸务之余，访求此事。适樊子来谒，并出志稿以示。备悉其考订苦心，因不揣固陋谬为商榷。而邑之绅士亦共相鼓舞，乐与观成。噫！此殆高陵二百年来邑乘重修之一机乎？夫关中诸邑，唯高陵之名历代不改。邑虽小，而勋名理学，史不绝书，忠孝节廉之行亦所在多有。其他地土瘠薄，额赋繁重，风俗之改易，物土之变迁，盛衰不必一辙，醇漓不必一致。凡所以抚循安辑，搏节激扬之道，莫不于志焉具之，则志之急于修也，岂待问哉。况今圣天子特重舆图，命各省纂修《通志》。三秦诸大宪，又皆慎重举行。而以大参沈公总裁其事，罗致四方文学之士，共襄厥成。猗欤休哉！一代之大观，于是乎在。余初谒见郡宪时，即以各邑志书大半缺略，谓为宰者亟宜整顿，其所望于修举者甚殷。斯即文献无稽，编简散佚，犹将思所以搜罗而草创之。况旧迹可循，而樊子访订之稿，条分缕（晰）〔析〕，班班具在乎。本年春仲，正与同邑绅士谋剞劂之资，而余于四月忽闻先慈之讣，昏迷瞀乱，不欲再生已。以是书属樊子后图矣。不意诸上宪有夺情之请，荷蒙圣恩俞允留任守制。感激悲痛之余，唯有竭蹶从事以图报称。而自公稍暇，复与樊子辈，爰因旧志及续纂草稿，博加搜辑，删繁就简，存信阙疑，分门别类，凡得若干卷刊就成书。俾他日輶轩下问，用备采择。此志，实一邑之全览也。至于人心风俗，愈进愈隆，以仰副圣天子一道同风之治，则不得不望于邑之人并继余而来者。睹是志也，其即有所兴起也。夫雍正十年八月。

孙诜《高陵县志序》

天道运行而品物亨，人道修举而万善著。志书盖典籍，昭垂非同小补，圣德隆盛，百度维新，当事大人俱著全集，与大化同流。浙西武水理儒丁老父台，奠丽兹土，阅县志旧本阙文，急欲完璞。乃以选拔樊子子愚所呈搜咨藏稿，汰其支离，选璧拣珠，纲举目张，巨细靡遗，一一制为美锦，汇辑成编。凡胜迹胜制朗如江海，三全三立，炳若日星。虽则由旧，实则重新，至附增我朝人物，其学士大夫，身实体经史，一勋名一道德，悉出忠肝义胆；其愚夫愚妇，目不睹《诗》《书》，真血气真性命，隐协绿字赤文。懿哉，斯纂堪令生者不死，殁者长存，歌泣万代，鼓舞世兴。因知人道、（宏）〔弘〕天道，承先即开先，猗欤盛哉。爝火不息，俾继起者得以顺流随波，享成业而乐堂构，其流传曷可纪极哉。雍正十年酉月。

樊景颜重纂《高陵县志》纪事

《高陵志》，旧闻有十余叶，弗传。明（宏）〔弘〕治庚戌，邑人刘乐庵先生尝修之，又弗传。其后泾野吕先生出而书始成。先生理学名臣，辅世宏儒，自（宏）〔弘〕治辛酉创志草，垂三十余载而稿始脱，盖綦重厥事也。至嘉靖辛丑，请梓者杨学博时亨、寿梓者徐邑侯效贤也。先生是志，较谿田志三原、对山志武功两先生，手笔允堪鼎峙，推一邑信史宜哉。又历三十年，吕幼开先生偕同人重辑校订，而三十年人物不致湮没者，幼开先生继述之功也。迨隆、万以后，世代沧桑，物换星移。至甲申，我朝定鼎又九十余年，其间志孝节烈、骚人韵士，姓字同草木腐者不可胜数。康熙癸未秋，王邑侯补辑而挂漏实多。间尝暇时披览，字画漫灭，为问百余年轶事，文献鲜稽，曷胜于邑。丁酉，熊邑侯重辑邑志，命颜备员采访储粮，乘骞冒暑适野，遍搜断碑残碣，博访逸老藏书。每于夕阳烟草中留连古迹，仰止前贤，方深世远年湮之慨。会公疾且革，而公之令嗣文翁诸世兄，犹念公已纂修《地理》《建置》《赋役》三卷，并艺文六叶，不忍没而不传也。寻商补纂，然艰于刊资，终未成书。故自辛丑以后，凡耳闻目见悉书于册，以备志料者，盖已十易寒暑矣。至雍正辛亥秋，丁父母以两浙名孝廉来宰吾邑，五车凤富，三长素优，甫下车即有志汇纂，奈地瘠民贫，加意抚恤，未遑此事。逾年，政成人和，进邑绅士硕彦及颜商辑邑志。颜自愧疏庸孤陋，本不敢任兹掌故，但惧方命兼数年来颇刻刻注意，谨出旧稿而献之。而丁父母适闻太夫人之讣音，哀恸悲感，急切奔丧，而志又几为阙典。蒙各宪允里民之请题留在任守制，乃又值旱魃肆虐，盛暑中步祷雨泽，仍未暇专意事此。至六月大雨既降，哀鸿思定，始立意搜补缺典，颜仍偕同人并门人辈具稿以借裁。而丁父母于政事余暇，午夜残釭，不惮斟酌损益纂成全志，付诸剞劂。至壬子仲秋，工始告竣，其褒贬笔削，衷于至当，传信传疑、维公维平者，视文简公之始修，后先辉映，而颜亦欣得附骥以传矣。壬子仲秋日。

赵曰睿《重修高陵县志后跋》

志与史相表里者也，昔人谓史乏三长，不可以登作者之堂，而志亦然。关中诸志多简核可诵，其最称于世者，康德涵先生之《武功志》。同时之作，则有王渼陂先生之《鄠志》，韩五泉先生之《朝邑志》，与吾邑吕泾野先生之《高陵志》，论者谓其"文古事核"，皆不愧一代作者。顾武功、朝邑、鄠县皆有续志，而高陵自先生嗣君太守公继志后，迄今二百年绝无操觚者，不特邑乘久缺，亦以作志之难与史家相表里，三长宗匠代不易逢，故有待也。然《朝邑志》续于邑人王学谟，《武功志》续于邑人张文熙，《鄠志》续于莒人刘璞。论者谓刘公续本可以嗣响渼陂，而朝邑、武功二邑人增益诸条，望康、韩二先生径庭矣。盖作志之难也如此，我易翁丁老父台裕经国业，蕴良史才，以浙右名贤来莅陵邑，下车甫数月，仁泽洋溢，恺悌之声遍四郊。忽丁内艰去，邑民如失慈母，攀辕不可。阖邑人赴各宪固请，得允留任守制，陵民既幸获复事我公。而公亦于陵邑诸旧典加意振兴，会捧檄有纂修通志之举。公莅政之暇，念《高陵续志》久缺，慨焉思修之。因集邑人士，搜罗编次，（子）〔于〕为裁定，成如千卷。盖自泾野先生后二百年之缺陷，至此始无遗憾。不但先生旧作借此弥彰，行且与德涵、渼陂、五泉诸作者分道扬镳，并垂不朽。志也，而史取材矣，岂仅一家之学、一邑之光哉？自惟谫陋，未足窥作者之堂奥，而目睹盛事，故欣喜而识之。雍正十年仲秋之月。

县志肇于前明嘉靖间吕仲木先生。后卅年，先生仲子幼开先生曾续辑。迨我朝雍正十年，县人樊子愚学博始一重修，迄今光绪六年甲子，再周盖百五十余年矣。此百余年中，川原之迁徙，风（上）〔尚〕之变更，礼制租赋之损益增减，立政司教之美恶得失，人物科第之兴替盛衰，孝子、悌弟、义夫、节妇之崛起踵接，以及古迹、宅墓之移易湮显，盖有悉数之莫能终者。听其匿灭于风烟、兵燹、馑饥之余，亦一县恨事。

余以己卯晚秋奉讳归里，明年主景槐书院研席，县人士来请曰：此子之责也。予避席逊谢。秋间，县尹程君维雍奉抚军札取县旧志，不惟梨枣久轶，且此百五十余年间事均恨缺略，因倡议续修，委予编次，逊谢不能也。详绎《吕志》文简事核，训词尔雅，诚如王阮亭先生所评。《樊志》搜讨亦勤，而阙漏殊多，且合《吕志》为一书，不见庐山面目。因仿范氏《后汉书》之例，辑为续志，沿其体例，并窃取其义焉，不述《历数》《官职考》二篇者。《辛巳历》，县人所作，前志既表章，无庸再赘，且吾官监正自有司存，非远臣之所得言，故不敢。《职官考》自三代迄胜朝，既考核精确，故本朝职官冠于《官师传》之首，而不必另为一篇。增《缀录》一篇者，详《樊志》之所略，补旧志之所遗，识大识小，义各有当，不必前志之所有也。为目十，为篇十二，为卷八：首志《地理》，考沿革也；次《建置》，废坠之宜修举也；次《祠庙》，成民而致力于神也；次《田赋》，民力普存也；次《礼仪》，为下不悖以寡过也；次《官师》，古之遗爱也；次《人物》，十室之邑必有忠信也；次《科贡》，敷奏之资也；次《宅墓》，职思其居而思其终也；终以《缀录》，征文即以考献也。惟是传信莫要于阙疑，数典不可以忘祖，故于《地理》一篇详加考证，以自附于注经之义，而渠堰尤加详焉。所以思古也。至于《建置》，必举其大祠庙，必崇其正；《田赋》，必准之全书；《礼仪》，必遵夫定制，上稽典籍，旁采档册。以今视昔，庶几大备。惟《官师》《人物》，年远多湮，不过得什一于千百，故表之不能，谱之不可，条品之不得。只就采访所收，略以年次为序，各为小传，存其仿佛。而一事之善，必本诸口碑；一节之长，必孚诸舆论，不敢意为轩轾，致失实而或损其真也。捻回之变，为秦关一大劫。致命诸人，皆天地之正气，故虽农氓、牧竖、纫女、村妪，必详列焉。亦以见人性之善，而慕义者无不可勉也。冢墓详录，诰铭记恩泽，即以存梗概。《缀录》不遗杂人，鉴往古即以示来，兹固《科贡》中人可观感而儆惕，即非《科贡》中人亦可旷览而循省也。此固前志之志而推衍增益，以求不逾其范者也。

开馆于六年八月，脱稿于七年七月，自愧末学，无能于泾野，为役而实事求是，问世问心，斛米秽史之羞，自信差可解免。第藏书无多，为时太促，不详不备之处，尚望后之君子匡所不逮也。是月既望，遇道谨识。

高陵县续志卷之八终

附 录

白遇道先生年谱

白金刚整理

先生名遇道，字悟斋，号心吾，改字五斋，晚号完谷山人。先世自山西洪洞，迁陕西高陵之孝义坊董白村，遂占籍焉。高祖子德，乡饮耆宾，妣乐氏；曾祖讳庚，妣牟氏；祖讳玉林，以孙荣，赠奉政大夫、翰林院庶吉士，加三级，妣张氏，赠太宜人；父讳长洁；本生父讳长义，以出继子荣，貤赠奉政大夫、翰林院编修，加四级，妣刘氏，封太宜人。先生有弟一人，名学道。世业农贾。

清道光十七年（1837）1 岁

农历三月二十五日先生生于高陵孝义里董白村。按照族谱依"道"字辈，取名遇道。

先生幼时聪慧过人，少时好读书，枕读不倦，"四书五经"，《春秋》《礼记》皆有接触。

清咸丰四年（1854）18 岁

以优异成绩考取本县秀才。

与墨夫人成婚，时家父在泾阳经商，家境稍宽裕，衣食无忧，全身心投入帖括。

清咸丰九年（1859）23 岁

先生在三原宏道书院学习，受学于临潼杨彦修门下。

杨彦修（1816—1890），字子经，临潼县三田里李桥堡（今阎良区北屯街道李桥村）人。年7岁，就能背诵五经。年未20岁即有文名。1846年，陕西巡抚林则徐聘其为课读师。咸丰辛亥（1851）乡试亚元，议叙内阁中书，历署河南获嘉、武安、鹿邑、杞县、睢州、西华、滑县等县知县，所到之处，多有德政。有《临潼县续志》和《学达观斋制艺》传世。

清咸丰十年（1860）24岁

随长安李荫堂学诗赋于终南山麓子午镇。

清咸丰十一年（1861）25岁

是年，得以选，考取本年贡生。

清同治元年（1862）26岁

先生本生父长义公，因战乱，寿终正寝于泾阳县旅舍。先生本生父生于嘉庆十年三月二十七日子时，享寿六十有一。

清同治三年（1864）28岁

受聘于记名提都曹克忠处办理文案。

同治七年（1868）32岁

受学于三原学古书院贺瑞麟门下，研习理学课试。先生资性过人，有独到之见解，前途不可估。

贺瑞麟（1824—1893），原名贺均，榜名瑞麟，字角生，号复斋、中阿山人。清末著名理学家、教育家、书法家。道光廿一年中秀才，后授业于关学大儒李桐阁。同治九年（1870）创立正谊书院。主讲正谊书院20年，学兼体用，精研程、朱之道，集理学之在成；刊印经典，汇集为《清麓丛书》，为时人所敬重。督学吴大澂奏请朝廷，奉旨授国子监学正衔，晋五品衔。编著有《朱子五书》《女儿经》《信好录》《养蒙书》《清麓文钞》

附 录

《三原县新志》《三水县志》等。

清同治九年（1870）34 岁
长子忠善出生。
再到贺瑞麟创办的"清麓精舍"继续研习，是年考中庚午举人。

清同治十三年（1874）38 岁
朝廷引见新科进士。得旨：陆润庠、白遇道等俱着改为翰林院庶吉士；袁锡龄、张闻锦等俱着分部学习；赵培因、顾文基等俱着以内阁中书用；焦云龙、汪庆长等俱着交吏部掣签，分发各省以知县即用；户部候补郎中王维翰、工部候补郎中萧镛俱着以郎中即用；户部候补主事程秀、刘本植、尹序长，礼部候补主事桂霖俱着以主事即用；候选员外郎恩绶着分部学习；余着归班铨选。

清光绪三年（1877 年）41 岁
谕令引见甲戌科散馆人员得旨，先生等授为编修三甲庶吉士。

清光绪五年（1879）43 岁
父丧，先生归里服孝。

清光绪六年（1880）44 岁
主讲高陵景槐书院研习。
八月，应县令程维雍之请编修《高陵县续志》。

清光绪七年（1881）45 岁
六月，《高陵县续志》编成。体例一如吕柟《高陵县志》，但在运用资料方面均标示出处，文笔洗练，实不让前贤。

清光绪八年（1882）46 岁

《课馆诗赋偶存》刊成。

清光绪十年（1884）48 岁

先生起复回京，仍供职翰林院。时朝邑阎敬铭已入军机，拜大学士。先生除逢年过节与阎相聚于陕西会馆。阎素以耿介立朝，先生不乏文人风骨。京中同乡称两先生为"二犟"。

先生总纂《高陵县续志》开雕。

阎敬铭（1817—1892），字丹初，陕西朝邑赵渡镇（今陕西省大荔县朝邑镇）人，道光二十五年（1845）进士，晚清大臣。阎敬铭理财有道，为官清廉耿介，有"救时宰相"之称。

清光绪十一年（1885）49 岁

七月，都察院左副都御史英煦为山东乡试正考官。先生为副考官。

清光绪十三年（1887）51 岁

先生母刘宜人去世，享年七十二岁。刘宜人临潼人，刘昌奎之女，生于嘉庆二十一年正月初三，光绪十三年七月初九卒于家。

清光绪十四年（1888）52 岁

二月二十二日，葬母于先茔。

重刻《泾野子内篇》书成刊印。明昌柟《高陵县志》及《高陵县续志》刊印成书。

在阎敬铭推荐下主讲同州丰登书院。

丰登书院：院址在陕西大荔。清乾隆年间，郡守彭城李氏创建，因院中有丰登阁，故名。藏书阁中藏《古今图书集成》6 109 部共万卷，其余经史书 60 余函。同治初因战乱废为园圃。同治十一年（1872）知府龚希龄拨地 5 000 亩，以每年租钱增大课。光绪五年（1879），署知府饶应祺筹膏火银 1 800 两，定诸生课额 52 名，童生 30 名。光绪初蒋子潇任主讲，以朴学教士，一时成就甚众。光绪三十二年（1906）改为丰登中学堂。宣统三年（1911）改为师范学堂。

清光绪十六年（1890）54 岁

柏子俊先生自关中书院告归。正月十三日应陕西巡抚鹿传霖之约移砚关中，二月中旬，先生主讲关中书院。蓝田牛兆濂受学于先生门下。稔其贤能，荐充白水彭衙书院山长。

柏景伟，字子俊，学名沣西先生，陕西长安人。生于道光十一年（1831），咸丰五年（1855）中举。初派定边训导，同治元年（1962），柏景伟回到家乡，在终南山南五台胜宝泉读书。光绪二年（1876）受聘于泾干书院、味经书院。光绪十一年（1885），受陕西学使之约，移讲关中书院，任山长。光绪十五年（1889）因病辞归。两年后病逝，享年60岁。

关中书院，建于明神宗万历年间，是明、清两代陕西的最高学府，也是全国四大著名书院之一，西北四大书院之冠，位于现陕西省西安市。

鹿传霖（1836—1910），清朝末年大臣。字润万，又字滋（芝）轩，号迂叟。直隶（今河北）定兴人。同治元年（1862）进士，选翰林院庶吉士，曾任河南巡抚、陕西巡抚。光绪帝到西安，被授两广总督，旋升军机大臣，后兼督办政务大臣。宣统嗣立，鹿与摄政醇亲王同受遗诏，加太子少保，晋太子太保，历任体仁阁、东阁大学士，兼经筵讲官、《德宗实录》总纂。宣统二年（1910）逝世，赠太保，谥文端。著有《筹瞻疏稿》等。

牛兆濂（1867—1937），字梦周，号蓝川。陕西蓝田人，幼年过目成诵，光绪十年（1884）肄业于关中书院，师从白遇道。光绪十二年（1886）补廪膳生员，并被聘为塾师。光绪十四年（1888）乡试中举。后拜三原贺瑞麟门下，曾讲学于蓝田芸阁书院、三原清麓书院，辛亥革命后以遗民自居，1937年病逝。著有《吕氏遗书辑略》4卷，《芸阁礼记传》16卷，《近思录类编》14卷等，又曾主纂《续修蓝田县志》。

清光绪十七年（1891）55 岁

荣禄以工部尚书受贿被参，出任陕西驻屯军将领，公余常到关中书院听讲，因与先生相结识。

荣禄（1836—1903），字仲华，号略园，瓜尔佳氏，满洲正白旗人。清朝大臣。出身于世代军官家庭，以荫生晋工部员外郎，后任内务府大臣，工部尚书，出为西安将军。因为受到慈禧太后的青睐，留京任步军统领，总理衙门大臣，兵部尚书。辛酉政变后，为慈禧太后和恭亲王奕䜣赏识，官至总管内务府大臣，加太子太保，转文华殿大学士。光绪二十九年卒，赠太傅，谥文忠，晋一等男爵。编有《武毅公事略》《荣文忠公集》《荣禄存札》。

七月，被委任为山西乡试正考官，曹诒孙为副考官。

清光绪十八年（1892）56 岁

先生自关中书院历三年，誉满西北。此时归乡。

秋间，即开馆于皂树刘村刘麟私宅。刘麟子泽椿、泽棠受学于先生，年终解馆。

刘麟（1819—1892）字瑞亭，例贡生，候选县丞，赠资政大夫。

刘泽椿（1871—1937），光绪丁酉科举人。曾任四川省达县、珙县两任知县，后升直隶州加知府衔，并给二品封典。著有《传家纪事》。辛亥革命后返回高陵老家务农，1937 年去世，享年 67 岁。

清光绪十九年（1893）57 岁

年初，奉调从军，备兵陇上。

清光绪二十一年（1895）59 岁

甘肃提督董福祥进军青海，荣禄推荐先生为董参赞营务，运筹决策。上谕，所请调编修白遇道赴营。已照准矣。

董福祥（1840—1908），字星五，甘肃环县（当时属宁夏固原）人，清末著名将领，官至太子少保、甘肃提督、随扈大臣，赐号阿尔杭阿巴图鲁。1900 年，义和团运动迅速发展，清廷采取"招抚"策略。董福祥部士兵纷纷加入义和团，杀死日本驻华使馆书记官杉山彬，并参与围攻东交民巷使馆。八国联军侵占北京时，董福祥率军护卫慈禧太后和光绪帝西逃。

清政府与八国联军议和过程中，外国侵略者要求处死董福祥，清廷不允，旋被解职，禁锢家中。1908年病死于甘肃金积堡（今属宁夏吴忠）。

十一月，先生以河州解围，褒以道府记名，并赏戴花翎。

清光绪二十二年（1896）60岁

十二月，先生以总理甘肃营务出力，被朝廷以道员交军机处存记。加布政使衔。

清光绪二十三年（1897）61岁

随董部入卫京师。

清光绪二十四年（1898）62岁

正月二十八日，夫人墨氏去世。夫人生于道光十九年六月十二日，春秋五十有九。夫人生两男六女，除忠善在，其余先卒或夭殇。

觐见光绪皇帝，超授甘凉兵备道。

是年，劝董福祥罄家资捐饷四十万金，助赈皋兰水灾。

光绪二十五年（1899）63岁

三月，到武威，循例课雍凉、天梯两书院。

清光绪二十七年（1901）65岁

是年，因董福祥兵乱，陕甘总督电召先生。先生时任甘凉道，驰诣福祥，许晓以利害。先生故福祥营务处也，先生见福祥备述总督意，且力以保护自任。福祥感泣奉命，西陲赖以无事。不然者，内乱即发。

清光绪二十八年（1902）66岁

八月，《安贫改过斋杂著》编成，未刊行。

清光绪三十年（1904）68岁

刊成《摩兜坚斋汲古集联》。

子忠善病逝,年三十四岁,邑增生。

清光绪三十一年(1905)69 岁

八月,刊成《摩兜坚斋汲古集联续》。

清光绪三十二年(1906)70 岁

先生任甘肃提刑按察使,分守甘凉兵备道,从二品布政使衔。

十月,先生与甘肃布政使丰绅泰同比利时参赞林阿德签订合同,购置了挖矿、钻洞、炼铜、淘金、炼金设备,成立了甘肃官金铜厂(又名甘肃矿务官办厂、窑街官金厂)。

十一月,刊成《摩兜坚斋汲古集联再续》。

清光绪三十三年(1907)71 岁

五月,创建兰州黄河铁桥。建桥材料海运至天津,经京奉铁路运至北京,再经京汉铁路运至河南郑州,再用马车分 36 批,车上插黄旗,护勇押解,浩浩荡荡,历经艰辛,取道西安,转运至兰州。

十月,刊成《摩兜坚斋汲古集联三续》。

清光绪三十四年(1908)72 岁

先生任甘肃督练公所参议,陆军部一等咨议官,调署巩秦阶道盐运使,甘凉兵备道。

九月,刊成《摩兜坚斋汲古集联四续》。

清宣统元年(1909)73 岁

十月,由先生参与总办编纂的《甘肃新通志》历经数年刊成。

清宣统三年(1911)75 岁

先生自知已无所作为,以老病引退还乡,闭门著书,口不谈时事。预营墓穴，自为志铭。摘录如下：

……山人少而儒，壮而官，老而民。于是民皆笑之，匪民者讥之，斥之。笑者曰：子何民耶，无怀氏之民耶，葛天氏之民耶，抑不识不知顺帝则之民耶。默无以应。讥者曰：子沃土民耶，瘠土民耶，抑奇肱横目醢鼠噉虫之民耶。暗不能应。斥之者曰：子顽民矣，愚民矣，否则贼民矣，乱民矣。则应曰：愚顽所不辞也，乱与贼则断不敢也。于是以民终。……

民国四年（1915）79岁

先生擅长小楷，其书工整规范，写有对联和中堂。存世上联为"凤子传香花开富贵"，下联为"龙孙衍庆竹报平安"。中堂内容是："浩生不害问曰：'乐正子何人也？'孟子曰：'善人也，信人也。''何为善？何为信？'曰：'可欲之谓善，有诸己之谓信，充实之谓美，充实而有光辉之谓大，大而化之谓圣，圣而不可知之谓神，乐正子二之中，四之下也。'"现被西安市高陵区文化馆收藏，为国家三级文物。

民国五年（1916）80岁

正月初七，先生千金眉峰出生。因前儿女皆亡，千金又名柏寿，以佑此女健康长寿。其母贺氏，高陵邱店人。

民国六年（1917）81岁

二月上旬，《完谷山房呓语钞存》刊成，是书上中下，共三册。
《摩兜坚斋汲古集联五续》刊成。

民国七年（1918）82岁

正月，因子嗣早亡，抱养宗亲忠薯之孙，曾孙白传心承重宗嗣。

民国八年（1919）83岁

代曾孙再自续写墓志铭文。摘录如下：

……以戊午之年建寅之　月吉日良辰，获抱一孙，将来为山人承重曾孙，双奉两宗禋祀，意甚盛也。即日抱家抚养。小字阿宝，派名传心。今而后山人无复事矣，百年后亦可以瞑目矣……

民国十一年（1922）86 岁

三月间，曹世英同夫人张碧梧赴渭南踏青，返回途中在高陵拜访了先生。先生已经致仕在家十一年，颐养天年。曹对先生的学识与人品极为推崇，就在白家与先生畅谈关学，又谈了对时下陕西政局的看法，曹世英受感动，书"关中文献"匾额赠予先生。

曹世英（1885—1944）字俊夫。陕西白水县人。幼年在本县家塾读书，17 岁考中秀才。后在三原宏道高等学堂学习，受孙中山民主革命思想的影响，经井勿幕、宋向辰介绍加入中国同盟会。

民国十四年（1925）89 岁

先生于乙丑年腊月二十九日终老于家。

民国十五年（1926）

丙寅年正月十一日，安葬先生与原配墨夫人合葬于城南杏王村之新茔。

附：白遇道墓志铭

志石呈长方体，长 52 厘米，宽 30 厘米，厚 10 厘米。楷书 69 行，行 18 字不等，分上下两部分刻就。录文如下：

山人姓白氏，命名遇道，字悟斋，号心吾，改字五斋，晚号完谷山人。先世自山西洪洞迁陕西之高陵，占籍焉。曾祖讳庚，祖讳玉林，父讳长洁，本生父讳长义。世业农贾，至山人以进士起家，历官至分守甘凉兵备使者，权甘肃臬司篆。引年致事归里，未几而神州陆沉矣。山人少而儒，壮而官，老而民。于是民皆笑之，匪民者讥之，斥之。笑者曰：子何民耶，无怀氏之民耶，葛天氏之民耶，抑不识不知顺帝则之民耶。默无以应。讥者曰：子沃土民耶，瘠土民耶，抑奇肱横目醢鼠噉虫之民耶。喑不能应。斥之者曰：子顽民矣，愚民矣，否则贼民矣，乱民矣。则应曰：愚顽所不辞也，乱与贼则断不敢也。于是以民终。卒于宣统三年冬十一月　日，距生于道光十七年春三月　日，得年七十有四。生圹系亡儿所营，在邑城南三里之杏王村。元配墨先葬焉，虚右以待予，今十年余矣。或曰：豫凶礼与。曰：人各有心，焉能掬以示人。夫子曰：朝闻道，夕死可矣。予于道未闻，不可死而不能不死者，岂无说哉。尝撰书屋联云：人生不过百年，入世但求心不死。今心已死矣，存者仅形骸耳。以后是否掩藏，则听之后死者矣。山人年三十四有子，弱冠为诸生，年六十八子亡，遂无子。山人同产有弟，有犹子，皆先亡。山人有女子五人，女孙一人，或既嫁而亡，或待字而亡，或中殇、下殇而亡。山人有续妻、小妻，亦无不亡。今有存者，则再续之女妻也。枯杨生稊，幸得慰情胜无之季女，亦可云独而不孤者矣。呜呼噫嘻，而系以铭。铭曰：

浩浩昊天，今乃信其工。阴阳为炭兮，万物为铜。铸成一错，再难为功。悠悠苍天，今乃信其公，祸淫福善，恒性降衷。何文辞如雄，富豪如祟，才杰如融，贵倖如通，而皆莫能令终。明明上天，今乃信其空。似续妣祖，应各不替宗风。或子孙众多而羽戢斯螽，或珠生老蚌而梦浹维熊。则有延陵子、卜子夏、东门吴、邓伯道何居乎。子之来而清俸雏凤，子之去而飞类冥鸿。岂皆李长吉修文天上，石曼卿芙蓉城中。本无心而成化，非关道有污隆。鄙意与其有苗而不实不秀，毋宁获石田而不生不育，此理难质诸苍穹。嗟予樗朽，倬怒天逢。裂冠毁冕，昏椓内讧。耗斁下土，偏丁我躬。祈死无祝，送终鲜僮。王孙裸葬，甘饱沙虫。而庭坚不祀，若敖鬼馁，焉能无怨无恫。职思其居，忧心忡忡。眸子已眊，视天梦梦。为斯民，生斯世，倘子舆氏所谓天下之穷。他生如可卜也，似此等运命，愿勿雷同。

强梧大荒落之岁山人自撰并书。

清完谷山人墓志铭

待尽以来，岁又八易，大命不倾，人间依然。眠息悔恨，平生不德，殃及两宗。虽复自怨自艾，究觉死有余辜。仰荷昊慈，不绝人祀。则有亡儿忠善同曾祖之堂长兄忠蕃，年及艾矣。粤以戊午之年建寅之　月吉日良辰，获抱一孙，四世开祥，掌珠比珍。蕃侄生有至性，念鞠子哀，慨然愿与亡儿立后，将来为山人承重曾孙，双奉两宗禋祀，意甚盛也。夫名宜先正，子诚不为卫君，孙必当立，子尝以语言偃，煌煌圣训，天地为昭，宜遵而行之者。爰乃上告祖宗，旁咨戚友，询谋佥同，即日抱家抚养。小字阿宝，派名传心。今而后山人无复事矣，百年后亦可以瞑目矣。己未夏六月入伏日，山人亲笔又记，时行年八十有三岁。

承重曾孙传心泣血上石。

清故完谷山人墓志铭

曾祖考于辛亥年手订志铭，生卒年月毕具。麦秀黍离，伤心人别有怀抱，后嗣曷敢违焉。惟铭以示后，自宜传信，又曷敢少涉拘牵。仰蒙昊慈，沧桑后又假多年。兹终于乙丑年十二月二十九日，享寿九十岁。卜吉丙寅年正月十一日，安葬于城南杏王村之新茔，与先曾祖妣合袝。同茔异域，乾山巽向。

曾孙传心泣识。

后　记
——我们不能把该记住的遗忘

　　我们来自何方？我们祖先有何作为？我们村寨建于何时？……时至今日，人们在酒足饭饱后时不时谈及这样的话题，我甚感高兴。高陵区地理位置特殊，为大西安北扩的门户所在，近十几年改革大潮犹如海啸般翻滚至此，为了中华民族伟大复兴，为了中华儿女更加富强，一个个承载了千百年优秀传统基因的老村落、古遗址，消失在当地工业化、城镇化进程之中。就毗沙而言，"先有毗沙堡，后有西安府"，这句当地俗语不知流传了多少年，这汉唐以来中渭桥官道上的重要驿站，比西安建城还要早的毗沙村拆迁了，以后这句俗语也只能在书本中看到了。蓦然回首，有的古村落仅有的城壕也已并入地平线。当年村中贤达拆了庙堂宗祠兴办的小学校已经翻盖多次，庙堂宗祠绝迹尚情有可原，但有甚者竟把有着千百年历史地名衍生而来的校名不经意间都改了。甚至有人把自家的祖坟都忘得一干二净。这些古村落和文化遗存的消失，就把本地区这些古村华族后辈们同他们祖先唯一连接的"精神通道"给关闭了。以上这些现象导致了我们自身的历史渊源无根可寻。我们来自何方？我们祖先有何作为？我们村寨建于何时？……只能在白遇道编纂的《高陵县续志》中寻找答案了。

　　白遇道大贤，近几年本地著述文章多有介绍，详见前文《白遇道年谱》，这里不再赘述，只望诸位能记住老先生"经济功在甘凉，文章称著陕甘"就够了。清光绪六年，程维雍主持县政，他深感高陵一百五十余年"人文物产之兴衰无考"，特聘白遇道续修《高陵县志》。先生仿范晔《后汉书》之例，"例目一尊泾野之旧，惟无历数，述而多缀录，此其少异于泾野者"（贺瑞麟《高陵县续志序》）。白遇道在提到"辛巳历，县人所作，前志既表章，无庸再赘""曾缀录一篇者，详樊志之所略，补旧志之所遗，识大识小，义各有当，不必前志之所有也"。可见，他在编纂《续志》时，结合吕柟、樊景颜两种旧志，取长补短，勘误补遗。至光绪七年（1881）七月，用了十一个月完成了《高陵县续志》书稿。能在一年内完成一部质量上乘志书这也得归功于高陵一大批参校贤达，他们是钦加五品衔、内阁中书、邑优贡、县城人王瀚，举人吴村杨人杨作霖，赏加六品衔、候选县丞、皂树刘村人刘麟，布政司理问衔、甘肃补用知县、前署平罗县县丞、皂树刘村人刘瑞玉，布政司理问衔、甘肃升用知县、前署镇原县典史吴士廉，候选训导、岁贡生马培德，岁贡生、通远人王懋绩，候选县丞王裕柱，例贡生纪谦，候选训导、岁贡生王健，生员胡国桢，从九品、县城人陈泰，附贡生、张卜张桥村人曹延龄，岁贡生、张卜贾家村人贾致顺，廪膳生孙荃，廪膳生李定甲，生员李锦堂，生员胡镇淮，生员李炳堰，生员、毗沙里人雷启秀，生员、县城人刘均，生员白济道（白遇道堂弟）。今将诸位"功臣"再次提及，一是我们不能忘记为了此书奉献的诸位乡贤，二是让他们的后辈们能看到其祖先功绩不至泯灭于时光之中，我们不能把该记住的遗忘。

  《高陵县续志》共八卷，十目十二篇，体例完备，征引资料宏富。直至今日，文史专家都认为此书在陕西当属上乘之作。我们整理此书，就是响应国家传承中华优秀传统文化的号召，把高陵优秀的历史文化奉献给社会、奉献给高陵后辈。地方文献整理是一项非常烦琐且技术性、知识性难度较大的工作。中华人民共和国成立以来，高陵区第一次文献整理是在20世纪80年代，由高陵民国时期博学前辈刘家骥、任培琨等整理明代吕柟《高陵县志》，此书刻印数十套，在文献利用上没有发挥最大作用。2016年，高陵区政协文史委出版《悟斋文墨》，揭开了研究清末民初高陵大贤白遇道的面纱，并获得"陕西省孔子学会首届儒学学术研究与普及推广优秀成果奖"。2017年，在高陵区图书馆主持下，我们整理了洋洋六十万字的《白遇道集》，并于2019年获得"陕西省孔子学会第二届儒学学术研究与普及推广优秀研究成果二等奖"殊荣。之后，我们继续挖掘整理白遇道先贤著作文献《高陵县续志》，可以说是《续志》是白遇道著述收官之作，此书的点校、整理及出版，为研究高陵区历史文化提供了珍贵的文献参考。

后　记

对弘扬高陵区优秀传统文化、民族精神，都将起到积极推动作用，为本地区经济文化发展注入深厚、准确的文化内涵及营养。

历史需要补课。近四十年来，高陵陆续出版文史、方志类图书若干，这对于研究高陵历史文化起到指导性作用，但在参考过程中，我们发现此类图书内容漏误不少，以至近几年文史方志类图书"鱼龙混杂""以讹传讹"现象严重，高陵"脊梁"奉正原"原""塬"难辨，关学鸿儒状元吕柟"柟""楠"不分，古碑录文漏误尤甚。这已直接影响到本地对外宣传，在坚定文化自信的今天，让外界不齿于我"文武盛地"后继无人。鉴于此，我们整理白遇道《高陵县续志》，就是要"固本清源"，把高陵历史文化准确地留给子孙后代，为当地文化部门及文史爱好者提供最详实的参考资料，使此书更好地起到"存史、资政、教化"的作用。

此次整理，前期文字录入人员有崔健（陕西长安人）、刘迪（陕西高陵人）、张扬（陕西汉中人）、杨娇（陕西高陵人）、姬兵（陕西高陵人）、贾宏涛（陕西高陵人）以及新疆农业大学宋海燕（新疆塔城人）、姚美思（新疆哈密人）、闫翠侠（安徽太和人）、徐静静（河南郾城人）、徐晓龙（河南信阳人）、刘隋赟昊（新疆昌吉人）六位研究生。我们于2017年后半年开始统稿，金刚点校整理前四卷时，恰逢喜得犬子，后四卷由高陵区政协第二十九缉文史资料《悟斋文墨》编辑者杨梅继续点校整理完成，再由我们轮流进行第二遍校注。高陵区政协第二十八缉文史资料《白蟒原》编者内人赵瑛也参与其中，我们三人反复校注后，交于西北大学出版社马平先生继续完善，精益求精。因点校整理者水平有限，难免有误，烦请方家批评指正。

《高陵县续志》自点校到现在已有四个年头。点校工作完成后久未出版。今春疫凶，居家时多，突想民间众筹，在征得众友建议下，于3月21日在崔冲兄"发现高陵"网络平台发起众筹捐资。至3月24日，4天时间共收到捐资71788元，原计划出版费用70000元，超额完成筹款目标。后为支持本书出版的爱心读者开通预付书款购书平台3天，筹得3630元，总计众筹出版资金75418元。本次众筹，今古渡马家道文化研究者马菖作兄半年前得知此事，即表示愿捐款支持，首捐10000元，直接影响众筹之信心。后拜访肖塬村席涛兄，兄乃民国城固县长、知名人士席实生之后，兄慷慨表态，此乃好事善事，捐助10000元，还说如最终筹资不够，将再以"博阳车检"公司名义再捐。有如此支持，此事必成矣。在席兄推举下，拜访吴村杨二门杨跃锋兄，兄好书画，结善缘，有明代先祖乐善好施之风，捐款10000元。同村张吉兄，余之蒙师张孝谦先生之子，捐款10000元。张吉兄自多年前始，对本村老人照顾有加，孝善名闻乡里。后崔冲兄通过网络、众朋友通过微信宣传，少则100，多则5000，陆续到账。期间，高陵在外地乡友甚多，高刘村黄彬彬兄远在云贵，代其父黄治平先生捐款5000元。本村沙乾坤老先生，骑着自行车在村中寻余，将100元交予至余手中……诸如此类不胜枚举，感人至深。有这么一群对高陵历史传统文化鼎力支持的朋友，金刚只有感动、感谢、感恩，并于书后对捐资朋友逐一鸣谢，昭显功德，世代流芳。

传承本地优秀文化就是一代一代有"爱"的乡民们自觉履行的责任，自古以来多见于归隐宦士、绅士贤达、乡间私塾，这种文化自觉直到今天还影响着当地的文人骚客。金刚从教二十余年，以前人责任为己任，奔走于南山北原、泾渭之间，受冥冥之指，数年挖掘整理地方文史，期望为我形胜名区护好源、培好根，和诸同道一起将我们不能忘记的历史时常提起，将底蕴深厚的文化以教后辈。

在此书整理过程中，陕西省图书馆地方文献部，西北大学关学研究院，西北大学出版社以及泾阳张世民先生，阎良李飞先生，合阳魏冬先生，高陵任建国、王春雷、郑举、马敬元、谭胜利、马力勇、甄陵、张新龙、赵辉、谭平利、崔冲先生给予了我们无私的帮助和指导，在此一并致谢。

让书写在古籍里的文字都活起来，我们不能把该记住的遗忘！仅此而已。是为记。

高陵后学白金刚于白蟒草堂
2020年3月28日

后　记

捐资印书功德录

马菖作	张卜街办张卜村委会今古渡马人	10000元
席　涛	张卜街办张卜村委会肖塬村人	10000元
杨跃锋	张卜街办南郭村委会吴村杨人	10000元
刘忠义	姬家街办高刘村委会刘家店人	2000元
何炳文	耿镇街办安家村委会花果村人	500元
刘晓锋	鹿苑街办药惠管委会中王村人	200元
贾经义	张卜街办贾蔡村人	2570元
裴国顺	鹿苑街办药惠村委会裴北村人	200元
孟文强	甘肃岷县人	300元
孟　妮	张卜街办塬后村委会塬孟村人	1000元
王崇善	通远街办通远村太王堡人	500元
李一晨	辽宁省沈阳市人	100元
张军海	耿镇街办榆楚村人	200元
李新锋	耿镇街办安家村人	200元
何建斌	张卜街办张家村委会何家村人	1000元
姚　万	耿镇街办安家村人	200元
王　廉	崇皇街办船张村人	500元
徐　胜	浙江永嘉枫林镇人	1588元
吴建瑞	张卜街办庙西村委会吴东庄人	1000元
郭小钰	张卜街办南郭村委会龙胡村人	500元
黄治平	姬家街办高刘村人	5000元
张　吉	张卜街办东关村委会上大寨人	10000元
耿玉瑞	耿镇街办安家村委会耿家村人	200元
马敬元	通远街办何村人	1000元

姓名	地址	金额
刘八鹏	耿镇街办皂南村人	200元
李　军	三原县陂西镇王化村委会王西村人	500元
李恒战	鹿苑街办田家村委会仁和村人	200元
陈　锐	耿镇街办安家村委会花果村人	200元
党小平	通远街办西张市村委会党西村人	500元
辛凌洲	通远街办西张市村委会党西村人	300元
王德胜	姬家街办姬家村委会枸赵村人	1000元
沙朋飞	张卜街办东关村委会邓家沟人	500元
樊　琦	崇皇街办坡吉村委会坡任东村人	200元
刘增锋	张卜街办张桥村委会南刘村人	200元
薛振江	张卜街办东关村委会邓家沟人	500元
蒙会侠	张卜街办杏王村委会陈阳村	300元
张　欢	张卜街办东关村委会邓家沟人	200元
李建康	张卜街办庙西村委会庙东村人	1000元
贾　妮	张卜街办贾蔡村委会贾家村人	300元
沙乾坤	张卜街办东关村委会邓家沟人	100元
乔新江	张卜街办东关村委会东关村人	330元
种　奇	崇皇街办高墙村委会高墙村人	1000元
李满朝	鹿苑街办江流村委会小赵村人	1000元
沙　勇	张卜街办张卜村委会东小寨村人	1000元
李哲桂	张卜街办庙西村委会庙东村人	500元
刁光荣	通远街办华邑村人	500元
王建华	鹿苑街办东升村委会北任村人	1000元
刘　良	张卜街办南郭村委会北郭村人	200元
杨　子	张卜街办南郭村委会吴村杨人	600元
吴　瑛	张卜街办塬后村委会塬吴村人	500元
王春雷	张卜街办韩家村委会夹滩人	200元

再次感谢朋友们，感谢我们一路同行！